Zweite Karrieren

HANS-ULRICH THAMER

ZWEITE KARRIEREN

NS-Eliten im Nachkriegsdeutschland

BeBra Verlag

Inhalt

»Rosen für den Staatsanwalt«   7
Vom Wiederauftauchen der nationalsozialistischen
Vergangenheit im Nachkriegsdeutschland

Politische Säuberungen und Amnestie   35
Die Widersprüche der Nachkriegszeit

Wirtschaftseliten in der Umbruchphase   55
Kontinuitäten und Karrieren 1942–1955

»Furchtbare Juristen«   79
Die lange Debatte über belastete Juristen
in Ministerien, Verbänden und Gerichten

Von der Heilung des »Volkskörpers«   147
zur individualisierten Medizin
Mediziner im Übergang vom Nationalsozialismus
in die Bundesrepublik

Alte Kameraden und neue Welten   173
Militär und Nachrichtendienste

Foto auf S. 2: Bundeskanzler Konrad Adenauer (l.)
im Gespräch mit Staatssekretär Hans Globke, 1963

Die wiedergefundene Freiheit 199
Wissenschaftler zwischen
Beschweigen und Aufarbeiten

Braune Flecken in der Medienlandschaft 225
Journalisten und Bildende Künstler
in den Verwandlungszonen

Der doppelzüngige Antifaschismus 247
Die SED und die »kleinen Nazis«

Epilog 259
Vom Umgang mit der Vergangenheit
in postdiktatorischen Gesellschaften

Anhang
Anmerkungen 276
Literaturverzeichnis 279
Personenregister 284
Bildnachweis 287
Der Autor/Impressum 288

»Rosen für den Staatsanwalt«

Vom Wiederauftauchen der nationalsozialistischen
Vergangenheit im Nachkriegsdeutschland

Eine Schokoladendose der Marke »Scho-Ka-Kola Schokolade«, die dem Gericht einer Kleinstadt als Beweisstück für einen Schaufenstereinbruch vorliegt, den der Straßenhändler Rudi Kleinschmidt begangen haben soll, bringt Oberstaatsanwalt Dr. Wilhelm Schramm aus der Fassung. Das Verfahren, das er scheinbar ohne Grund an sich gezogen hat, wird dem selbstbewusst-autoritär auftretenden Gerichtsherren zum Verhängnis. Ganz in Gedanken versunken fordert er in der Verhandlung unvermittelt die Todesstrafe für den Diebstahl. Die Erinnerung an ein Urteil, das er als Kriegsgerichtsrat im Februar 1945 gegen denselben Rudi Kleinschmidt verhängt hatte, hat ihn nun ganz offensichtlich eingeholt. In einem Standgerichtsverfahren hatte er damals den Gefreiten, der zwei Dosen derselben Schokoladenmarke gestohlen hatte, wegen »Wehrkraftzersetzung« zum Tode verurteilt. Nur ein plötzlicher Tiefliegerangriff hatte die Vollstreckung verhindert, sodass der Gefreite entkommen konnte.

Nun droht die Geschichte von damals sich zu wiederholen, denn Kleinschmidt, der auf der Durchreise ist, begeht beim Anblick der Schokoladendosen einen Einbruch und zeigt jedem, der es sehen will, das sorgfältig aufbewahrte Schriftstück mit dem damaligen Urteil und der Unterschrift des Kriegsgerichtsrats. Seine Geschichte beschäftigt inzwischen die Stammtische der Stadt und macht schließlich auch seinen ehemaligen Richter nervös. Er muss befürchten, dass mit dem Auftauchen des Rudi Kleinschmidt seine bislang erfolgreiche Nachkriegskarriere zerstört werden könnte; auch weil er nach dem Krieg in seinem Entnazifizierungsverfahren seine Tätigkeit als Kriegsgerichtsrat verschwiegen hatte. Darum übernimmt er selbst den Bagatellfall. Politisch ist er mehr als zehn Jahre nach dem Ende des »Dritten Reichs« noch immer auf einem Auge blind. Er ist Leser der rechtsradikalen *National- und Soldatenzeitung*, die er verstohlen am Kiosk kauft. Außerdem hat er einem Studienrat, der wegen antisemitischer Äußerungen angeklagt war, zur Flucht verholfen. Dieser hat ihm als Zeichen seiner geglückten Flucht einen Strauß Rosen zukommen lassen. Nun verlässt der Oberstaatsanwalt, den die Erinnerung an »damals« plötzlich überwältigt hat, in Panik das Gerichtsgebäude und verliert dabei seine Robe. Die Presse titelt tags darauf »Schon wieder ein Justizskandal«.

Der ehemalige DEFA-Regisseur Wolfgang Staudte hat mit seiner zeitkritischen Tragikomödie *Rosen für den Staatsanwalt* aus dem Jahr 1959 die Vorwürfe einer verdeckten Kontinuität zur NS-Zeit aufgegriffen und auf die Leinwand gebracht. Er nahm die personelle und soziale Wiedereingliederung von einstigen nationalsozialistischen Richtern und Staatsanwälten in den Justizdienst der Nachkriegszeit ins Visier. In seiner satirischen Filmerzählung fehlt keines der Indizien und Symbole, die in den zeitgenössischen Vermutungen und Beobachtungen über die »Richter in brauner Robe« und über andere ehemalige Nazi-Eliten kursierten: von der stillen Rückkehr in den Justizdienst und vom Schweigen über die eigene Vergangenheit zwischen 1933 und 1945 bis zur versteckten Sympathie für neonazistische und rechtsradikale Kreise und Tendenzen – alles weckte die Befürchtung einer schleichenden Renazifizierung.

Ein weiteres Symbol für die zeitgenössischen Enthüllungen verdeckter Nazi-Vergangenheiten begegnet in einem komödiantischen Seitenhieb in Kurt Hofmanns Spielfilm *Das Spuk-*

Szenenbild aus dem Film *Rosen für den Staatsanwalt* (1959): Oberstaatsanwalt Dr. Wilhelm Schramm (Martin Held, l.) wird mit seiner NS-Vergangenheit konfrontiert.

schloss im Spessart von 1960. Auch im Bonner Landgericht soll das Gespenst der Vergangenheit umgehen. Voller Empörung widerspricht der Richter und schlägt auf den Tisch des Hauses, sodass der Putz von der Wand bröckelt. Unter dem Hoheitsadler kommt ein Hakenkreuz zum Vorschein. Auch eine harmlose Filmkomödie konnte offenbar nicht auf ein Thema verzichten, das mittlerweile mit zunehmender Intensität die politische Diskussion in der bundesrepublikanischen Presse mitbestimmte: die Bonner Vergangenheitspolitik. Wie weit reicht die Nachgeschichte der NS-Diktatur in die Nachkriegsgeschichte der Bundesrepublik? Haben die staatlichen Institutionen sich vom Personal, von der Ideologie und der Mentalität der NS-Zeit so gründlich abgegrenzt, wie sie es behaupten? Oder gab es hinter dem schönen Verputz nicht doch sehr viele personelle und politisch-ideologische Kontinuitäten? Wie sollte man mit dem Millionenvolk der Täter und Mitläufer umgehen? Gab es nur die drastischen Lösungen, entweder alle zu bestrafen oder alle laufen zu lassen? Beide Extreme waren nicht möglich. Zum einen, weil der Druck seitens der Alliierten groß war, zum anderen, weil auch die Forderungen der Opfer nach Sühne unüberhörbar waren. Das waren Fragen und Sorgen, die nach der anfänglich weitgehenden Übereinstimmung, dass man die Schuldigen bestrafen müsse, erst wieder in den späten 1950er-Jahren auftauchten und die politisch-kulturelle Diskussion der nachfolgenden Jahre beeinflussten und auch veränderten. Es waren nach der Phase der relativen Stille der 1950er-Jahre nun »politische Proteste, Bürgerinitiativen und mutige Einzelpersonen, die die kritische Auseinandersetzung vorantrieben«.[1] Daneben aber auch, so muss man ergänzen, die Presse, die in diesen Übergangsjahren eine eigenständige Position als politische Macht gewann. Das alles verlief schrittweise, von einem Skandal und öffentlichen Erregungszustand zum nächsten. Einen »scharfen Bruch zwischen dem Wunsch nach Vergessen und dem nach konsequenter Aufarbeitung der NS-Zeit«[2] gab es nicht, eher ein unentschiedenes Nebeneinander, wie das für Übergangszeiten allgemein zu beobachten ist. Auch trafen die Vorwürfe sicherlich nicht auf alle Justizjuristen oder gar auf alle Angehörigen der übrigen Funktionseliten zu.

Vierzehn Jahre nach dem Ende des Dritten Reichs häuften sich die besorgten Beobachtungen, dass die »alten Nazis« wieder in ihre Ämter zurückgekehrt seien. Befürchtungen, die sich später als übertrieben erwiesen, dass von den »Ehemaligen« eine Gefahr für die demokratische Ordnung ausginge und dass sie das politische Klima der jungen Bundesrepublik prägen könnten, wurden in der kritischen Öffentlichkeit und in der jüngeren studentischen Generation wach. Auch stellte sich die Frage, wie und mit wessen Hilfe sie ihren Weg nach oben bewerkstelligt hatten. Ferner wurde über mögliche Alternativen zu der realen Vergangenheitspolitik diskutiert: wie man mit den belasteten Vergangenheiten vieler Deutscher umgehen müsse, ob man bei der Rekrutierung des administrativen Personals nicht auf eine »Gegenelite« hätte zurückgreifen können und ob man die vielen »Nazis« in der einen oder anderen Form in die Gesellschaft der jungen Bundesrepublik gefahrlos einbeziehen könne und müsse. Ende der 1950er-Jahre mehrten sich die Hinweise auf vielfache Kontinuitäten gesellschaftlicher Funktionsträger, die sich unbehelligt und erfolgreich vom »Dritten Reich« in die bundesrepublikanische Wiederaufbaugesellschaft hinübergerettet hatten. Dass sich Staudtes Film ausgerechnet auf den Justizbereich konzentrierte, war kein Zufall. Spektakuläre Gerichtsverfahren, wie der Ulmer Einsatzgruppenprozess von 1958 sowie das Verfahren gegen den ärztlichen Leiter der T4-Aktion, Dr. Werner Heyde, der bis zu seiner Enttarnung 1959 als Sportarzt Dr. Fritz Sawade untergetaucht war und sich noch vor der Hauptverhandlung seiner Verantwortung durch Suizid entzog, hatten den Mantel des Schweigens zerrissen, der sich nach verbreiteter Meinung seit der Gründung der Bundesrepublik über die versteckte Wiederkehr und die Netzwerke einstiger NS-Funktionsträger gebreitet hatte.

Das »Schweigen der Eliten« wollte auch die »Braunbuchkampagne« der DDR gegen »Kriegs- und Naziverbrecher in der Bundesrepublik und West-Berlin« propagandistisch nutzen. Die Nachgeschichte des Nationalsozialismus war ein gesamtdeutsches Thema, nur dass die SED-Diktatur ihren Anteil daran leugnete. Sie versuchte, im Ost-West-Konflikt mit dem Vorwurf der Kontinuität »brauner Eliten« in der Bundesrepublik deren politisches System unter Generalverdacht zu stellen und sich selbst den Orden erfolgreicher politischer Säuberung in ihrem Herrschaftsgebiet anzuheften. Dagegen sprach schon sehr früh die Beobachtung von Wolfgang Leonhard, der als einstiges Mitglied der Gruppe Ulbricht gute Kenntnisse der SED-Machtstrukturen besaß. Er berichtete nach seiner Flucht in den Westen von einem ehemaligen NSDAP-Parteigenossen, der auf einer SED-Veranstaltung 1946 die Partei öffentlich den »großen Freund der kleinen Nazis« genannt hatte. Tatsächlich hatte der

SED-Parteivorstand, so Leonhard, bereits im Juni 1946 als Reaktion auf eine Wahlniederlage der österreichischen Kommunisten offiziell erklärt, die »einfachen Mitglieder und Mitläufer der ehemaligen Nazipartei in den demokratischen Aufbau einzugliedern« und diese damit als potenzielle Wähler zu umwerben.[3]

Im Unterschied zur Vergangenheitspolitik der DDR, die sich bis zuletzt über ihren tatsächlichen Umgang mit den »Ehemaligen« mehr oder weniger in Schweigen gehüllt und sich als Bastion des Antifaschismus dargestellt hatte, war die Elitenkontinuität ehemaliger nationalsozialistischer Funktionsträger in den Anfangsjahren und auch -jahrzehnten der Bundesrepublik eine dauerhafte Belastung. Ihr musste sich eine offene Gesellschaft immer wieder stellen und sich damit auseinandersetzen, dass diese Nachgeschichte ihre eigene Geschichte in unterschiedlicher Intensität und in deutlichen Entwicklungsschritten lange begleitete. Denn auch die »zweite Geschichte des Nationalsozialimus«[4], also die politisch-mentalen Nachwirkungen der Hitler-Diktatur und die damit verbundenen Deutungskämpfe in der deutschen Nachkriegszeit, hatten ihre eigene Geschichte, in der sich die politischen Strategien und öffentlichen Wahrnehmungen der Vergangenheitspolitik sowie der Wiedereingliederung der »Ehemaligen« in deutlichen Zeitsprüngen veränderten.

Zweifelsohne waren die Jahre 1959/60, in denen in der publizierten Öffentlichkeit verstärkt über eine NS-Nachgeschichte gesprochen wurde, Schlüsseljahre in der »zweiten Geschichte« des Nationalsozialismus. Sie verdeutlichen, dass die verbreiteten Vorwürfe, die Erinnerung an die diktatorischen und verbrecherischen Elemente der NS-Vergangenheit und öffentliche Bekenntnisse einer Mitschuld daran würden im politischen Diskurs verdrängt, revidiert oder wenigstens differenziert werden müssen. Denn ab 1945 bis in die späten 1940er-Jahre hinein, gab es, ausgelöst durch die von den Alliierten geführten Nürnberger Prozesse (1945/46) gegen deutsche Kriegsverbrecher und die anschließenden Entnazifizierungsverfahren, bereits eine erste deutsche Debatte über die Verbrechen des nationalsozialistischen Regimes und die deutsche Schuld.

Das hatte Wolfgang Staudte mit seinem ersten Nachkriegsfilm von 1946 unter dem Titel *Die Mörder sind unter uns* schon einmal in Szene gesetzt. Die deutsche Trümmergesellschaft konnte sich in diesen Jahren der Frage nach ihrer Verantwortung für das, was in den zwölf Jahren nationalsozialistischer Herrschaft geschehen war, nicht entziehen. In diesen frühen Jahren herrschte ein breiter Konsens darüber, dass man NS-Täter zur Verantwortung ziehen müsse. Allerdings war man geneigt, die politische Verantwortung auf eine kleine Clique radikaler nationalsozialistischer Parteiführer abzuwälzen und sich ansonsten über Unrechtshandlungen oder Willkür der Besatzungsmächte zu beklagen.

Erst nach dem Ende der Entnazifizierungsverfahren und ab der Gründung der Bundesrepublik erlahmte diese Debatte. Die bundesdeutsche Gesellschaft, die ganz mit dem Wiederaufbau beschäftigt war, legte nun über ihre NS-Vergangenheit den Mantel des Schweigens, der allerdings löchrig und durchlässig blieb. Zwar wussten viele von den Verbrechen des Nationalsozialismus und von der Mithilfe ehemaliger Funktionsträger bei der Stabilisierung und Radikalisierung des nationalsozialistischen Unrechtsregimes; aber kaum jemand wollte seither öffentlich darüber reden oder wenn, dann in abstrakten Formeln von den »Abgründen« oder dem »Bösen« bzw. den »dunklen Seiten der Geschichte«. Man sprach immer häufiger von »Wirrnissen«, auch wenn man damit nicht nur die unmittelbaren Nachkriegsjahre mit ihren millionenfachen Bevölkerungsbewegungen und dem Schwarzmarkt meinte. Vielmehr bezog man sich damit allenfalls auf die Erinnerung an die letzten Kriegsjahre mit ihren ungezählten Willkür- und Gewalttakten, kaum aber auf die Verfolgungen und Massenverbrechen, die von Anfang an zum Wesen des NS-Regimes gehörten. Sie sollten vergeben und vergessen werden. Sprachliche Verharmlosungen der NS-Gewaltherrschaft sollten dunkle Erinnerungen vertreiben und den Gedanken einer Amnestie und Straffreiheit nahelegen. Damit versuchte man, sich in Politik und Gesellschaft von der NS-Vergangenheit abzugrenzen, während die Bonner Republik gleichzeitig die Rechtsnachfolge des Deutschen Reiches antrat. Zwar wurden in öffentlichen Reden sehr abstrakt formulierte Distanzierungen von der »dunklen Zeit« ausgesprochen, aber selten nannte man das konkrete nationalsozialistische verbrecherische Handeln beim Namen, vor allem nicht die millionenfache Vernichtung der europäischen Juden. Auch die Namen der Täter wurden kaum zur Sprache gebracht. Zwar wussten sehr viele davon, aber man schwieg sich darüber aus.

Nach einem Jahrzehnt des »selektiven Schweigens«[5] beschäftigten ab Ende der 1950er-Jahre zunehmend skandalöse Vorfälle die Öffentlichkeit, und es trat die Befürchtung auf, dass es sich dabei nicht um Einzelfälle handelte. Eugen Kogon, ehemaliger KZ-Häftling und Autor eines der ersten Bücher über das System der Konzentrationslager, »beschrieb bereits 1954 verzweifelt und ironisch zugleich die Dynamik der »Wiederkehr der Gestrigen«: »Die stille, allmähliche, schleichende, unaufhaltsame Wiederkehr der Gestrigen scheint das Schicksal der Bundesrepublik zu sein. Angetan mit alten und neuen Gesetzesmänteln der Gerechtigkeit lassen sie sich einzeln auf den hohen, reihenweise auf den mittleren Sesseln der Verwaltung, der Justiz und der Verbände nieder. In der Wirtschaft halten sie ohnehin nicht erst heute die Hebel in ihren sicheren, ach so zuverlässigen, so welterfahrenen, so angesehenen Händen – nun wieder die Hände der Macht.«[6]

Immer neue Vorfälle hielten das Thema wach und verhalfen ihm zu einer verstärkten öffentlichen Resonanz. Die Kölner »Synagogenschmierereien« Weihnachten 1959 und die dort verkündete Parole »Juden raus!« lösten eine ganze Welle von Friedhofsschändungen und Hakenkreuzschmierereien aus. Die Täter, zwei junge Männer, gehörten der rechtsextremen Deutschen Reichspartei (DRP) an. Besorgt und empört fragte man sich im In- und Ausland, ob die westdeutsche Gesellschaft den Nationalsozialismus wirklich überwunden habe. Der Frankfurter Sozialphilosoph Theodor W. Adorno, einer der Begründer der Kritischen Theorie, beklagte das Fortbestehen autoritärer Denk- und Verhaltensmuster in einer kapitalistischen Gesellschaftsordnung: »Ich betrachte das Nachleben des Nationalsozialismus in der Demokratie als potentiell bedrohlicher denn das Nachleben faschistischer Tendenzen gegen die Demokratie.«[7] Die Kritik an der mangelnden Aufarbeitung der nationalsozialistischen Vergangenheit wurde auch zum Argument einer sehr viel weiterreichenden Kapitalismuskritik, wie sie in den späten 1960er-Jahren teilweise populär wurde.

Das Jahr 1959 wurde mithin zu einem neuerlichen Wendepunkt der Vergangenheitsdiskussion und der sich abzeichnenden Frontstellung in der politisch-gesellschaftlichen Auseinandersetzung über den Nationalsozialismus und sein Nachleben. Bald griffen auch Schriftsteller einer jüngeren Generation wie Günter Grass oder Heinrich Böll mit Romanen wie *Die Blechtrommel* von 1959 deutsche Schicksale und Verstrickungen der Jahre 1933 bis 1945 auf. Es ging vor allem um das Wieder-nach-oben-Kommen bzw. das erfolgreiche soziale Überleben alter »Nazis«.

Auch der britische Botschafter in Deutschland, Sir Christopher Steel, erhielt im Frühjahr 1959 eine Anfrage seiner Regierung, die wissen wollte, was die »ehemaligen Nazis« machten und ob »der Nazismus eine politische Kraft in Deutschland« sei. Die Antwort des Botschafters war nüchtern und differenziert. Der Großteil der Parteigenossen sei in das gesellschaftliche Leben integriert worden, aber man könne nicht übersehen, »dass sich ehemalige Parteimitglieder ihren Weg bis in die Bundesregierung gebahnt« hätten. Die »Vorwürfe aus dem Osten« seien »Teil einer Propagandakampagne zur Diskreditierung der

Bundesrepublik; nur in der Wirtschaft läge »die Macht noch immer in denselben Händen wie zur Zeit des Dritten Reiches. Friedrich Flick beherrsche inzwischen ein größeres Imperium als jemals zuvor.« Steels Resümee sollte beruhigend wirken: »Die schlimmsten [Nazis, H. U. Th.] zogen sich, in einigen Fällen nach Haft oder Internierung, ins Privatleben zurück, einige gingen ins Ausland; der Rest, drei Millionen oder mehr, wurde in das normale Leben des Landes wieder aufgenommen, bis zu einem gewissen Grade auch in die Verwaltung. Nur wenige besetzen Spitzenpositionen in der Bundesregierung oder der Verwaltung. Das gilt in höherem Maße für die Streitkräfte. Bei den Länderverwaltungen ist die Lage unterschiedlich, aber der Anteil ist relativ klein. Andererseits haben die Geschäftsleute, die Nazis gewesen waren, in der Industrie ihre führenden Positionen wiedergewonnen. Die zweite Frage aus London, ob der Nazismus eine politische Kraft in der Bundesrepublik sei, beantwortete der Botschafter mit einem klaren »Nein«, was die verbreitete Skepsis in den europäischen Hauptstädten nicht verringerte.[8]

Das öffentliche Schweigen, mit dem Politik und Gesellschaft der Bundesrepublik für mehr als ein Jahrzehnt die Erinnerungen an das Mitmachen der vielen Zeitgenossen des »Dritten Reichs« und ihre Mitwirkung an dem nationalsozialistischen Regime belegt hatten, förderte und begleitete, so die Vermutung, das Wiederauftauchen alter Eliten, die dieses Unrechtssystem mitgetragen hatten und auch nun über gute Netzwerke verfügten. Wenn man nun von den »Tätern« sprach, dann weitete sich der Blick allmählich von Hitler und seiner Führungsclique auf die vielen Mittäter und Mitläufer in gesellschaftlich führenden Positionen. Sicherlich hatte bei Kriegsende die Mehrheit des nationalsozialistischen Spitzenpersonals der Diktatur, bei Hitler angefangen, sich das Leben genommen, war geflohen oder untergetaucht. Für sie, die hochrangigen Machtträger und Weltanschauungseliten aus dem NS-Komplex, gab es, wenn sie überlebt hatten, kaum eine Zukunft in der neuen Ordnung der Bundesrepublik mehr. Ihr Beispiel allein spräche dafür, dass es keine einfache Kontinuität der Eliten gab. Den anderen Trägern und Verantwortlichen des NS-Regimes aus Partei und Staat unterhalb der Spitzenpositionen der NS-Führungsclique, bis hinunter zum NS-Ortsgruppenleiter, blieb die Rückkehr in Verwaltungs- und mittlere Leitungsfunktionen zwar für einige Jahre verschlossen. Doch nach einer Phase der Internierungen und der Entnazifizierungsverfahren gelang ihnen allmählich, von einigen gravierenden Ausnahmen abgesehen, die Rückkehr ins öffentliche politisch-administrative Leben und in gesicherte Positionen. Wer das nicht oder erst mit erheblicher Verzögerung schaffte, der fand Zuflucht in Nischen des wirtschaftlichen Lebens und mied öffentliche politische Tätigkeiten. Nach einigen Jahren der Unterbrechung und oft in anfangs unscheinbaren Positionen, gleichsam weggeduckt, gelang es vielen ehemaligen nationalsozialistischen Parteifunktionären, auch SS-Offizieren, spätestens nach einem Jahrzehnt, die »Rückkehr in die Bürgerlichkeit«[9] zu finden.

Erfolgreicher waren die nationalsozialistischen Funktionseliten, also die einflussreichen und hoch qualifizierten juristischen, ökonomischen, militärischen und intellektuellen Führungsschichten der Gesellschaft und der Verwaltung. Sie hatten sich schon 1933 oder kurz danach in großer Mehrheit dem NS-Regime verschrieben und aus Sorge um ihre soziale und kulturelle Stellung für dessen Funktionsfähigkeit gesorgt, und sie hatten bis in die Jahre der Kriegswende 1942/43 hinein ihre Positionen und teilweise auch ihre Autonomie erhalten, freilich zu dem sehr hohen moralischen Preis des Wegsehens bei den Verfolgungs- und Vernichtungsaktionen des NS-Regimes gegen deutsche Juden, obwohl auch diese einmal den bürgerlichen Eliten aus Wirtschaft und Bildung angehört hatten und teilweise enge Kollegen gewesen waren. Den öffentlichen kollektiven Schuldbekenntnissen und offiziellen Abgrenzungen von der Politik des

Nationalsozialismus zum Trotz konnten sie nach dem Sturz des NS-Regimes nach wenigen Jahren der Unterbrechung wieder ihre einstigen sozialen Führungs- und Leistungspositionen als Richter und Staatsanwälte, als Ministerialbeamte und Professoren, als Publizisten und Unternehmer, Manager und Aufsichtsratsmitglieder erreichen, wie sie ihrer Ausbildung und sozialen Herkunft entsprachen. Allerdings waren und blieben sie keine homogene Gruppe, sondern waren durch unterschiedliche soziale Kontinuitätsmuster und Rekrutierungspraktiken sowie auch durch vorsichtige Öffnungen für Jüngere geprägt. Für Rückkehrer, die in der Emigration oder Zurückgezogenheit überlebt hatten, blieben die Türen hingegen weitgehend verschlossen, mit Ausnahme des öffentlichen Dienstes, wo es entsprechende Wiedergutmachungsregeln gab. Dem Beharrungsvermögen, der Positionierung und dem politisch-gesellschaftlichem Verhalten der Funktionseliten in der NS-Zeit und vor allem danach gilt seit einiger Zeit das wissenschaftliche und öffentliche Interesse; sie sollen auch im Mittelpunkt dieses Buches stehen.

Im Unterschied zu den Nazi-Funktionseliten gelang den vorwiegend kleinbürgerlichen, durch ihre Sozialisation und ihren Habitus geprägten Angehörigen der unteren Ränge von NSDAP und von SA sowie SS, die z. B. als Ortsgruppen- oder Kreisleiter und Amtswalter allesamt als NS-Uniformträger für zwölf Jahre an der usurpierten Macht teilhatten, nun nach dem Ende des NS-Regimes weniger reibungslos die Rückkehr in eine mittlere Existenz in der Polizei oder anderen untergeordneten Verwaltungs- und Sicherheitseinrichtungen bzw. in bescheidene Angestelltenverhältnisse in der Wirtschaft. Sie mussten vielmehr oft viele Jahre darauf warten.

Von der Anpassungs- und Lernbereitschaft der ehemaligen Funktionsträger, ganz gleich in welcher Position sie bis 1945 Träger des NS-Regimes gewesen waren, wusste man in der Regel wenig, da sie es nach ersten spektakulären Verhaftungs- oder Enttarnungsfällen von einstigen höheren nationalsozialistischen Würdenträgern aus der Staatssekretärsebene und aus höheren SS-Rängen vorgezogen hatten, sich öffentlich nicht übermäßig zu exponieren. Das schloss eher unauffällige Mitgliedschaften in neonazistischen Gruppierungen oder Sympathien für entsprechende Gruppierungen nicht aus, wie das fiktive Beispiel von Oberstaatsanwalt Dr. Schramm im Film von Wolfgang Staudte andeutet. Für politisch sensible Beobachter waren die Kontinuitäten dieser Mittäter und Opportunisten, wenn sie denn öffentlich wurden, eine hinreichende Warnung vor einer Wiederkehr der Ehemaligen und ein untrügliches Zeichen dafür, dass die (West-)Deutschen noch nicht in der Demokratie angekommen waren.

Das schienen auch Umfrageergebnisse des ersten Nachkriegsjahrzehnts zu bestätigen. Demnach waren im August 1948 57 Prozent der Befragten der Meinung, der Nationalsozialismus sei eine gute Sache, die nur schlecht ausgeführt worden sei. Zu diesem Urteil trugen auch hohe Militärs und Beamte bei, die in Memoiren und Erlebnisberichten, oft auch zur eigenen Entlastung, auf die angeblich dilettantische Politik und Kriegsführung Hitlers und seiner Führungsclique verwiesen, auch um sich damit selbst als bloß untergeordnete Befehlsempfänger zu entlasten. Für 44 Prozent der Befragten war überdies das »Dritte Reich« die beste Zeit ihres Lebens, während nur zwei Prozent der Zeit nach 1945 etwas Positives abgewinnen konnten. Auch fünf Jahre später hatten sich diese Einschätzungen nur ansatzweise verändert. Publizisten und Soziologen schlossen aus diesen Befunden oft, man habe allzu lange über die gesellschaftlichen Wurzeln und Wirkungen der nationalsozialistischen Herrschaft geschwiegen und fürchteten, dass dies nicht ohne Einfluss auf das politische System und die politische Kultur bleiben würde. Wie sollte, so die besorgte Frage, trotz oder wegen dieser personellen und politisch-moralischen Belastungen die Integration in die Staatsbürgergesellschaft der Bundesrepublik und die Stabilisierung der Demokratie gelingen?

Die Sorgen und Wahrnehmungen vom Ende der 1950er-Jahre waren nicht neu. Beobachter von außen hatten schon seit Längerem ein scheinbar gleichgültiges Schweigen der Deutschen über die NS-Vergangenheit konstatiert. Die deutsch-amerikanische jüdische Philosophin Hannah Arendt, die 1933 ihre Heimat hatte verlassen müssen, besuchte erstmals 1949, vier Jahre nach dem Untergang des »Dritten Reichs«, für einige Monate Deutschland. Angst vor den Deutschen, aber auch Heimweh nach der alten Heimat begleiteten sie. Bei jedem Gedanken an Deutschland, hatte sie schon vor ihrer Abreise geschrieben, müssten die Todesfabriken von Auschwitz präsent sein. Was sie dann in den Trümmern der Städte fand, waren Menschen, die mit einer abweisenden Gleichgültigkeit auf die Frage nach ihren Diktaturerfahrungen reagierten und stattdessen mit angespannter Emsigkeit mit dem Wiederaufbau beschäftigt waren. Was sie nicht fand, waren Nazis, obwohl sie sich doch mitten unter ehemaligen Tätern und Mitläufern befand und fast jedem Deutschen die Frage hätte stellen müssen: »Was hast Du in den zwölf Jahren von 1933 bis 1945 getan?« Zerstörte Städte sah sie überall in Europa, auch gehöre, so war sie sich bewusst, Geheimnistuerei zu den »verbreitetsten europäischen Übeln«. Doch nirgends, so befand sie, »wird dieser Alptraum von Zerstörung und Schrecken weniger verspürt und nirgendwo wird weniger darüber gesprochen als in Deutschland.« Zwar sei Schweigen auch ein Schutz vor dem Nicht-verstanden-Werden; in den »wichtigsten Dingen« nicht zu schweigen, sondern reden zu können und verstanden zu sein, das war in »ihren Augen ein Stück Welteroberung«.[10]

Den frühen und beklemmenden Befund, den Hannah Arendt auch auf ihren späteren Deutschlandreisen immer wieder bestätigt fand, teilten auch später noch zahlreiche kritische Beobachter. Eine »Unfähigkeit zu trauern« attestierten 1967 die Psychologen Alexander und Margarete Mitscherlich den Deutschen. Das sei zwar ein individualpsychologischer Schutzmechanismus, der nach dem traumatischen Erlebnis von Diktatur und Krieg durchaus verständlich gewesen sei, aber je länger er andauerte, desto größere persönliche und soziale Folgekosten würde er haben.[11] Ihr Diktum von der »Unfähigkeit zu trauern« wurde zum Schlagwort der wachsenden Kritik an der politischen Kultur der Bundesrepublik, die bis in die 1980er-Jahre erhalten blieb.

Andere Beobachter hielten demgegenüber diese »gewisse Stille« angesichts der mehr als sechs Millionen ehemaligen Mitglieder der NSDAP und der ebenso vielen Mitglieder der angeschlossenen Organisationen für unvermeidlich, denn die frühe Bundesrepublik stand nach ihrer Einschätzung vor einer schwierigen, vielleicht auch unlösbaren Aufgabe: »Sie war das Vaterland der Volksgenossen und der Volksfeinde, der Gestempelten und der Neutralen, der Verfolger und Verfolgten. Diesen Riß im Material ist sie nicht losgeworden.«[12]

Das war in der Tat die kaum zu ändernde und schwierige Voraussetzung für alle späteren politischen Entwicklungen und auch für den Umgang mit den ehemaligen Funktionseliten, die als Ministerialbeamte, als Richter und Unternehmer, als Publizisten und als Mediziner dem Staat Hitlers viele Jahre lang zu Stabilität verholfen hatten und nun zu einer zweiten Karriere ansetzten. Ihre erste Karriere hatte teilweise noch im späten Kaiserreich oder in der ungeliebten Weimarer Republik begonnen und erfuhr im Hitler-Staat in der Regel eine weitere Beschleunigung. Die Behauptung in den oder der Aufstieg in die Funktionseliten wäre sicherlich nicht ohne oder gegen den Nationalsozialismus denkbar gewesen, es sei denn, man hätte sich den Gegnern des Regimes angeschlossen und wäre damit von Entlassung und Ausgrenzung, auch von Verfolgung oder dem Zwang zur Emigration bedroht gewesen. Ob man beim Wiederaufbau des öffentlichen Lebens und vor allem der Wiederbegründung eines demokratischen Rechtsstaates nach 1945 den beruflichen Wiedereinstieg und damit auch eine zweite Karriere schaffte, hing bei der förmlichen Personalüberprüfung, die es nicht überall gab, zunächst vor allem und allein von dem Kriterium einer Mitgliedschaft in der NSDAP oder in anderen politischen Organisationen des NS-Regimes ab. Dieser formale Aspekt galt als wichtigstes Merkmal für eine politische Belastung. Deren wirkliches Ausmaß lässt sich jedoch erst ermessen, wenn man das Handeln und das öffentliche Reden der NSDAP-Mitglieder miteinbezieht, wenn durch eine gründlichere Überprüfung auch die Beteiligung an NS-Verbrechen und persönliche Positionsnahmen genauer ermittelt werden konnten.[13]

Das Ausmaß der Verstrickung in das Unrechts- und Vernichtungsregime des Nationalsozialismus (und damit auch die Chance auf einen späteren Wiedereinstieg) hing überdies vom Alter und Zeitpunkt der beruflichen Sozialisation der Generationen der Betroffenen ab. Das hatte schon Konrad Adenauer im April 1946 in einer stark schematisierten und die soziale Wirklichkeit übertünchenden Einteilung der politischen Generationen als drückendes Problem des politischen Neuanfangs beschrieben: »Das ist ja überhaupt das Verhängnis für Deutschland, daß die alte Generation überall an die Spitze muß. Die mittlere Generation fällt vollständig aus, weil sie in der Partei war. Die junge Generation ist nicht urteilsfähig in politischer noch einer sonstigen Hinsicht. Sie muß völlig umerzogen werden.«[14]

Nicht nur Adenauer war sich der Tatsache bewusst, dass sich das nationalsozialistische Regime ab 1933 auf eine breite Mehrheit der Deutschen hatte stützen können. Denn mit den Erfolgen der Führerdiktatur, die »Arbeit und Brot« und auch Aufstieg und Zugehörigkeit versprochen hatte, fand das Regime in seiner Konsolidierungsphase bald nach der Machtübertragung 1933 eine noch sehr viel breitere Zustimmung, die auch die Loyalität zu Hitlers Herrschaft bis zur Kriegswende sicherte. Die Verheißung einer nationalsozialistischen Volksgemeinschaft, auch wenn eine solche real zu keinem Zeitpunkt existierte, war propagandistisch und mental wirksam genug, um die Verführungs- und Wirkungsmacht des »Führers« und die Mitmachbereitschaft vieler »Volksgenossen«, nicht zuletzt auch der Führungseliten, zu erhalten. Der Mythos der »Volksgemeinschaft« war sogar nach dem Zusammenbruch des NS-Regimes und dem wenig heldenhaften Sich-Verabschieden des Führungspersonals Anfang Mai 1945 nicht erloschen, was sich auch in der sprachlichen Nachwirkung zeigte.

Was das für die Integration der Millionen Volksgenossen, Mitläufer und Mittäter in das Nachkriegsdeutschland bedeutete und ob es eine Alternative dazu gegeben hätte, war angesichts der Massenhaftigkeit der Verstrickung und Mitschuld ab den 1960er-Jahren umstritten und ist es auch heute noch. Diese Belastung blieb zusätzlich wirkungsmächtig, da nicht wenige Zeitgenossen sich in der Nachkriegszeit der Selbsttäuschung hingaben, dass sie nicht Täter, sondern Opfer der NS-Herrschaft waren. Dieses millionenfache Verdrängungsnarrativ, das auf einer selektiven Wahrnehmung beruhte und sich allenfalls auf die allerletzte Phase des Regimes 1944/45 mit dem Terror der Standgerichte und den Gewaltakten fanatischer Parteigenossen und SS-Männer beziehen konnte, diente vielen Nachkriegsdeutschen als Instrument einer sich selbsttäuschenden Selbstentnazifizierung, die sich in vielen Rechtfertigungen vor Spruchkammern und in »Persilscheinen« niederschlug. Dass es auch die politischen Selbstentlastungen der Nazi-Eliten prägte, ist nicht weiter verwunderlich, zumal diese privilegierten Gruppen der einstigen Funktionseliten, wie noch zu zeigen sein wird, über gute Netzwerkverbindungen verfügten und teilweise schon sehr früh, wie das Beispiel des ehemaligen Generalstabschefs Franz Halder im Herbst 1945 zeigt, mit der Konstruktion der Verdrängungs- und Verteidigungsstrategie, auch für seine Kameraden, begonnen hatte.

Dass man eine praktikable politische Lösung für den Zwiespalt zwischen der übergroßen Mitmachbereitschaft und der anschließenden Selbstentnazifizierung sowie der Notwendigkeit der Integration der Mittäter finden musste, hatte der ehemalige Gegner des NS-Regimes und spätere Darmstädter Politikwissenschaftler Eugen Kogon schon 1947 ausgesprochen, als er das Recht auf politischen Irrtum anerkannte und über die alten Nazis sagte: »Man kann sie nur töten oder gewinnen.«[15] Da man sie nicht töten konnte, musste man also, wie es später der Politikwissenschaftler Peter Graf von Kielmansegg formulierte, den Mut haben, die Demokratie mit den Deutschen zu beginnen, die vorher auch Deutsche des Dritten Reiches gewesen waren.[16]

Dieser Mut oder auch das damit verbundene halbherzige Lavieren bildeten immer wieder den Stoff für öffentliche Kontroversen. Denn der langwierige und oft widersprüchliche Integrationsprozess der Mitläufer und Mittäter, der für viele Jahre ohnehin zwischen Verschweigen und öffentlicher Erinnerung schwankte, wurde ab den späten 1950er-Jahren immer wieder von kaum erträglichen Skandalen und politisch-moralischen Belastungen für die politische Kultur der Bundesrepublik begleitet und in der öffentlichen und veröffentlichten Meinung die sorgenvolle Vorstellung genährt, es sei in der Bundesrepublik nicht gut um die Demokratie bestellt. Mit der wachsenden politischen Sensibilisierung und Polarisierung verstärkte sich ab den 1960er-Jahren – und nicht erst seit 1968 – unter Kritikern die Vorstellung, dass nicht nur die »alten Nazis« noch immer da wären, sondern dass sogar eine Wiederkehr eines autoritären oder gar eines faschistischen Regimes drohe.

Fünfzig Jahre nach der nationalsozialistischen »Machtergreifung«, deren eigentlicher Charakter einer Machtübertragung und »Zustimmungsdiktatur«[17] immer mehr ins öffentliche Bewusstsein rückte, konnte man sich zunehmend sicher sein, dass der generationelle wie auch der politisch-kulturelle Wandel in der Bundesrepublik (im Unterschied zu der in starren Formeln verharrenden Propaganda und Selbstbeschreibung der DDR) so weit gediehen war, dass die soziale Wiedereingliederung der vielen Mitschuldigen und Mitläufer der NS-Herrschaft keinen größeren politischen Flurschaden mehr anrichten konnte. Denn die alten politisch-administrativen Führungsschichten waren nicht mehr im Amt, und ihre Verhaltensmuster hatten sich inzwischen weitgehend überlebt. Welche Rolle in diesem Transformationsvorgang die immer intensiver gewordenen Kontroversen und die politische Aufklärung über die NS-Zeit bzw. über ihre politisch-kulturellen Nachwirkungen spielten, soll in den folgenden Kapiteln immer wieder in den Blick genommen werden. Ein Indikator für diese Bewusstseinsveränderung dürfte die veränderte Wahrnehmung sein, wie sie der Philosoph Hermann Lübbe aus Anlass des 50. Jahrestages der Machteroberung zu wirkungsvollen Thesen zugespitzt hatte.[18] Er hatte damit zunächst heftige politische Kontroversen ausgelöst, bis sie seit der deutschen Wiedervereinigung von 1989/90 eine immer breitere Akzeptanz fanden. Allein der Wandel der Begrifflichkeit, mit der man die Auseinandersetzung mit der NS-Zeit beschrieb, zeigt die Veränderungen. Man sprach nicht mehr von »unbewältigter Vergangenheit« wie noch in den 1960er- und 1970er-Jahren, sondern die Rede war seither von »Aufarbeitung der Vergangenheit«.[19] Was sich jedoch kaum verändert hatte, war die Verwendung des Temporalbegriffs »Vergangenheit« fast ausschließlich zur Bezeichnung der zwölf Jahre der NS-Diktatur.

Lübbe hatte gegen die damals verbreitete These von der »unbewältigten Vergangenheit« das Phänomen des »kollektiven Beschweigens« der NS-Vergangenheit aus einer anderen Perspektive erörtert. Zwar bestätigte er die »gewisse Stille« im Umgang mit der NS-Vergangenheit als mehrheitlich vorherrschendes Verhalten in den Nachkriegsjahren. Aber er sah dieses Verhalten als eine notwendige Voraussetzung für die Integration der vielen Mitschuldigen und Mitläufer der NS-Herrschaft in die Staatsbürgergesellschaft der Bundesrepublik. Die »gewisse Zurückhaltung in der öffentlichen Thematisierung individueller oder auch institutioneller Nazi-Vergangenheiten«

war nach seinem Urteil »eine Funktion der Bemühung, (...) zwar nicht diese Vergangenheiten, aber doch ihre Subjekte in den neuen Staat zu integrieren.« Denn »diese gewisse Stille war das sozialpsychologisch und politisch nötige Medium der Verwandlung unserer Nachkriegsbevölkerung in die Bürgerschaft der Bundesrepublik Deutschland.«[20]

Die Nachgeschichte des »Dritten Reiches«, vor allem der Umgang der Deutschen mit ihrer nationalsozialistischen Vergangenheit, war, wie angedeutet, kein statisches Phänomen, sondern von mehreren Umständen und Einwirkungen der historischen Entwicklungen abhängig: von den sich dramatisch verändernden internationalen Konstellationen bis zur Ausbildung einer bipolaren Weltordnung und dem sich verschärfenden Kalten Krieg über die rasche ökonomische Rekonstruktion und das bald einsetzende »Wirtschaftswunder«, die dadurch begünstigte politische Anerkennung einer neuen westdeutschen Demokratie bis hin zu einer zunehmend pluralistischer werdenden politischen Kultur. Diese Veränderungen, die 1945 nicht unbedingt vorhersehbar waren, müssen mitbedacht werden, wenn wir über den Umgang der Nachkriegsdeutschen mit ihrer nationalsozialistischen Vergangenheit und über die deutsche Vergangenheitspolitik sprechen.

Es gilt die politisch-historische Entwicklung zu berücksichtigen und auch die »zweite Geschichte des Nationalsozialismus« zu historisieren, das heißt die Debatten um Bestrafung und Integration der Millionen Volksgenossen und Mitläufer des »Dritten Reichs« in den jeweiligen historischen Kontext und Bedingungszusammenhang einzuordnen. Es gilt den Begriff der »Vergangenheitspolitik«, wie ihn Norbert Frei eingeführt hat[21], von der Konzentration auf die politische Geschichte weiter zu öffnen zu einer Geschichte des politischen Handelns wie des Redens und des Schweigens über die NS-Vergangenheit, also die mitunter heftigen öffentlichen Diskurse und Wahrnehmungen miteinzubeziehen.

»Vergangenheitsbewältigung« oder »unbewältigte Vergangenheit« waren lange Zeit Themen politischer Publizistik und intellektueller Debatten, nicht aber Gegenstand empirischer zeithistorischer Forschung. Sie hatten ihre Hochkonjunktur in den 1960er-Jahren. Das änderte sich ab den 1970er-Jahren mit ersten Studien zur alliierten Besatzungspolitik und zur Politik der Entnazifizierung und ihren lokalen Ausprägungen, zur Haltung von Kirchen und Verbänden zur Säuberungspolitik sowie zur Politik der Internierung, schließlich zur publizistischen, legislativen und juristischen »Vergangenheitspolitik«. Mit dem Zusammenbruch kommunistischer Herrschafts- und Gesellschaftsordnungen 1989/90, besonders der deutschen Wiedervereinigung, erhielt das Nachleben von Diktaturen und der Umgang mit deren ehemaligen Macht- und Funktionsträgern neue Aktualität und zusätzlich eine vergleichende Dimension, ohne dass die Nachwirkungen der NS-Diktatur aus dem Fokus der Betrachtungen rückten. Das soll auch im Schlusskapitel angesprochen und die Entwicklung der deutschen »Aufarbeitungskultur« in den transnationalen Kontext postdiktatorischer Gesellschaften und ihres Umgangs mit ihrer jeweiligen diktatorischen Vergangenheit gestellt werden.

Die »Behördenforschung«, die in der Berliner Republik mit einer großen Studie zur Personal- und Vergangenheitspolitik des Auswärtigen Amtes zu Beginn des neuen Jahrhunderts ihren Anfang nahm und seither zu einer stattlichen Reihe intensiver quellengestützter Studien zur Geschichte verschiedener Ministerien und untergeordneter staatlicher Dienststellen führte, hat die Diskussion um die Nachwirkungen der NS-Diktatur auf die Personalrekrutierung, auf das politisch-administrative Handeln sowie auf die politische Stabilisierung der Nachkriegsordnungen auf eine sehr viel gesichertere Basis gestellt. Das eröffnet einen neuen Abschnitt in der zeithistorischen Behandlung des Umgangs mit der NS-Vergangenheit der Mittäter und Mitverantwortlichen. Diese Nachfragen haben sich nicht nur auf die zentralen und auch die nachgeordneten Behörden in Bund und Ländern konzentriert, sondern auch die beruflichen und gesellschaftlichen Felder anderer Funktionseliten erreicht, was einen vergleichenden Blick auf diese Nachgeschichte erlaubt.

Lange Zeit waren vor allem persönliche Erinnerungen und einzelne Skandale die Quellen für Urteile über die personellen und mehr noch über die politisch-mentalen Kontinuitäten in den verschiedenen Bereichen des öffentlichen Lebens. Eine erste empirische sozialwissenschaftliche Untersuchung für das Stichjahr 1956 von Lewis Edinger aus dem Jahre 1960[22] beschränkte sich auf eine quantifizierende Auswertung der Parteimitgliedschaften und kam auf der Basis von etwa fünfhundert Probanden aus den Führungsetagen zu einem ambivalenten Ergebnis: Weder sei die »Führungsgarde des Nationalsozialismus« in der Bundesrepublik wieder an die Macht zurückgekehrt noch sei eine »Gegenelite« in die Führungsetagen eingezogen.[23] An den Schreibtischen und Kommandozentralen der frühen Bundesrepublik fanden sich weder mehrheitlich aktive Gegner noch einflussreiche Anhänger des NS-Regimes, wobei die einstigen Regimegegner eher in untergeordneten Positionen anzutreffen waren.

Zudem hat der Autor dieser einflussreichen Studie auf die Kontinuitätsunterschiede in den verschiedenen Sektoren der politischen administrativen und wirtschaftlichen Felder von Politik und Gesellschaft verwiesen. Während die Karrierebrüche oder -unterbrechungen im Bereich des politischen Führungspersonals, nach der Zugehörigkeit zu politischen Lagern noch einmal differenziert, relativ groß und auffällig waren, fanden sich im Bereich von öffentlichem Dienst und Wirtschaft sehr viel mehr ehemalige Funktionsträger, für die die politische Zäsur von 1945 nur kurzzeitige berufliche Folgen hatte. Für die große Mehrheit von ihnen ging es nach einer kurzen, allerdings auch schmerzlichen Unterbrechung in den ersten Jahren nach 1945 kontinuierlich weiter nach oben, vom Wiederaufbau und Wirtschaftswunder zusätzlich befördert. Inzwischen hat sich die Datenbasis durch eine intensive und stärker quellengestützte historische Forschung deutlich verbessert und kann die Grundlage für eine Überprüfung dieser Annahmen sowie eine vergleichende und synthetisierende Darstellung bilden.

Auch wenn sich der Befund der 1960er-Jahre, der auf einer sehr schmaleren Quellengrundlage entstanden war, nur teilweise bestätigt oder sich teilweise noch verschärft hat, lassen sich die pauschalen Urteile der 1960er- und 1970er-Jahre in ihrer Ausschließlichkeit nicht mehr halten. Weder wurde in der Nachkriegsgesellschaft die NS-Vergangenheit nur verdrängt, noch saßen in Amtsstuben und Büros der Nachkriegszeit ausschließlich alte »Nazis«, die die politische Stimmung der frühen Bundesrepublik prägten. Auch waren die politischen Einstellungen und Verhaltensweisen der traditionellen Eliten (sowie der Mehrheit der Deutschen) keineswegs stabil und unveränderlich. Die Übergangs- und Verwandlungszonen waren oft relativ lang und ambivalent. Sie änderten sich sowohl mit den sich verändernden politisch-kulturellen und institutionellen Rahmenbedingungen als auch mit den individuellen oder gruppenspezifischen Erfahrungen – mal abrupt wie nach 1945, mal schleichend wie ab den 1960er-Jahren. Auch die Urteile über die NS-Belastung und den Umgang mit der NS-Vergangenheit zu verschiedenen Zeitpunkten der Nachkriegsgeschichte unterlagen einem Wandel. Die einstige Empörung über singuläre Skandale und die starke öffentliche Sensibilisierung für die Belastungen und Gefährdungen ist einer differenzierteren und historisierenden Rückschau gewichen. Wir besitzen heute ein genaueres Verständnis von den Bedingungen früheren Handelns und auch von individuellen Entscheidungen in der NS-Zeit und danach. Auch methodische Veränderungen in der jeweiligen Zeitgeschichtsforschung sind deutlich erkennbar und bringen einen klaren Erkenntnisgewinn. Das bedeutet, dass für eine empirisch fundierte und in der Bewertung differenzierte Untersuchung, wie sie hier vorgelegt werden soll, neben den Karrieremustern in den verschiedenen Sektoren des öffentlichen Lebens und der Gesellschaft auch die politisch-historischen Rahmenbedingungen der Vergangenheits- und Verwandlungspolitik sowie die zeitlichen und generationellen Faktoren der Transformation der politischen Wahrnehmungen und Mentalitäten beachtet werden.

Auch der zeithistorische Forschungsstand hat sich seit den 1960er-Jahren deutlich verändert und verbessert. Einen Meilenstein auf dem Weg zu einer quellengestützten und kontextbezogenen Darstellung, die den Ansprüchen zeithistorischer Forschung gerecht wird und Maßstäbe für die Geschichte des Umgangs mit der NS-Vergangenheit in der frühen Bundesrepublik setzt, stellt die Untersuchung von Norbert Frei zur »Vergangenheitspolitik« dar. Mit diesem Konzept konnte er die politischen Entscheidungen nachzeichnen, die sich unmittelbar mit Gründung der Bundesrepublik zu einem zentralen Thema von Parteien und Regierung entwickelten. Sie führten in den ersten fünf Jahren zu politischen Entscheidungen über »Strafaufhebungen und Integrationsleistungen zugunsten eines Millionenheers ehemaliger Parteigenossen« und ermöglichten diesen fast ausnahmslos die Rückkehr in ihren »sozialen, beruflichen und staatsbürgerlichen – nicht jedoch politischen Status ante quo«.[24]

Nach dieser Analyse politisch-rechtlicher Normsetzung, die die Einfalltore der belasteten traditionellen Eliten in die administrativen juristischen und wirtschaftlichen Führungsgruppen und damit in herausragende Positionen der Staatsbürgergesellschaft der Bundesrepublik beschreibt, lässt sich inzwischen vor allem dank der sogenannten Behördenforschung sehr viel mehr über einzelne Karrierewege und Anpassungs- und Überlebensstrategien sowie über Kontinuitäten oder (mitunter selektive) Lernprozesse und Veränderungen in den mentalen Dispositionen und politisch-kulturellen Verhaltens- und Sprachformen aussagen und somit ein sehr viel realistischeres und differenzierteres Bild von der schwierigen Übergangs- und Gemengelage in personeller wie in politisch-administrativer Hinsicht aussagen.

Es zeigt sich, dass der vielzitierte Weg in die Staatsbürgergesellschaft der Bundesrepublik und vor allem zu ihrer zunehmend liberaler und pluralistischer werdenden politischen Kultur ein Prozess der langen Dauer mit einigen Brüchen und Beschleunigungen war und dass die vielen Biografien, die ihn bildeten, keineswegs geradlinig verliefen. Es zeigt sich einmal mehr, dass die bloße Mitgliedschaft in der NSDAP und ihren Unterorganisationen allein keine hinreichende Aussage über die Einstellungen und das Verhalten der ehemaligen NS-Mitglieder liefern kann. Vielmehr müssen ihre Erfahrungen, ihre Motive und politisch-mentalen Dispositionen vor und vor allem nach 1945 genauer betrachtet werden – sowohl die Beständigkeit ihrer ideologischen Positionsnahmen als auch ihre Anpassungsfähigkeit und Lernbereitschaft. Das bedeutet, über das übliche methodische Verfahren eines rein biografischen Ansatzes hinaus auch strukturelle Faktoren im Prozess der Nazifizierung und späteren Entnazifizierung innerhalb bestimmter Berufsgruppen zu berücksichtigen. In welchem Maße hat die nationalsozialistische Indoktrination die jeweilige berufliche Praxis durchdrungen und sich mit traditionellen Einstellungen verschmolzen? Wie hat sich nach 1945 die Entnazifizierung, also die »Distanzierung von der ideologisch aufgeladenen Tätigkeit« und von den bisherigen politisch-sozialen Netzwerken aus der NS-Zeit vollzogen?[25] Dies soll in den folgenden Kapiteln zusammenfassend und teilweise exemplarisch an einzelnen Biografien gezeigt werden.

Die vorliegende Überblicksdarstellung steht auf den Schultern zahlreicher Einzelstudien, die im Falle der jüngeren »Behördenforschung« von großen Forschergruppen erstellt wurden, die eine große Materialfülle aufbereitet haben. Diese zusammenzufassen und die analytischen Erkenntnisgewinne, die mittlerweile erreicht wurden, aufzugreifen, ist Ziel dieses Buches. Es soll der Komplexität der Übergangs- und Verwandlungszonen im Umgang mit den belasteten Vergangenheiten der Nachkriegszeit und ihren handelnden Personen gerecht werden. Dem Autor geht es darum, die Hindernisse und Lernprozesse dieser »Aufarbeitungskultur«, die einen wichtigen Bestandteil der Geschichte Nachkriegsdeutschlands darstellt, in einem vorsichtigen »Abwägen zu verstehen und zu verurteilen«.[26]

Daraus ergibt sich der Aufbau der Darstellung: Zunächst müssen die unterschiedlichen Ausgangsbedingungen in der vermeintlichen »Stunde null« betrachtet werden, die keine Übergangsphase aus dem mentalen Niemandsland war, sondern durch die personellen Kontinuitäten und den Ballast an Erfahrungen und Erinnerungen geprägt waren. Darum müssen auch die Maßnahmen der politischen Säuberung und Entnazifizierung in den vier unterschiedlichen Besatzungszonen beschrieben werden. Anschließend richtet sich der Blick auf die Vergangenheitspolitik der teilsouveränen deutschen Nachfolgestaaten, die ihre Staatsbildung und Integrationspolitik unter den Bedingungen des Kalten Krieges und der wirtschaftlichen Rekonstruktion bzw. des wirtschaftlichen Aufschwungs vollzogen haben. Erst dann kann sich die Untersuchung den einzelnen Sektoren von Politik, Verwaltung, Wirtschaft, Wissenschaft und Gesellschaft vor allem nach 1945 bis in die 1970er-Jahre zuwenden und dort insbesondere die bereits angesprochenen Karriereverläufe und Verhaltensformen der einstigen Nazi-Eliten betrachtet werden.

Die ungebrochene Elitenkontinuität und die politischen Handlungsformen sowie die Erfahrungen und historischen Hypotheken der betroffenen Eliten sollen am Beispiel der Justiz genauer und mitsamt ihrer Vorgeschichte von 1933 bis 1945 beschrieben werden. Der Blick darf dabei nicht nur auf die Bundesrepublik gerichtet werden, sondern muss auch die DDR miteinbeziehen, auch wenn für die Bundesrepublik sehr viel bessere Forschungsergebnisse vorliegen und sich die Verwandlungspolitik sowie die Verwandlungszonen allein schon wegen der offenen und zunehmend pluralistischen Gesellschaftsverhältnisse sehr viel deutlicher und in ihrer Widersprüchlichkeit bzw. inneren Dynamik sehr viel erkenntnisreicher nachverfolgen lassen, als das für die DDR und ihr System des verordneten Antifaschismus möglich ist. Ein historisches Urteil über die komplexen Bedingungen und Formen setzt überdies einen transnationalen Vergleich mit anderen postdiktatorischen Gesellschaften und ihrem Umgang mit ihren belasteten Vergangenheiten voraus, der im Schlusskapitel allerdings nur ansatzweise behandelt werden soll.

Politische Säuberungen und Amnestie

Die Widersprüche der Nachkriegszeit

Wie es mit den Deutschen nach der bedingungslosen Kapitulation des Deutschen Reiches am 8. Mai 1945 weitergehen sollte, war zunächst einmal die Sache der Sieger. Sie schienen sich einig: Die zivilisierte Welt sollte vor einer neuen, vergleichbaren Barbarei, ausgelöst von einem menschenverachtenden und offenbar besonders aggressiven diktatorischen Regime und seiner Kriegsmaschinerie, für immer geschützt werden. Denn die Verwüstungen, die der Weltkrieg in Europa angerichtet hatte, die vielen Millionen toten Soldaten und Zivilisten sowie die Millionen ermordeten europäischen Juden verlangten nach Institutionen wie den Vereinten Nationen und Rechtsordnungen, die eine Wiederholung der Zerstörung und Vernichtung verhindern sollten, aber auch die nationalsozialistischen Täter zur Rechenschaft ziehen mussten. Eine »Generalprävention« und eine »Generalabrechnung«[1], eine auf die Zukunft und die Vergangenheit zugleich gerichtete Politik, waren notwendig. Allein das war in einer zerstörten Welt eine riesige Herausforderung und in ihrer Gleichzeitigkeit und Verschränkung nicht ohne die Gefahr des Scheiterns. Für die Deutschen, die Besiegten, bedeutete das, dass sie einerseits zunächst die politischen Entscheidungen der Siegermächte abwarten und hinnehmen mussten; andererseits konnte der verabredete Wiederaufbau von Demokratie und Rechtsstaatlichkeit nicht ohne sie gestaltet werden.

Nicht nur das politisch-demokratische Säuberungs- und Wiederaufbauprogramm der Sieger steckte in sich voller Widersprüche, vor allem denen zwischen West und Ost, in die sich die Welt bald spalten sollte. Auch für die Deutschen brachte das Programm der Sieger demokratische Neugründung und Umerziehung, bescheidene Mitsprache und Disziplinierung bzw. Bestrafung zugleich.

Kein Wunder, dass dessen Durchführung, für das es keine Vorbilder gab, bald auf Kritik, Enttäuschung und Verweigerung stieß und dass die offenkundigen Widersprüche bestenfalls in einen ernüchternden Pragmatismus, meist aber auch in verbitterte Ablehnung, ideologische Wiederaufladungen und politische Interessenkonflikte mündeten. Es setzte sich bald die Überzeugung fest, dass die verordnete Abkehr vom Nationalsozialismus, die Entnazifizierung, an ihren großen Zielen und der politisch-sozialen Wirklichkeit wie den Mängeln der Strafverfolgungspraxis gescheitert sei und mit ihr die sogenannte Vergangenheitsbewältigung. Nur der wirtschaftliche Wiederaufbau schien sehr viel besser zu funktionieren und trug zur Entlastung bzw. Stabilisierung der belasteten Gesellschaften bei.

Die Alliierten hatten sich bereits bei der Konferenz von Jalta darauf geeinigt, die institutionellen und ideologischen Strukturen, die das NS-Regime hinterlassen hatte, aus dem politischen, wirtschaftlichen und kulturellen Leben zu verbannen. »Denazification« lautete das Schlüsselwort, hinter dem sich sehr unterschiedliche Zielsetzungen und Vorstellungen über die Umsetzung dieser Politik verbargen. Auch setzte die Einigung auf den Begriff der »Entnazifizierung« voraus, dass man sich darüber verständigte, was man eigentlich unter Nationalsozialismus und Nazis verstehen wollte. Unbestritten war nur, dass die Nationalsozialisten, die für die massenhaften Verbrechen verantwortlich waren, dafür bestraft und eine Wiederkehr ihres politisch-sozialen Einflusses unterbunden werden sollten. Wer überhaupt zu den Nationalsozialisten gezählt wurde, die man zur Verantwortung ziehen wollte, hing auch davon ab, ob man darunter vor allem die engere Führungsclique um Hitler[2] verstehen wollte, also die Parteiführung und die Gauleiter, ferner die SS-Führung in dem verzweigten Machtkomplex vom Reichssicherheitshauptamt bis zu den Einsatzgruppen und Totenkopfverbänden, ferner die Führungsgruppen in den deutschen Besatzungsgebieten. Weitergehend waren die Pläne, die von einer engen Verflechtung von NSDAP, Staat und Gesellschaft im NS-Regime ausgingen und darum die gesellschaftlichen Eliten und Funktionsgruppen in die politischen Säuberungen miteinbeziehen wollten. Dies erforderte letztendlich eine breite Auslese aus einem millionenfachen Feld, um die überzeugten und aktiven Nazis zu identifizieren. Das hätte eine Untersuchung eines großen Teils der Gesellschaft erfordert, was in der Kürze der Zeit kaum möglich gewesen wäre.

Besonders spektakulär und mit weitreichender öffentlicher Resonanz waren die Nürnberger Prozesse vom 20. November 1945 bis zum 1. Oktober 1946 gegen die »Hauptkriegsverbrecher«, zu denen man neben der politischen Führungsgruppe der NSDAP auch die SS-Führung sowie Wirtschafts- und Wehrmachtsführer rechnete. Die anschließenden, allein von den Amerikanern durchgeführten »Nachfolgeprozesse« gegen gesellschaftliche Funktionsgruppen aus Großwirtschaft, Medizin, Diplomatie, Militär und SS gingen von der breiteren gesellschaftlichen Fundierung der NS-Herrschaft und der Mitverantwortung traditioneller wirtschaftlicher, militärischer und diplomatischer Eliten an der verbrecherischen Politik des Dritten Reiches aus.

Die öffentliche Wahrnehmung dieser Prozessserie war sehr viel geringer als die der Hauptkriegsverbrecherprozesse, was an dem späten Zeitpunkt lag, an dem sie in Nürnberg durchgeführt wurden. Die Urteile wurden gesprochen, als die politische Großwetterlage sich 1949 vollends verändert und sich überdies in der westdeutschen Öffentlichkeit die Meinung durchgesetzt hatte, dass man ja schon im Hauptprozess die NS-Kriegsverbrecher abgeurteilt habe und es damit genug sein müsse.

Bevor in Nürnberg der Hauptprozess gegen die zwölf Angeklagten eröffnet wurde, hatten die politischen Säuberungsaktionen in den vier Besatzungszonen schon begonnen. Sie umfassten einen ganzen Katalog von Strafmaßnahmen: vom »automatical arrest« über Internierungslager bis hin zu den Spruchkammerverfahren und zivilen oder militärischen Strafprozessen. Zunächst wurden die NSDAP und ihre Gliederungen aufgelöst und die NS-Gesetzgebung aufgehoben. Ferner sollten alle Parteimitglieder, die mehr als nur nominelle Mitglieder waren, ihrer Ämter im öffentlichen Dienst und auch in der Privatwirtschaft ihrer Positionen enthoben werden. Dieses Konzept schlug sich in der Anordnung nieder, alle Führungskräfte durch einen »automatical arrest« zu internieren. Im Sommer 1945 befanden sich damit rund 250.000 Personen in den Internierungslagern der drei Westmächte. Ein Jahr später war etwa die Hälfte der Arretierten entlassen. Etwa 5.200 Inhaftierte lieferten die Westmächte an Drittstaaten aus, die wie Polen in besonderer Weise von den NS-Verbrechen betroffen waren. Rund 5.200 Belastete wurden von alliierten Militärtribunalen angeklagt, davon wurden an die 4.000 verurteilt, 668 von ihnen zum Tode. Ebenso erhoben deutsche Gerichte schließlich bis 1949 gegen rund 4.000 Beschuldigte Anklage wegen NS-Verbrechen an deutschen Staatsangehörigen.

Wie das Säuberungsprogramm gegen die aus der Internierung entlassenen Belasteten weiter umgesetzt und welche Absichten damit verbunden sein sollten, darüber waren sich die Siegermächte, wie sich bald zeigte, jedoch keineswegs einig. Nur die US-Administration hatte anfangs klare und entschiedene, aber mitunter auch wirklichkeitsfremde Vorstellungen von den Entnazifizierungsmaßnahmen, denen sich die Briten und dann auch die Franzosen mit Verzögerung und insgesamt moderateren Maßnahmen anschlossen. Die Tatsache, dass es jedoch auch im amerikanischen Entnazifizierungsprogramm immer wieder Korrekturen, Ausweitungen und Neuansätze gab, bis das Verfahren schließlich zu einem abrupten Stopp kam, zeigt die Schwierigkeiten bei der Anpassung der schematischen Vorgaben an die politisch-gesellschaftliche Wirklichkeit in Deutschland, wollte man die Praktikabilität und die Erfolgsaussichten des Programms einigermaßen sicherstellen. Hinzu kam der ständige Einfluss der amerikanischen Öffentlichkeit und des Kongresses in Washington, der den verantwortlichen Befehlshabern in der amerikanischen Besatzungszone ihre Arbeit nicht erleichterte. Darüber hinaus belasteten die Internierungen trotz vorzeitiger Teilentlassungen das alltägliche Leben in der Trümmergesellschaft zusätzlich. Viele Berufsgruppen und damit ihre Produktions- und Versorgungsleistungen hatten dadurch große Lücken zu verzeichnen, was die Stimmung der deutschen Bevölkerung in ihrem Kampf ums Überleben beeinträchtigte.

In der sowjetischen Besatzungszone verlief die Entnazifizierung ungleich schneller, radikaler und einschneidender. Die Sowjetunion verstand Entnazifizierung als Instrument zur völligen Umwälzung der Politik- und Gesellschaftsordnung im Sinne ihres totalitären und kollektivistischen Systems. Das bedeutete für die Deutschen in der SBZ/DDR zunächst vor allem die Entlassung aller Nationalsozialisten aus dem öffentlichen Dienst und aus Führungspositionen im beruflichen Leben; ferner die Verhaftung und Verurteilung aller NS-Parteimitglieder und SS-Angehörigen. Überdies erfolgten viele Verfolgungsaktionen völlig wahllos und dienten dazu, politische Gegner und andere missliebige Personen, aus dem sozialdemokratischen Milieu wie aus den wieder entstehenden bürgerlichen politischen Parteien, zu verhaften und sie, zusammen mit vielen Jugendlichen, die als »Werwölfe« verfolgt wurden, in sogenannte »Speziallager«, die oft in ehemaligen nationalsozialistischen Konzentrationslagern eingerichtet worden waren, zu verschleppen. Schließlich brachten die tiefgreifende Bodenreform und Enteignung sowie die Sozialisierung sowohl der Industriebetriebe als auch des Handels die Auflösung der bürgerlich-privatwirtschaftlichen Verfassung und ihrer Bürger. Das war zugleich der Auftakt zu der in der SED-Propaganda als »antifaschistisch-demokratische Umwälzung« bezeichnete Neuordnung und Machtergreifung einer kommunistischen Kaderpartei, die von der sowjetischen Militäradministration (SMAD) gelenkt und geschützt wurde.

Für die öffentliche Meinung und Erinnerung prägend waren die Entnazifizierungsmaßnahmen in der amerikanischen Besatzungszone, die von dem Gedanken einer umfassenden politischen Säuberungsaktion ausgingen. Alle Mitglieder der NSDAP, die nicht nur nominelle Parteimitglieder waren, waren davon betroffen. Doch wer war ein »Nazi« oder gar ein »fanatischer Nazi«? Diese Definition fiel nicht nur wegen der gewaltigen zahlenmäßigen Größe der NSDAP und dazu ihrer Nebenorganisationen schwer, sondern auch angesichts der Verschränkung von Partei, Staat und Gesellschaft im NS-Staat. Der Schematismus der amerikanischen Planer drohte die komplexe Wirklichkeit zu verfehlen. Der schließlich erfolgte Übergang zur Einzelfallprüfung, der sehr bald zum Spruchkammerverfahren führte, hatte ebenfalls mit der Masse der Fälle zu kämpfen und auch mit einer schwierigen Quellenlage.

Die Zahl der (überwiegend männlichen) Parteigenossen betrug Anfang 1945 rund sechs Millionen, hinzu kamen ebenfalls in Millionenstärke die Mitglieder der »Gliederungen« wie der »angeschlossenen« und »betreuten Verbände« des Nationalsozialismus, die allerdings oft Zweit- oder Mehrfachmitgliedschaften umfassten und in einer methodisch unzulänglichen Statistik überliefert sind. Allein der Anteil der Staatsdiener an den NSDAP-Mitgliedern lag bei rund 20 Prozent, der der Lehrer bei 30 Prozent. Besonders aufgebläht war bei Kriegsende das Korps der Politischen Leiter und der vielen »kleinen Führer« der angeschlossenen NS-Verbände und Nebenorganisationen. Hinzu

Eugen Kogon, ehemaliger Häftling im KZ Buchenwald, während seiner Aussage im Nürnberger Ärzteprozess im Zeugenstand. Januar 1947

kamen die Mitglieder der SS: etwa 200.000 in der Allgemeinen SS, annähernd 600.000 in der Waffen-SS.[3]

Sie sollten aus öffentlichen Ämtern sowie aus Unternehmen entlassen werden. Darüber hinaus sollten Kriegsverbrecher und NS-Funktionsträger verhaftet und verurteilt werden. Die Internierungsvorschrift galt für das gesamte Führungskorps der NSDAP vom Reichsleiter bis zum Ortsgruppenleiter, ebenso für das Führungspersonal nationalsozialistischer Unterorganisationen wie der Hitler-Jugend, aber auch für Staatsbeamte vom höheren Verwaltungsbeamten bis zum Polizei- und Gestapobeamten. Am Ende des Jahres 1945 befanden sich in der amerikanischen Besatzungszone etwa 100.000 bis 115.000 Personen in Internierungshaft, bis zum März 1946 waren rund 340.000 von der Entlassung betroffen. Dagegen bewegte sich die Zahl in der britischen und französischen Zone zwischen 50.000 bzw. 10.000.

Während die Briten und Franzosen bei ihren gemäßigteren Säuberungs- und Entlassungsmaßnahmen auch die wirtschaftliche Überlebens- und Leistungsfähigkeit ihrer Besatzungszonen im Blick hatten, ging es der amerikanischen Politik, die zunächst noch stark unter dem Einfluss von Finanzminister Henry

Morgenthau stand, um eine konsequente Entnazifizierung, ungeachtet aller abträglichen Folgen für die Aufrechterhaltung der Verwaltungsordnung, der Wirtschaft und auch der Gesundheitsfürsorge.
Insgesamt befanden sich Ende 1945 knapp 200.000 Personen in der Internierungshaft der Westmächte. Die Bedingungen in den Internierungslagern, oft nicht mehr als Zelte und überbelegte, unbeheizte Räume in baufälligen Baracken, waren teilweise katastrophal und brachten Kritiker der amerikanischen Politik dazu, die Internierungslager mit nationalsozialistischen Konzentrationslagern zu vergleichen. Ein Vergleich, der die Stimmungslage nicht weniger Zeitgenossen widerspiegelte, aber von dem ehemaligen KZ-Häftling Eugen Kogon allein schon mit dem Hinweis auf die deutlichen Unterschiede bei den Todesraten im KZ Buchenwald und den amerikanischen Internierungslagern in Südhessen widerlegt wurde.[4]
Auch wenn das einzelne Schicksal der Internierten oft ungerecht und schwer erträglich war, bedeutete diese »riesige Ausschaltungsaktion qua Siegerrecht eine höchsteffektive flankierende Maßnahme der alliierten Demokratisierungsbestrebungen«[5], wurden dadurch doch die Verantwortlichen für die nationalsozialistischen Ideologien und Institutionen in den besonders instabilen unmittelbaren Nachkriegsjahren vom öffentlichen Leben ferngehalten. Die mitunter dreijährige Internierungszeit in den »erbärmlich ausgestatteten Lagern« war für die ehemaligen NS-Führungskräfte die »fühlbarste Strafe«[6], bedeutete sie doch für die einstigen NS-Machtträger sowie ehemalige SS-Angehörige neben den physischen Belastungen einen Tiefpunkt ihrer Biografie und eine plötzliche Zäsur. Hatten sie eben noch eine unkontrollierte Herrschaft und Willkür über ihren Machtbereich ausgeübt, so drohte ihnen nun eine ungewisse Zukunft, vor allem ein Bruch in ihrer sozialen Stellung.
Rund 150.000 der ursprünglich Internierten waren ehemals höhere Staats- und Kommunalbeamte, etwa 73.000 gehörten in

den Bereich von Handel und Industrie sowie Landwirtschaft.[7] Bis zum Herbst 1945 waren die Internierten von jedem Kontakt zur Außenwelt abgeschnitten. Auch wenn freiwillige Arbeitsleistungen sowie kulturelle Veranstaltungen eine gewisse Ablenkung vom öden Lageralltag brachten, häuften sich nach Beobachtungen der Militärregierung die psychischen Belastungen der Lagerinsassen. Zu den Hauptgründen für die gedrückte Stimmung und auch vereinzelte Selbstmorde zählten neben Klagen über die Ungewissheit bezüglich des weiteren Strafverfahrens sowie über das Schicksal der eigenen Familie die Sorge um den Verlust der bisherigen sozialen Stellung und des eigenen Vermögens sowie vor einer »harten Bestrafung und Degradierung«.[8]

Auch wenn einsichtigere amerikanische Militärbehörden bereits mit der Überprüfung der Haftbedingungen begannen und bis zum Januar 1946 etwa 12.000 Internierte, die als geringeres »Sicherheitsrisiko« galten, entlassen wurden, reagierten die Internierten mit Verbitterung und einer äußerst geringen Bereitschaft zur ehrlichen Rechenschaft über ihr Verhalten oder gar Akzeptanz der Maßnahmen zur »Umerziehung«. Sie verstanden sich keineswegs als Täter, sondern vor allem als Opfer, was durch die anfänglichen rigiden Haftbedingungen noch verstärkt wurde. Die Erfahrungen dieses unvorhergesehenen Bruchs der Lebenserwartungen der ehemaligen NS-Funktionäre hat auf längere Sicht vermutlich dazu beigetragen, dass viele sich wieder an den Opportunismus hielten, den sie auch bei der Anpassung und Mitmachbereitschaft an die NS-Herrschaft an den Tag gelegt hatten. Auch jetzt war ihnen die Wiederherstellung ihres materiellen Wohlergehens und ihrer bürgerlichen Existenz wichtiger als politische Bekenntnisse.

Mit dem »Befreiungsgesetz« vom 5. März 1946, das die Entnazifizierung in der amerikanischen Zone neu regelte und den Deutschen die Durchführung der politischen Säuberung übertrug, wurden auch die Internierungslager noch im März 1946 unter deutsche Verantwortung gestellt und damit auch der Voll-

Die Widersprüche der Nachkriegszeit

zug der Strafen, die nun von deutschen Spruchkammern verhängt wurden. Die Auflösung der Lager vollzog sich in mehreren Etappen. Ein wichtiger Schritt waren die Urteile in den Nürnberger Prozessen, mit denen vier NS-Organisationen als »verbrecherisch« erklärt wurden: das Korps der Politischen Leiter der NSDAP, die Gestapo, die SS und der Sicherheitsdienst (SD). Nicht aber, entgegen dem Antrag der Ankläger, der Generalstab und das Oberkommando der Wehrmacht (OKW) sowie die SA. Die Hoffnung vieler NS-Funktionäre, nach diesem Urteil freigelassen zu werden, erfüllten sich nicht sofort, sondern erst zwischen 1947 und 1948 und nun auf Veranlassung deutscher Behörden, in der Regel von neu eingerichteten »Befreiungsministerien«. Im Frühjahr 1948 kam es zu einer großen Entlassungswelle in den Lagern, die zwischenzeitlich in einigen Fällen sogar noch einige »Neuzugänge« erlebt hatten, nachdem die ersten Urteile der nun eröffneten Spruchkammerverfahren die Angeklagten zu Arbeitslagerstrafen verurteilt hatten.

Inzwischen waren in allen vier Besatzungszonen die Entnazifizierungsverfahren in deutsche Verantwortung übertragen worden, freilich immer noch unter Aufsicht der Besatzungsmächte. Die amerikanische Militärverwaltung, die für die westlichen Besatzungszonen weiterhin tonangebend blieb, setzte zwar nun auf eine Individualisierung der Strafverfahren, ohne dabei aber von ihrem Schematismus abzulassen. Das führte schließlich erneut in eine Sackgasse bei der Umsetzung ihrer Politik. Denn die Spruchkammerverfahren, die nun zwar in einem gerichtsähnlichen, individualisierten Vorgang gegen einzelne Bürger geführt wurden, konnten nicht verhindern, dass man sich durch die Masse der Ermittlungsverfahren und die Praxis der Fragebogenaktionen wie der »Vorabbestrafung« »selbst erstickte«[9].

Millionen dieser berüchtigten »Fragebögen« hatte die Militärregierung verschickt; alle erwachsenen Deutschen, die in der amerikanischen Besatzungszone lebten, mussten sie ausfüllen.

1,4 Millionen hatte die Militärregierung überprüft und auf dieser Grundlage mehr als 330.000 vorübergehende Entlassungen bzw. Einstellungen verfügt. Alle vom Befreiungsgesetz Betroffenen – das waren knapp 30 Prozent[10] – wurden auf der Grundlage von über hundert Einzelqualifizierungen schließlich in fünf Belastungskategorien eingestuft: Die »Hauptbeschuldigten« kamen in Gruppe I, die »Belasteten« in Gruppe II, die »Minderbelasteten« in Gruppe III, die »Mitläufer« in Gruppe IV, und die »Entlasteten« in Gruppe V. Mit der Einstufung lagen auch die zu verhängenden Strafen bereits fest – neben der Verhängung von Arbeitslager vor allem ein Vermögenseinzug und befristete Berufsverbote. Dabei hatte man, ganz im Gegensatz zu deutscher Rechtstradition, die Beweislast umgekehrt. Nicht der öffentliche Kläger musste den Beweis der Schuld erbringen, sondern die Betroffenen mussten die Schuldvermutung und damit die entsprechende Einstufung in eine der Belastungskategorien entkräften.

Die britischen und französischen Behörden haben einigermaßen widerwillig mitgemacht, auch weil das angestrengte Verfahren einen ungeheuren administrativen Aufwand bedeutete und die Strafbemessungen der gesellschaftlichen Wirklichkeit kaum entsprachen. Auch waren die Urteile, die schließlich verhängt wurden, alles andere als einheitlich. Das größte Manko entstand aus der übergroßen Menge der zu bearbeitenden Fälle. Um den gewaltigen Aktenberg möglichst zügig abzuarbeiten, entschied man sich dazu, zunächst die Fälle der vermutlich Minderbelasteten zu verhandeln. Als schließlich die stärker Belasteten anstanden, waren die Kammern nicht nur völlig überlastet, sie mussten vielmehr auf die plötzliche Kehrtwende der amerikanischen Politik reagieren, die darauf bestand, die ohnehin unübersichtliche Prozedur angesichts der veränderten weltpolitischen Situation schleunigst zu beenden. Das führte oft zu einer undifferenzierten Massenamnestierung. Nun fanden sich die Belasteten, die zur Beschleunigung des Verfahrens nur mit einer Geldstrafe »entlassen« wurden, in derselben Gruppe der »Mitläufer« wie diejenigen, die als »kleine Fische« tatsächlich zu den bloßen Mitläufern gehörten.

Die westlichen, vor allem die amerikanischen und britischen, Besatzungsmächte arbeiteten seit dem Herbst 1947 daran, ihre Zonen schrittweise zu integrieren und in ein System der Westbindung zu überführen. Schließlich brauchte man den Beitrag der Westdeutschen, sodass die Amerikaner ihr Projekt der Entnazifizierung abrupt beendeten. Das führte dazu, dass von den 3,6 Millionen Personen, deren Spruchkammerverfahren in den Westzonen abgeschlossen wurde, knapp 25.000 in die Kategorien der Hauptschuldigen und Belasteten eingestuft wurden. Viele von ihnen wurden bald darauf aus der Gruppe der Belasteten durch Wiederaufnahmeverfahren zusätzlich noch weiter »herabgestuft«. Diese erneute Ungleichbehandlung trug dazu bei, dass die Entnazifizierung zunehmend diskreditiert war und sich in der öffentlichen Meinung bald das Urteil durchsetzte, dass man die Kleinen »hänge« und die Großen »laufen ließe«. Hatten sich im März 1946 noch 70 Prozent der Befragten mit der Entnazifizierung einverstanden erklärt, so waren es drei Jahre später nur noch 17 Prozent.[11]

Auch wenn die vielfältigen Entnazifizierungsmaßnahmen der alliierten Besatzungsmächte und schließlich auch der deutschen Spruchkammern mit all ihren Lücken, Widersprüchen und Korrekturen in die immer heftigere Kritik der Zeitgenossen gerieten und später auch von der historischen Forschung als »gescheitert« betrachtet wurden, bedeuteten sie einen tiefgreifenden und folgenreichen Einschnitt in die deutsche Nachkriegsentwicklung, sowohl in ihrer politischen als auch in ihrer gesellschaftlichen Verfasstheit. Sicherlich kam es, wie in den folgenden Kapiteln zu zeigen sein wird, in der westdeutschen Bundesrepublik nach dem Ende der Entnazifizierung sehr bald zur Rückkehr der zuvor entlassenen und angeklagten Angehörigen der NS-Funktionseliten in den öffentlichen Dienst ebenso wie in wichtige Bereiche der Wirtschaft, Wissenschaft und Publizistik. Allein das spricht für die These von der misslungenen Entnazifizierung, und auch die Fortsetzung dieser »Vergangenheitspolitik« (Frei) in der frühen Bundesrepublik bestätigt dieses Urteil. Dennoch hat im historischen Rückblick die drei- bis vierjährige Phase der widersprüchlichen Verfahren zur Abkehr vom Nationalsozialismus zur Folge gehabt, dass nach der vorübergehenden Entlassung vieler gesellschaftlicher Funktionsträger in den Jahren zwischen 1945 und 1948/49 eine ungebremste Wiederkehr der Nationalsozialisten trotz aller Krisen ausgeschlossen war. Sie führte dazu, dass viele Zeitgenossen, begleitet von der Furcht vor einem sozialen Absturz, sich möglicherweise gezwungen sahen, sich privat oder, wenn auch noch zögerlicher, auch öffentlich mit den eigenen Verhaltensweisen in der NS-Zeit wenigstens ansatzweise zu beschäftigen und sich nicht nur in wohlfeile Entlastungsnarrative zu flüchten.

Diese Schutzbehauptungen, die man vor sich selbst und gegenüber anderen aufstellte und die bald wegen ihrer Funktion der politischen Weißwäsche den beschönigenden Namen »Persilscheine« erhielten, wurden zur Grundlage für den öffentlichen Umgang mit der oft vielfach belasteten Vergangenheit angesichts vielfacher Anklagen und öffentlicher Vorwürfe. Man habe von den Verbrechen des Regimes nichts gewusst oder habe nur mitgemacht, um Schlimmeres zu verhindern. In erster Linie habe man nur seine Pflicht erfüllt, lauteten die gebräuchlichsten Erklärungen, die noch bis weit in die 1960er-Jahre hinein zu hören waren, unabhängig von ihrer Stimmigkeit. Ähnliches war in den unzähligen »Persilscheinen« zu lesen, wo man sich gegenseitig, oft in regelrechten Netzwerken der wechselseitigen Entlastung, bescheinigte, immer »anständig« geblieben zu sein. In zahlreichen Fällen waren Nachbarn und Freunde bereit, sich mit ihren Aussagen schützend vor die Angeklagten zu stellen. Eine besondere Entlastung versprach man sich von Repräsentanten der Kirchen und von honorigen Wissenschaftlern und anerkannten demokratischen Politikern. Der ehemalige SS-Führer Fritz Behrend, der für Besatzungsverbrechen im Baltikum verantwortlich war, ließ sich von seiner Kirchengemeinde bescheinigen, dass er stets ein treues Kirchenmitglied gewesen sei und für seinen Glauben eingetreten sei. Auch Theodor Heuss, ein Freund der Familie, wurde gebeten, sich für einen ehemaligen Studenten, Martin Sandberger, einzusetzen, der als Führer der Einsatzgruppe 1a in Estland für Tausende Hinrichtungen verantwortlich war. Heuss bescheinigte ihm, »kein böser Mensch zu sein« und keinen »unedlen Charakter« zu besitzen. Es sei lediglich dem »Einbruch« der nationalsozialistischen Herrschaft zuzuschreiben, dass Martin Sandberger nicht den Weg eines »ordentlichen, tüchtigen, strebsamen Beamten« eingeschlagen hätte.[12] Carlo Schmid (SPD), einer der Väter des Grundgesetzes, pflichtete dem bei. Er erinnerte sich an Sandberger als einen »fleißigen, intelligenten und begabten Juristen«, der zerrissen war zwischen dem »geistigen Nihilismus der Zeit« und dem krampfhaften Bemühen, sich an der Formenwelt der Bürgerlichkeit festzuhalten.[13] Sandberger, der als Kriegsverbrecher verurteilt worden war, wurde schließlich 1958 vorzeitig aus der Haftanstalt Landsberg entlassen.

Sandbergers Fall, der einer von vielen war, zeigt, dass auch »Kriegsverbrechern« und nationalsozialistischen Tätern, die von den Alliierten bereits verurteilt waren, schließlich eine Amnestie gewährt wurde. Man unterstellte ihnen, dass sie eigentlich auch nur »Mitläufer« gewesen waren und sie ihre Strafe mit der Internierung und Gefängnishaft in Landsberg oder Werl schon abgegolten hätten. Solche Behauptungen und damit verbundene Forderungen nach einer Amnestie waren schon vor Gründung der Bundesrepublik laut geworden, sie erhielten dann aber einen stärkeren öffentlichen Druck durch Parteien und Medien. Denn mit den ersten Wahlen zum Bundestag und mehr noch mit Bildung der ersten Regierung Adenauer wuchsen die Hoffnungen und auch realen Chancen,

Eine Gruppe von Amnestierten beim Verlassen der Haftanstalt in Landsberg. November 1950

die vergangenheitspolitischen Erwartungen umzusetzen, zumal sich die drei westlichen Alliierten auch teilweise aus der politischen Verantwortung zurückgezogen hatten. Norbert Frei bezeichnet die Jahre danach als »Kernzeit bundesdeutscher Vergangenheitspolitik«, die bereits 1954 ihren erfolgreichen gesetzgeberischen Abschluss fand.[14]

Schritt für Schritt und in die die eigentlichen Inhalte verschleiernden Formulierungen hinein wurden die belasteten und strafrechtlich bedrohten Deutschen und schließlich auch die inhaftierten NS-Verbrecher entlastet bzw. entlassen. Es begann mit dem »Straffreiheitsgesetz« vom Herbst 1949 und wurde fortgesetzt mit dem Beschluss des Bundestages 1950, die Entnazifizierungsmaßnahmen zu beenden; das sogenannte 131er-Gesetz von 1951 ermöglichte es schließlich vielen Beamten, die 1945 entlassen worden waren, spätestens jetzt wieder in ihre alten Ämter zurückzukehren, sofern sie das nicht schon längst durch Gesetze und Verordnungen, wie das sogenannte Huckepack-Gesetz in Nordrhein-Westfalen, erreicht hatten. Gerade das ominöse »Gesetz zur Regelung der Rechtsverhältnisse der

Die Widersprüche der Nachkriegszeit

unter Artikel 131 des Grundgesetzes fallenden Personen« vom 11. Mai 1951 sorgte für jahrelange heftige innergesellschaftliche Diskussionen und wurde zum Symbol für eine restaurative Beamtenpolitik. Es betraf rund 430.000 ehemalige Beamte, von denen 83 Prozent bereits in den Entnazifizierungsverfahren als »belastet« eingestuft worden waren. Das Gesetz garantierte ihnen eine Unterbringungspflicht, die auf 20 Prozent aller Planstellen Anwendung finden sollte. Nur 1.127, das heißt 0,4 Prozent, wurden von der Rückkehr ausgeschlossen. Vor allem Gestapo-Beamte und Angehörige der Waffen-SS sollten nicht in den Genuss der Wiedereingliederung kommen, doch fanden sich mit der Klausel, dass dies nicht für solche Beamte gelten sollte, die »von Amts wegen« in die inkriminierten Institutionen versetzt worden seien, genügend Schlupflöcher, um auch ehemalige Mitarbeiter des Reichssicherheitshauptamtes im bundesrepublikanischen Staatsdienst unterzubringen, sofern sie nicht schon bei der Bahn oder der Post untergekommen waren.[15]

Schließlich verabschiedete der Bundestag im Juli 1954, nachdem kurz zuvor die Wahlen zum zweiten Bundestag den Koalitionsparteien eine verstärkte Legitimation verschafft hatten, das zweite Straffreiheitsgesetz. Straffreiheitsgesetze hatte es schon vor dem September 1949 vereinzelt in einigen Besatzungszonen gegeben, und auch in den Justizministerien einiger Länder wurden weitergehende Pläne erörtert. Bereits in der ersten Kabinettssitzung der neuen Bundesregierung am 26. September 1949 sprach Konrad Adenauer aus, was viele dachten: »Wir haben so verwirrte Zeitverhältnisse hinter uns, daß es sich empfiehlt, generell tabula rasa zu machen.«[16] Eine Woche später legte das Justizministerium bereits einen Entwurf für ein »Gesetz über die Gewährung von Straffreiheit« vor. Alle Freiheitsstrafen, die bereits verhängt oder zu erwarten waren, die ferner mit einer Gefängnisstrafe bis zu einem Jahr geahndet waren und überdies Taten betrafen, die vor dem 15. September 1949 begangen wor-

Bundeskanzler Konrad Adenauer während seiner ersten Regierungserklärung am 20. September 1949

den waren, sollten einer Amnestie unterliegen. Ob damit Taten aus der NS-Zeit einbezogen waren oder nicht, darüber schwieg der Entwurf sich aus. Das öffnete zahlreichen öffentlichen Diskussionen und Einwänden, aber auch weiterreichenden Überlegungen bis hin zu einer »Generalamnestie« Tür und Tor. Auch Kanzler Adenauer kündigte in seiner ersten Regierungserklärung am 20. September 1949 an, seine Regierung erwäge eine »Generalamnestie«. Er sei entschlossen, »Vergangenes vergangen sein zu lassen«[17], werde aber nicht zulassen, dass jemand die gesetzlichen Grundlagen des neuen Staates bedrohe. Das war nicht nur gegen aktuelle antisemitische Vorfälle gerichtet, sondern der charakteristische Versuch Adenauers, den er immer wieder praktizieren sollte, einen pragmatischen Mittelweg zwischen gegensätzlichen Optionen oder auch einen Ausweg aus politischen Gefahren zu finden, indem er eine sehr viel größere Gefahr, den Kommunismus, beschwor oder die Deutschen generell zu Opfern erklärte, um die Opferrolle der Juden nicht speziell ansprechen zu müssen. In der spannungsreichen Übergangszeit sollten Themen, die zu viel politischen Zündstoff in sich

Die Widersprüche der Nachkriegszeit

bargen, vorerst ausgeklammert oder nur in allgemeinen Formeln angedeutet werden. Das galt bei der Umschreibung der NS-Zeit und des politischen Umgangs mit ehemaligen Nationalsozialisten ebenso wie bei den Vorlagen zu dem Straffreiheitsgesetz oder brisanten Sonderfällen.

Einen solchen hatte dabei die »Deutsche Partei« (DP), Adenauers rechtsnationaler Koalitionspartner, aufgegriffen, als sie ihr besonderes Interesse am Problem der »Illegalen« ins Gespräch brachte. Damit war der geheimnisumwitterte Sonderfall der aus politischen Gründen untergetauchten hochrangigen ehemaligen NS-Funktionäre gemeint, die sich eine neue Identität zugelegt hatten, um einer Bestrafung zu entgehen. Dass man über sie munkelte, ohne genauere Informationen zu besitzen, sagt sehr viel über die Atmosphäre der Gerüchte und spannungsgeladenen Unsicherheiten der Nachkriegsjahre aus. Es gab Stimmen, die ihre Zahl auf bis zu 2000 schätzten.[18] Der Fall Schneider/Schwerte, der uns später beschäftigen wird, betraf einen dieser Verwandlungsvorgänge, die oft erst sehr viel später, wenn überhaupt, aufgedeckt wurden – im Falle des Aachener Germanisten und Rektors Hans Schneider/Schwerte erst 1995. In der parlamentarischen, politischen Diskussion über den Gesetzesentwurf lagen bezeichnenderweise verschiedene Entwürfe und Zusatzparagrafen vor, die nicht wenige Parlamentarier und Journalisten darüber im Unklaren ließen, welcher Personenkreis nun wirklich von der Straffreiheit profitieren sollte. Der Sprecher der Zentrumspartei Bernhard Reismann sprach, ungeachtet aller Unklarheiten, am Ende der ersten Lesung des Gesetzes dessen von allen Parteien anerkannte vergangenheitspolitische Bedeutung offen an, als er dessen »Grundgedanken« in der »Notwendigkeit« sah, »Vergessen über die Vergangenheit zu decken.«[19]

Adenauers Politik der sozialen Integration, die von den meisten Parteien des Bundestages geteilt wurde, war sicherlich riskant und war Element einer historischen Phase, die man insgesamt als große Risikophase charakterisieren muss. Aber der Kanzler besaß dank seiner unbescholtenen Biografie (sowie seiner Lebenserfahrungen) eine besondere Vertrauenswürdigkeit. Auch war sein politischer Kurs der schrittweisen Amnestie und Wiedereingliederung, so verschlungen und auch widersprüchlich er vielen Zeitgenossen erschien, angesichts der Notwendigkeit eines raschen Wiederaufbaus und umgekehrt angesichts der Masse der einstigen NSDAP-Anhänger und ihrer teilweise noch bestehenden mentalen Überreste der NS-Volksgemeinschaft mehr oder weniger alternativlos. Das zeigt auch der Vergleich mit anderen posttotalitären Gesellschaften. Dennoch blieb die Gefahr einer politischen Radikalisierung der Ewiggestrigen und Enttäuschten bis weit in die 1950er-Jahre hinein bestehen. Erst die absolute Mehrheit, die Adenauer und die CDU/CSU bei der Bundestagswahl 1957 erzielten, sorgte für ein Aufatmen.

Wirtschaftseliten in der Umbruchphase

Kontinuitäten und Karrieren 1942–1955

Im September und im Dezember 1945 verhafteten die britischen Besatzungsmächte in zwei Wellen insgesamt 120 führende Montanindustrielle des Ruhrgebiets. Gleichzeitig veranlassten amerikanische und französische Besatzungsbehörden die Verhaftung von mehr als 30 Vorstands- und Aufsichtsratsmitgliedern von Großbanken. Das war noch nicht das Ende der Entlassungs- und Verhaftungsaktionen: Sieben Vorstandsmitglieder von Daimler-Benz wurden im Oktober entlassen; fünf von ihnen waren Parteimitglieder, einer Wehrwirtschaftsführer. Auch das Direktorium von Bosch verlor seine Ämter.

Bis dahin hatten die westlichen Besatzungsmächte die Industriellen – von einigen Ausnahmen abgesehen – noch weitgehend unbehelligt gelassen. Zu den Ausnahmefällen gehörte die vorübergehende Verhaftung von Alfried Krupp von Bohlen und Halbach bereits am 11. April 1945, der nach einer Woche wieder freigelassen wurde. Gleichwohl herrschte unter den Siegern die Meinung, dass auch die deutschen Wirtschaftseliten für die nationalsozialistische Kriegsführung und ihre Verbrechen mitverantwortlich wären.

Bei ihrer Anklage gegen die Wirtschaftseliten konnten sich die amerikanischen Behörden immerhin auf die Expertise von Sozialwissenschaftlern stützen, darunter auch einige deutsche Emigranten wie der Soziologe Franz L. Neumann, der in seiner später berühmt gewordenen Analyse des nationalsozialistischen Herrschaftssystems *Behemoth*[1] die damals durchaus populäre Vorstellung, das NS-System sei nichts anderes als eine kommunistische Planwirtschaft, dahingehend korrigierte, dass er von einem Neben- und Ineinander verschiedener Herrschaftssäulen von Großwirtschaft, Partei, Staat und Militär sprach und die marxistische These von einem Primat der Ökonomie durch ein polykratisches Modell ersetzte. Neben der Fortexistenz der überkommenen privatwirtschaftlichen Konzerne und Kartelle, die ihm als Beleg für eine nach wie vor mächtige »Monopolwirtschaft« galten, gab es für ihn ein neues Element in der nationalsozialistischen Kommandowirtschaft der parteinahen Manager wie Hans Kehrl, Paul Pleiger oder auch Fritz Sauckel, der seine NS-Gauleiterfunktion mit dem Kommando über den gesamten Arbeitseinsatz verband. Mit Neumanns Analyse war vermutlich das Verdikt über die »Parteiindustriellen« vorweggenommen, die tatsächlich nach Kriegsende ihre einträglichen Posten in der NS-Wirtschaft sehr bald verloren haben. Pleiger etwa musste in seinen kleinen metallverarbeitenden Betrieb im Sauerland zurück.

Darüber hinaus gab es in der amerikanischen Administration auch interne Meinungsverschiedenheiten darüber, wie man mit den privatwirtschaftlichen Großunternehmern umgehen sollte, auch wenn man sich weitgehend einig war, dass Eingriffe vor allem in die Personalstruktur und ein weitgehender Austausch der Führungskräfte erforderlich wären. Während US-Finanzminister Morgenthau und seine Gefolgsleute davon überzeugt waren, dass besonders im Ruhrgebiet alle derzeit noch existierenden Industrieanlagen Gegenstand einer rigiden Demontage- und Entflechtungspolitik sein sollten, warnten Kritiker in Washington wie in London davor, dass mit dem Abbau aller Fördereinrichtungen und der Entnahme aus der laufenden Produktion die USA die Unterstützung der deutschen Bevölkerung und Wirtschaft übernehmen müssten.

Im Nürnberger Wilhelmstraßen-Prozess wurde der Unternehmer Paul Pleiger wegen Verbrechen gegen den Frieden, Plünderung und Beteiligung an Zwangsarbeiterprogrammen angeklagt

Nicht nur die Verhaftungsaktionen ließen keinen umfassenden Plan erkennen, auch die anschließenden Internierungen verliefen improvisiert und in ihrer Durchführung unterschiedlich. Während der Flugzeugbauer und Großindustrielle Ernst Heinkel, zuletzt Chef von mehr als 50.000 Beschäftigten, darunter auch viele Zwangsarbeiter, seine anfängliche Unterbringung im Schloss La Chesnaie bei Paris, umgeben von einer prominenten Runde von ehemaligen NS-Wirtschaftsfunktionären, Flugzeugkonstrukteuren und Firmenmanagern, rückblickend als eine interessante Zeit voller Kontaktmöglichkeiten verstand, die er »nicht missen möchte«[2], musste Hans-Günther Sohl, stellvertretender Vorstandsvorsitzender der Vereinigten Stahlwerke und damit einer der größten Rüstungsproduzenten, seine Internierung als entwürdigend erfahren.[3] Als Person, die man als Gefährdung für die Sicherheitsinteressen der Besatzungsmächte (»Security Suspects«) betrachtete, wurde er für mehrere Monate in einem britischen Internierungslager für höhere Funktionäre des NS-Regimes in Bad Nenndorf in Häft-

Kontinuitäten und Karrieren 1942–1955

lingskleidung in engen, ungeheizten Zellen mit drei weiteren Inhaftierten eingepfercht. Unter solchen erniedrigenden Lebensbedingungen, von denen man nicht wusste, wie lange sie anhalten und wohin sie führen würden, mussten viele der Industriellen anfangs befürchten, dass ihre wirtschaftliche und soziale Zukunft ganz anders verlaufen würde als sie es je erwartet hätten. Ebenso mussten sie die Auflösung jeder unternehmerischer Autonomie befürchten, die sie im NS-Regime trotz der ständig zunehmenden staatlichen Kontroll- und Lenkungsmechanismen immer noch in der Eigentumsordnung und Selbstrekrutierung des (Führungs-)Personals und vor allem auch auf der unternehmerischen Ertrags- und Gewinnseite erlebt hatten. Nun drohte ihnen Entlassung und Berufsverbot sowie die Entflechtung ihrer Unternehmen. Obwohl sie sich teilweise schon während ihrer Inhaftierung darum bemüht hatten, über Bevollmächtigte ihr Unternehmen oder was davon übriggeblieben war, weiterführen zu lassen.

Doch so ungewiss es war, was aus ihren Familien, ihren Unternehmen und ihren sozialen Lebensformen werden würde, so widersprüchlich waren auch die Folgen der Internierungen und Gerichts- bzw. Spruchkammerverfahren für ihre eigenen Zukunftspläne und Einstellungen. Zwar hatten einige von ihnen voller Tatendrang in der Haft Rechtfertigungsschriften verfasst, die sie für die anstehenden Anklagen nutzen wollten, und auch versucht, ihre alten Netzwerke wieder zu aktivieren; aber welche mentalen Folgen die unerwartete und oft harte und unwürdige Behandlung wie die monate- oder jahrelange Unterbrechung ihrer industriellen Aktivitäten für Unternehmensvorstände und Aufsichtsräte hatte, bleibt unklar und widersprüchlich. Auf jeden Fall wirkten für viele die Internierung und die Anklage vor Gericht zunächst wie ein Schock.

Ein wirklicher Prozess des Umdenkens und Lernens wurde dadurch nicht eingeleitet, dazu erwiesen sich die personellen und mentalen sowie habituellen Kontinuitäten als zu stark, und auch ihre meist erfolgreiche Verteidigung und Rehabilitierung nach dem Ende der Entnazifizierung um 1950 stärkte das Selbstbewusstsein. Ob sich dennoch ein Wandel der Einstellungen oder sogar ein politisches Umdenken schon in der Umbruchsphase oder erst in den 1960er- und 1970er-Jahren unter dem Druck internationaler wirtschaftlicher Strukturveränderungen einstellte, wie in der historischen Forschung gelegentlich vermutet wird, oder ob sich nach der Freilassung und dem in der Regel milden Urteil in den Spruchkammerverfahren dieselben Verhaltens- und Mentalitätsformen wieder einstellten, lässt sich nur im Einzelfall und eigentlich nur anhand der anschließenden unternehmerischen Praxis feststellen.

Auch muss die unterschiedliche Stellung der Unternehmereliten in der Wirtschaftsordnung und -politik des NS-Regimes beachtet werden. Die Kapital- und Firmenbesitzer sowie die Manager der Großunternehmen »bildeten keine homogene und in sich geschlossene Gruppe. Sie verfolgten unterschiedliche ökonomische Interessen, und sie fühlten sich unterschiedlichen Traditionen und Wertorientierungen verpflichtet.«[4] Schon seit dem Kaiserreich hatten die Vertreter der Schwerindustrie eine Schutzzollpolitik verfolgt und waren damit wirtschaftspolitisch erfolgreich. Das machte sie auch für die Autarkie- und Aufrüstungspolitik des NS-Regimes empfänglicher und weitgehend widerstandslos.

Anders die Manager der innovativen Wirtschaftsbereiche, die traditionell vor allem auf den Export setzten, aber auch zunehmend abhängig von staatlichen Investitionen in Forschung und Entwicklung waren. Der Autarkiepolitik des NS-Regimes standen sie skeptisch gegenüber. Mit der nationalsozialistischen Machtübertragung kam ein weiteres, neues Differenzierungskriterium hinzu: Die NSDAP-Parteimitgliedschaft, die mit dem Vordringen staatswirtschaftlicher Industriepolitik an Bedeutung zunahm, sowie die damit verbundene Etablierung neuer staats- und parteinaher Führungsgruppen, die ihren Aufstieg in die

Gruppe der Wirtschaftsführer einzig der Parteipatronage verdankten.
Neuere Forschungen haben ergeben, dass von 537 Personen, die zwischen 1933 und 1938 eine Position als Vorstand und/oder Aufsichtsrat in einem deutschen Großunternehmen hatten, 37 Prozent in die NSDAP eingetreten waren.[5] Das ist ein Anteil, der dreimal höher war als der Anteil von NSDAP-Mitgliedern in der gesamten deutschen Bevölkerung, aber nicht höher als der Anteil der einstigen NS-Mitglieder in Justiz, Ministerialbürokratie oder Wissenschaft. Auch wenn die Motive des NS-Parteieintritts vor allem 1933 und auch in späteren Beitrittswellen kaum in einem Gesinnungsbeweis, sondern mehrheitlich in einem deutlichen Opportunismus, in wirtschaftlichem Zwang oder einer strategischen bzw. firmentaktischen Überlegung lagen (um »Schlimmeres zu verhindern« oder wenigstens ein Vorstandsmitglied mit Parteibuch zu haben), war das immerhin eine »formale Konformitätserklärung«[6] und ein Stabilisierungsgewinn für das Regime. Zwar konnten sich die traditionellen Wirtschaftseliten dadurch – wenn auch zu dem hohen Preis der moralischen Korrumpierung und bedingungslosen Anpassung – eine partielle unternehmerische und wirtschaftliche Autonomie erhalten, auch weil man sie für die Rüstungspolitik brauchte und einen stärkeren Effizienzverlust vermeiden wollte. Aber die Zahl der Parteimitgliedschaften nahm im Laufe der Jahre mit der zunehmenden Bedeutung der Rüstungswirtschaft zu. Während sich in den Vorstandsetagen der Vereinigten Stahlwerke 1936 noch kein Parteimitglied befand, gehörten 1944 von den insgesamt elf Vorstandsmitgliedern neun der NSDAP an.[7] Ähnliches vollzog sich auch in den Staatskonzernen wie etwa dem VW-Werk, das der Deutschen Arbeitsfront (DAF) gehörte, oder den Unternehmen, die besonders eng mit dem Regime verflochten waren wie die IG-Farben und die Flugzeugindustrie.
Der Vormarsch der Staatskonzerne fand seinen Niederschlag auch in dem Vordringen der »Parteiindustriellen«, die sich zwi-

schen die beiden überkommenen Wirtschaftsgruppen der Kapitaleigner und der Konzernmanager drängten, wie der Rüstungsmanager in Speers Ministerium für Bewaffnung und Munition Walter Rohland, der Gauwirtschaftsberater Hans Kehrl, der Generaldirektor der »Reichswerke Hermann Göring« Paul Pleiger und der engste Mitarbeiter Speers, Karl-Otto Saur, der in Hitlers Testament als Rüstungsminister vorgesehen war. Sie verdankten ihre Karrieren ihrer Nähe zur NS-Führung und der Umorganisation der Rüstungsindustrie durch Albert Speer.

Die »alten Vorstandsvorsitzenden« wie Wilhelm Zangen bei Mannesmann, Friedrich Flick und Hermann Josef Abs bei der Deutschen Bank konnten nach der Unterbrechung durch Entlassung und Internierung sowie mit der zwischenzeitlichen Unterstützung durch Bevollmächtigte und informelle Gruppen die Leitung ihrer Unternehmen bald wieder übernehmen.

Die »Parteiindustriellen« hingegen konnten nicht mehr in ihre alten Positionen zurückkehren. Sie fielen »so etwas wie einem Selbstreinigungsmechanismus der Unternehmer-Milieus zum Opfer«.[8] Das war eine Tendenz, die sich auch in den anderen Elitenbereichen der Ministerialbürokratie, der Justiz und der Wissenschaft mehr oder weniger deutlich fand: Man akzeptierte die vielen opportunistischen Parteigenossen und Mitläufer, nicht aber die »hundertprozentigen« und vor allem regimenahen Nationalsozialisten. »Wir stellen PGs ein, aber keine Nazis« hatte Wilhelm Haas, Personalchef im Auswärtigen Amt, 1950 programmatisch verkündet,[9] auch wenn das nicht immer voneinander zu unterscheiden war und gelegentlich zu umstrittenen und unverständlichen Personalentscheidungen führte.

Personelle Veränderungen in den Führungsetagen der Großunternehmen nach 1945 kamen vor allem durch die vorübergehenden Entlassungen und altersbedingte Abgänge oder den Wechsel der Vorstände, die der Altersgrenze näherückten, in die Aufsichtsräte zustande. Eine breit angelegte quantitative Untersuchung von 1020 Personen, die an der Spitze der 50 größten

Industrieunternehmen standen und zu denen Führungsgruppen von Industriemanagern, von Groß- und Privatbanken sowie mittelständischen Unternehmen und aus der Wirtschaftsverwaltung gehören, hat ergeben, dass zwischen 1942 und 1953 in personeller Hinsicht eine relativ große Fluktuation bzw. umgekehrt mit 32 Prozent ein schwacher »Kontinuitätsgrad« bestand; das bedeutet, dass »mehr als zwei Drittel der bundesdeutschen Industrie-Eliten Anfang der 50er Jahre erst nach 1945 in ihre Position gelangt« waren.[10]

Das bedeutet allerdings keineswegs einen wirklichen Kontinuitätsbruch, da die nachrückenden neuen Führungsgruppen nicht wirklich neu waren, da sie schon während des Dritten Reiches in denselben oder verwandten Unternehmen in der zweiten Reihe tätig waren und auch während des Krieges dieselben Aufstiegswege absolviert hatten. Sie besaßen dasselbe Sozialprofil, teilten dieselben Karriere- und Sozialisationsmuster; zwei Drittel besaßen einen akademischen Studienabschluss und erfüllten damit alle Merkmale einer gesellschaftlichen Elite. Dass unter ihnen viele Söhne aus Beamtenfamilien waren, macht den im Vergleich zu den USA spezifisch deutschen Weg der Elitenrekrutierung aus.

Paul Erker beschreibt diese Karriere- und Identitätsmuster als einen gleichförmigen Prozess: »Nach dem Studium Anfang/Mitte der 30er Jahre Eintritt in ein Unternehmen, Anfang der 40er Jahre, bei Kriegsbeginn, Erteilung der Prokura und/oder Aufstieg zum Abteilungsleiter, Anfang der fünfziger Jahre Aufstieg zum technischen oder kaufmännischen Direktor und stellvertretenden Vorstandsmitglied, Mitte/Ende der 50er Jahre ordentliches Vorstandsmitglied. Gemeinsam sind ihnen die Erfahrungen der Kriegsverluste, der Zerschlagung der deutschen Industrie, des Neuaufbaus und des ›Wirtschaftswunders‹. Die überwiegende Mehrzahl von ihnen wurde von den zunächst harten Entnazifizierungsmaßnahmen der Alliierten nicht betroffen, da sie es 1945 allenfalls bis in die mittleren Führungsränge von Unternehmen geschafft hatten. Die Suspendierung ganzer Führungsgarnituren in den Unternehmen hat für das mittlere Management Positionen freigemacht.«[11]

Was die Zahlen belegen, sind miteinander verschränkte personelle und sozial-habituelle Diskontinuitäten und Kontinuitäten, die allzu starre personelle Kontinuitätsbehauptungen, die sich meistens ohnehin nur auf prominente Führungsfiguren beziehen, relativieren, andererseits jedoch deutlich auf Kontinuitäten im Sozialprofil und der unternehmerischen mentalen Prägung verweisen.

Auch wenn der Einfluss der westlichen Besatzungsmächte und ihrer Militärregierungen auf die Industriestruktur geringer war als von diesen erwartet und auch das NS-Regime zuvor vor allem bei Nachfolgefragen hinsichtlich der Vorstände einen eher geringen Einfluss hatte nehmen können, blieben die noch vorhandenen privatkapitalistischen Strukturen der Wirtschaftsordnung nach 1933 und auch nach 1945 erhalten oder konnten sich hinter dem Konzept einer unternehmerischen Selbstverwaltung, das Speer zur Steigerung des Rüstungsausstoßes reformiert hatte, erhalten, solange sich die rüstungswirtschaftlichen Ziele mit den Konzerninteressen vereinbaren ließen und die Unternehmen sich der sich »radikalisierenden Kriegswirtschaft« anpassten; immer in der Sorge um den Erhalt einer noch so deformierten privatwirtschaftlichen Ordnung und existenzsichernder Gewinne.[12] Das schloss auch die bereitwillige Akzeptanz der zunehmenden und meistens inhumanen Beschäftigung von Zwangsarbeitern ein, mit der die einstige Orientierung am Ideal des »ehrbaren Kaufmannes« aufgegeben wurde und der moralische Kompass weitgehend verloren ging.

Trotz dieser früheren vielfältigen Belastungen durch die Rüstungs- und Kriegswirtschaft des NS-Regimes, deren ganze Tragweite erst sehr viel später ans Licht kam, blieben die Eingriffe der westlichen Besatzungsmächte eher zufällig und »weit weniger wirksam«[13] als anfangs befürchtet. Die Größenordnung der

Entflechtungen blieb moderat, die Logik der Entlassungen war kaum nachvollziehbar, und die Anklage gegen Angehörige der Wirtschaftseliten beschränkte sich auf Direktoren von Krupp, dem Flick-Konzern und der IG-Farben. Von Anfang an war unter den Siegermächten umstritten, ob auch einige einflussreiche Wirtschaftsführer und mit ihnen der ehemalige Reichsbankpräsident Hjalmar Schacht auf die Liste der hauptangeklagten Kriegsverbrecher gesetzt werden sollten.

Zu den prominenten Wirtschaftsführern, deren Verhaftung und Anklage vor den Nürnberger Gerichten nach dem Willen der Besatzungsmächte auch ein symbolischer Bestrafungsakt gegenüber der deutschen Großwirtschaft sein sollte, gehörten die insgesamt 36 Direktoren von Krupp, des Flick-Konzerns und der IG-Farben. Amerikanische Besatzungsoffiziere haben vielfach beschrieben, mit welchem Selbstbewusstsein sie von den Industrieführern in deren luxuriösen Wohnungen Respekt heischend empfangen wurden. Man begegnete den Besatzern immer auch in dem Bewusstsein, dass die eigene technische und ökonomische Kompetenz beim Wiederaufbau noch gebraucht werde. »Unrechtsbewußtsein oder Schuldgefühle ließen in diesen Wochen die wenigsten Unternehmer erkennen.«[14]

Dass die Krupp-Anklage vor dem Internationalen Militärgericht schließlich scheiterte, war auf gravierende Verfahrensfehler zurückzuführen. Im Vorfeld waren sich Amerikaner und Briten einig gewesen, dass der Konzernchef Gustav Krupp von Bohlen und Halbach, bei der NS-Machtübertragung 1933 Inhaber eines riesigen Imperiums bestehend aus Stahlwerken, Kohlengruben und Rüstungswerken sowie Aushängeschild der deutschen Großwirtschaft, zu den wichtigsten Repräsentanten deutscher »Militaristen« und damit auf die Anklagebank gehörte. Die geplante Verhandlung gegen den Chef der deutschen »Waffenschmiede« hatte auch eine symbolische politische Bedeutung: Es ging um den Nachweis der verbrecherischen und profitorientierten Politik des NS-Regimes und seiner kapitalistischen Unterstützer bzw. Profiteure. Was den Besatzungsmächten nicht bekannt war, war die Tatsache, dass Gustav Krupp sein Unternehmen bereits 1943 auf seinen Sohn Alfried als Alleinerben übertragen hatte und dass Gustav Krupp 1945 mit seinen 75 Jahren bettlägerig war, sodass das Verfahren auf Antrag der Verteidigung wegen Verhandlungsunfähigkeit ausgesetzt werden musste. Nach dieser Panne blieb den amerikanischen Anklägern nichts anderes übrig, als Sohn Alfried zusammen mit elf weiteren leitenden Mitarbeitern des Krupp-Konzerns in dem Nachfolgeprozess 1947 anzuklagen.

Sehr viel länger und härter war, wie schon erwähnt, die Internierungshaft von Hans-Günther Sohl von den Vereinigten Stahlwerken. Auch er hatte unmittelbar nach der militärischen Niederlage, mögliche Verstrickungen in den Einsatz von Zwangsarbeitern leugnend und »von jeglichem Selbstzweifel über seiner Verstrickung in das niedergegangene NS-System offenbar gänzlich ungetrübt«[15], sofort wieder Kontakte zu »Wirtschaftlern« geknüpft, um »sich zu Verhandlungen mit deutschen Behörden und Besatzungsorganen zur Verfügung zu stellen«, und den später sogenannten Sohl-Kreis gebildet.[16] Diese Initiativen, die auch in die Erstellung eines Gutachtens zur Wirtschaftslage mündeten, wurden jäh unterbrochen, als die britische Besatzungsmacht Sohl am 15. November verhaftete und für eineinhalb Jahre in ein Internierungslager brachte, bis er am 17. Mai 1947 »ohne jede Vorankündigung« (Sohl) entlassen wurde, um nach überstandener Entnazifizierung und einer sofortigen neuerlichen Gutachtertätigkeit dank alter Beziehungen bald wieder in den Vorstand der Vereinigten Stahlwerke berufen zu werden. »Ein erstaunliches Arbeitsethos«, kommentiert der Wirtschaftshistoriker Toni Pierenkemper diesen fast bruchlosen Übergang in die veränderte Welt.[17] Dort widmete Sohl sich mit großer Energie dem Wiederaufbau der Wirtschaft und dem Kampf gegen die alliierte Demontage- und Entflechtungspolitik, deren Stopp er 1949 erleben konnte. Als Vorstands-

Bundeskanzler Konrad Adenauer (2. v. l.) stattet 1955 der Thyssen-Hütte in Duisburg einen Besuch ab. Links von ihm Hans-Günther Sohl, der Vorstandvorsitzende der Thyssen AG

vorsitzender der Thyssen-AG von 1953 bis 1973, die er zum größten Stahlkonzern Europas aufbaute, wurde er auch bald verbandspolitisch tätig, war Vorsitzender der Wirtschaftsvereinigung Stahl und von 1972 bis 1976 Präsident des Bundesverbandes der Deutschen Industrie. Als Nachfolger von BDI-Chef Fritz Berg hielt Sohl, der rückblickend auch von amerikanischen Wirtschaftsexperten als einer der »architects of reconstruction« bezeichnet wurde, als Typus des autoritären Generaldirektors an dem strikt antigewerkschaftlichen Kurs der Schwerindustrie fest, auch wenn er notgedrungen die Montanmitbestimmung von 1951 hatte akzeptieren müssen; gegen deren Erweiterung auf andere Bereiche wandte er sich ebenso vehement. Immer von seinem Ideal einer »autoritären Harmonie«[18] bestimmt, gab er am Ende in den 1980er-Jahren schließlich auch der Betriebs- und Montanmitbestimmung doch noch gute Noten, »soweit sie den Gedanken der Partnerschaft verkörpert und zum Zug bringt«.[19]

Willenskraft und Weitsicht erlaubten Sohl nach dem Urteil Pierenkempers eine außergewöhnliche Karriere, die zwar von den politischen Zäsuren des Jahrhunderts geprägt war, aber von einem klaren und ungebrochenen Führungsanspruch sowie dem Streben nach einer »funktionalen Effizienz« bestimmt blieb. In den Prozessen, die nach dem Internationalen Militärtribunal allein unter amerikanischer Verantwortung stattfanden, sollte nach dem Scheitern des Verfahrens gegen Krupp die Mitverantwortung und Komplizenschaft von Unternehmern und Managern aus der Montan- und Chemieindustrie für den Kriegsausbruch, die Plünderung fremden Vermögens sowie die Ausbeutung von Zwangsarbeitern auf besserer Beweisgrundlagen gestellt und geahndet werden.[20] Der Flick-Prozess hatte aufgrund der vermeintlich günstigen Beweislage schon als Auftakt der Verhandlungen gegen Industrielle in Nürnberg begonnen.

Insgesamt wurden in den drei Prozessen mit Wirtschaftsbezug 42 Industrielle und Finanzmanager angeklagt, darunter Friedrich Flick und fünf seiner Konzernmitarbeiter. Ihnen wurden Kriegsverbrechen unterschiedlicher Art zur Last gelegt: der Einsatz von Zwangsarbeitern aus den besetzten Gebieten und von Kriegsgefangenen sowie von KZ-Insassen in den Bergwerken und Industriebetrieben des Flick-Konzerns; als Profiteure deutscher Eroberungspolitik im Zweiten Weltkrieg die Aneignung ausländischer Industriebetriebe; und schließlich als dritter Anklagepunkt die Bereicherung an jüdischem Vermögen vor und während des Krieges in Form von »Arisierungen«. Ein weiterer Anklagepunkt betraf Friedrich Flick und seinen Generalbevollmächtigten Otto Steinbrinck, die bezichtigt wurden, durch ihre Mitgliedschaft im »Freundeskreis Heinrich Himmler« die Verfolgungs- und Vernichtungspolitik der SS gefördert zu haben.

Flick stellte sich zusammen mit seinem Verteidiger Rudolf Dix vor den alliierten Richtern in Nürnberg als Opfer und anständiger Kaufmann dar, wobei sicherlich auch seine Biografie zu diesem wahrheitswidrigen Selbstbild beigetragen hat. Allein schon die Behauptung, er sei ein Bauernsohn, stimmte nicht, auch wenn Flick im Unterschied zu seinen industriellen Konkurrenten keiner Unternehmerdynastie entstammte. Als Sohn eines siegerländischen Holzhändlers, der nur wenig Kapital besaß, glich Flick die bescheidenen materiellen Voraussetzungen seiner Karriere mit großer Geschäftstüchtigkeit und Skrupellosigkeit aus; lange Zeit gelang es ihm, relativ geräuschlos Unternehmen zu erwerben, wobei er es immer verstand, auf das richtige Pferd zu setzen. Neuere Forschungen haben den Umfang und die Strategie Friedrich Flicks und seiner leitenden Mitarbeiter bei dem Erwerb und der Expansion seines Unternehmens ausgeleuchtet und dabei einige Legenden zurückweisen können. Der phänomenale Aufstieg Flicks begann bereits in der Weimarer Republik durch Betriebsaufkäufe in Oberschlesien und Mitteldeutschland, die er dank inflationsbedingt günstiger Kredite finanzieren konnte. Der Ausbau seines Beteiligungsimperiums setzte sich in der NS-Zeit mit rasanter Geschwindigkeit fort. Das war deshalb möglich, weil Flick sehr bald die Nähe zum NS-Regime und vor allem zu Hermann Göring gesucht und sich früh durch den Erwerb von Steinkohlenbergwerken und Stahlwerken für das Geschäft mit der expandierenden nationalsozialistischen Rüstungswirtschaft sehr gut positioniert und politisch abgesichert hatte.

Mit der illegalen und skrupellosen Übernahme jüdischen Firmeneigentums im großen Stil, etikettiert als »Arisierung«, setzte sich die Expansion des Konzerns fort, sodass die Flick AG bereits im Jahre 1941 in der Stahlproduktion mit dem Konkurrenten Krupp gleichziehen konnte und zu einem der führenden Rüstungsproduzenten wurde. Das ging nicht ohne die Aneignung jüdischer Betriebe und später den Einsatz von Zwangsarbeitern in den Hüttenwerken. Man schätzt, dass während des Krieges mehr als 60.000 Zwangsarbeiter unter elenden Bedingungen in den Flick-Betrieben schuften mussten, teilweise bestand die Belegschaft bis zu 85 Prozent aus »Fremdarbeitern«. Die Kriegswirtschaft, die besonders im Bereich der Rüstungsindustrie und dem Kohleabbau auf Hochtouren lief und nur durch den rücksichtslosen Einsatz von Zehntausenden von Zwangsarbeitern in den zahlreichen Betrieben Flicks aufrechterhalten und ausgeweitet werden konnte, brachte dem Konzern eine weitere Kapazitäts- und Vermögenserhöhung. Flick war einer der größten Profiteure der NS-Rüstungswirtschaft: Das Konzernvermögen wuchs im Zeitraum zwischen 1933 bis 1943 von 225 Millionen auf 953 Millionen Reichsmark an.[21]

Auch die Vorkehrungen für die Zeit nach dem Krieg und die Rettung des Konzerns zeugen von Realitätssinn und auch einer gewissen Skrupellosigkeit. 1944 hatte Flick den Anteil seiner Söhne an der Gesellschaft auf 90 Prozent ausgeweitet, und kurz vor dem Ende des Dritten Reiches verlagerte er die Konzernzentrale mitsamt der Zentralakten von Berlin in den Westteil des Reiches. Gleichzeitig ließ er belastende Akten in großem Umfang vernichten, um unliebsame Spuren zu verwischen. Er selbst setzte sich am 8. Mai 1945 auf seinen Landsitz in Oberbayern ab, wo er am 13. Juni 1945 als einer der meistbeschuldigten Industriellen auf einer Fahndungsliste von Besatzungstruppen verhaftet wurde.

Der Flick-Konzern verlor etwa 75 Prozent seines industriellen Eigentums. Auch wenn die Alliierten auf ihrer letzten Kriegskonferenz noch die Entnazifizierung und Dekartellierung vor allem der deutschen Montanwirtschaft beschlossen hatten, konnten Flick und sein Bevollmächtigter Konrad Kaletsch nach langwierigen Verhandlungen 1952 die Umsetzung dieser Forderungen vereinbaren, die schließlich nur den Verkauf der Steinkohlegesellschaften zu den üblichen Marktpreisen vorsah, nicht aber der Eisen- und Stahlwerke, die weiterhin im Besitz der Flick-AG blieben. Sie wurden die Grundlage für den Wiederaufstieg zu einem der größten Nachkriegskonzerne.

Die Richter verhängten im Flick-Prozess, gemessen an den Anklagepunkten, ein relativ mildes Urteil: Sie verurteilten Flick im Dezember 1947 wegen widerrechtlichen Vermögenserwerbs zu einer siebenjährigen Freiheitsstrafe, während der Vorwurf der Beteiligung an »Arisierungen« und der Beschäftigung von Zwangsarbeitern fallen gelassen wurde, weil die Richter das Argument der Verteidigung anerkannten, die Unternehmen

Der Großunternehmer Friedrich Flick, hier mit der Anklageschrift im sogenannten Flick-Prozess, wurde im Dezember 1947 in Nürnberg zu sieben Jahren Haft verurteilt. 1950 vorzeitig entlassen, begann sein Wiederaufstieg, und er wurde zu einem der reichsten Männer der Bundesrepublik.

hätten sich bei der Suche nach Arbeitskräften in einer Zwangslage befunden. Vor dem Nürnberger Militärtribunal verteidigte sich der öffentlichkeitsscheue Konzernchef mit der Behauptung, er habe von den Zuständen in seinen Fabriken nichts gewusst und stellte dem das Selbstbildnis eines sozial eingestellten Unternehmers und Opfer des Regimes entgegen. Das Gericht folgte dieser selbstgestrickten Legende nur teilweise und verurteilte Flick zu sieben Jahren Haft. Seine Mitarbeiter Bernhard Weiss und Otto Steinbrinck kamen mit Strafen von zweieinhalb bzw. fünf Jahren davon, die drei anderen wurden freigesprochen. Flick kam, wie andere Angehörige der Wirtschaftseliten auch, 1950 vorzeitig frei. Vermutlich hat das Selbstbild des anständigen und sozial eingestellten Unternehmers, das er vor Gericht und auch später verbreitete, jedoch nicht in dem Maße zur vorzeitigen Freilassung beigetragen wie vielmehr die veränderte politische und wirtschaftliche Situation der deutschen Trümmergesellschaft, die vorrangig den Wiederaufbau betreiben wollte.

Die drei Prozesse gegen die Wirtschaftsführer Krupp, Sohl und Flick begannen im Sommer 1947 und endeten ein Jahr später, im Sommer 1948, als sich die weltpolitische Lage veränderte und auch in Washington verstärkt Zweifel an der Sinnhaftigkeit der Nürnberger Prozesse laut wurden. Die Urteile, die gegen Flick und andere gesprochen wurden, waren dementsprechend milder und spiegelten die veränderten Rahmenbedingungen. Inzwischen überzeugte die alliierten Richter wenigstens teilweise das Argument der Verteidiger, die Angeklagten hätten sich in der nationalsozialistischen Diktatur bei ihren wirtschaftlichen Entscheidungen auch in einer Zwangslage oder gar in einem Befehlsnotstand befunden. So war die Meinung der Richter über den Einsatz bzw. die Ausbeutung der Zwangsarbeiter gespalten, und nur im Falle der Raubzüge der IG-Farben in den besetzten Ländern war man sich über die Strafbarkeit einig.

Sehr viel umfangreicher war das Verfahren gegen 24 Vorstandsmitglieder und Konzernmanager der IG Farben, das von einem »Morgenthau-Boy« geleitet wurde. Es war zugleich ein Prozess gegen ein Großunternehmen, das sich zu einem der größten Chemiekonzerne Europas entwickelt hatte, und vor allem stellvertretend für die gesamte gelenkte Wirtschaft des Nationalsozialismus sowie für dessen Verbrechen stand. Der Prozess sollte nach dem erklärten Ziel der amerikanischen Ankläger der Welt vor Augen führen, dass die deutschen Wirtschaftseliten nicht aus Zwang, sondern ihren eigenen »Expansions- und Profitinteressen« folgend den Krieg mit vorbereitet und unterstützt hätten.

Nirgends wurde die Häftlingsarbeit so großflächig und brutal zum Betrieb von Chemieanlagen genutzt wie in dem Konzentrations- und Vernichtungslager Auschwitz III/Monowitz, wo die IG Farben als erstes Unternehmen mit dem Bau der Anlage und der Ausbeutung von Häftlingen und Zwangsarbeitern begonnen hatte und dort mehr als 25.000 Menschen zu Tode hatte kommen lassen. Wie eng die Zusammenarbeit von NSDAP, SS und IG Farben war, lässt allein schon die Tatsache erkennen, dass nach Stilllegung der Großbaustelle des Nürnberger Reichsparteitagsgeländes 1940 die dort eingesetzten Großkräne ganz offiziell bei der neuen Baustelle Auschwitz III eingesetzt wurden. Dennoch ließen sich die Richter auch in diesem Verfahren von dem Argument des »Befehlsnotstandes« teilweise überzeugen; sie sprachen alle Angeklagten von dem Vorwurf der Vorbereitung und Durchführung eines Angriffskrieges sowie von Kriegsverbrechen und Verbrechen gegen die Menschlichkeit frei, während 13 Manager schließlich wegen des Arbeitereinsatzes von »Fremdarbeitern« und Plünderung und Versklavung von KZ-Häftlingen zu Freiheitsstrafen zwischen eineinhalb und acht Jahren verurteilt wurden, darunter auch der Aufsichtsratsvorsitzende des Konzerns und Manager des nationalsozialistischen Vierjahresplans Carl Krauch.

Krauchs beruflicher Karriereweg zeigte eine charakteristische Abfolge verschiedener Rollen als Wissenschaftler und Chemiker mit glänzenden innovatorischen Forschungsleistungen, aber auch als erfolgreicher und überaus ehrgeiziger Manager und Wirtschaftsbürokrat in der gelenkten Wirtschaft des NS-Regimes bis hin zur verantwortlichen Leitung für Aufrüstung und Vernichtung in der Vierjahresplan-Bürokratie; damit stand er im Zentrum des NS-Herrschaftsapparates. Das größte Gewicht bei der Urteilsfindung über Krauch und seinen Vorstandskollegen Fritz ter Meer besaß deren Beteiligung am Bau des Buna-Werkes in Auschwitz-Monowitz und der dort betriebenen massenhaften Zwangsarbeit von Häftlingen. Beide wurden als Mittäter von Auschwitz und Kriegsverbrecher zu Haftstrafen von sechs bzw. sieben Jahren verurteilt und kamen, wie andere Häftlinge auch, 1950 wegen guter Führung wieder frei. Auch wenn ihnen per Gerichtsbeschluss die Rückkehr in einen Vorstandsvorsitz untersagt war, gelang ihnen bald nach ihrer Freilassung problemlos und ohne dass ihre Position in der NS-Herrschaft eine entscheidende Rolle spielte der Wiederaufstieg in Leitungsfunktionen der Nachkriegswirtschaft. Krauch wurde Mitglied des Aufsichtsrates einer der Nachfolgegesellschaften der IG Farben, der Chemischen Werke Hüls; ter Meer bekam einen Aufsichtsratsposten in der Bayer AG.

Carl Krauch, Hauptangeklagter im IG-Farben-Prozess, liest sich im Juni 1948 sein Unschuldsplädoyer durch.

Wie im Falle der Verurteilten der anderen Nachfolgeprozesse wurden auch die verurteilten Industriellen Anfang der 1950er-Jahre wieder freigelassen und fanden bald den Weg zurück in den Kreis der Wirtschaftsfachleute, teilweise sogar in den Beraterkreis der Bundesregierung, wie im Falle von Hermann Josef Abs. Auch er agierte, nachdem er politische Gefährdungen in der geteilten Stadt vorausahnend von Berlin nach Hamburg ausgewichen war, im Frühsommer 1945 selbstbewusst und als Angehöriger einer Wirtschaftselite, der seine alten Kontakte zu englischen Bankern aus der Vorkriegszeit wie selbstverständlich wieder aktivierte und nutzte. Schon im Spätsommer 1945 wurde er in einer britischen Bankenkommission eingesetzt. Erst auf Druck amerikanischer Besatzungsbehörden wurde er im Januar 1946 für drei Monate in Haft genommen und anschließend wieder freigelassen.

Er war ab 1938 Vorstandsmitglied der Deutschen Bank und ab 1940 Mitglied des Aufsichtsrates der IG Farben und fand nach einer kurzen dreimonatigen Inhaftierung sehr rasch einen Platz als Leiter des German Bankers Advisory Board bei der britischen Bankenkontrollkommission. 1948 wurde er in seinem Entnazifizierungsverfahren trotz seiner Mitwirkung an Arisierungsaktionen in Österreich und Raubgoldaktionen der Deutschen Bank als »entlastet« in Kategorie V eingestuft. Noch im selben Jahr war er als Vorstandsvorsitzender der Kreditanstalt für Wiederaufbau zuständig für die Verteilung der Hilfsgelder aus dem Marshallplan. 1952 handelte er für die Bundesregierung das Luxemburger Abkommen über die finanzielle Wiedergutmachung gegenüber dem Staat Israel und der Jewish Claims Conference aus, und 1953 machte er als Verhandlungsführer der deutschen Delegation mit Unterzeichnung des Londoner Schuldenabkommens auch die deutschen Banken wieder international geschäftsfähig. 1952 kehrte er auch an die Spitze der Deutschen Bank zurück und wurde zu einem der wichtigsten Berater Konrad Adenauers sowie mit bis zu 30 Posten in Aufsichtsräten großer Unternehmen der gefragteste und auch häufig kritisierte Exponent des »Rheinischen Kapitalismus«.

Auch wenn die Urteile vor den internationalen Gerichten, wie an prominenten Beispielen kurz erläutert, widersprüchlich ausgefallen waren, so lassen sich zusammenfassend doch einige Faktoren erkennen, die für die erfolgreiche, wenn auch nach 1945 temporär unterbrochene Fortsetzung der Karrieren der Wirtschaftseliten ausschlaggebend waren: Ihr Verhalten und ihre Stellung im NS-System, ihre Mitgliedschaft in der NSDAP und deren Gliederungen bzw. angeschlossenen Verbänden machten sie zu den wichtigsten Repräsentanten der Wirtschaftseliten, die auch Profiteure des NS-Regimes waren. Trotz ihrer vorübergehenden Verhaftungen und Internierungen nach Kriegsende haben sie es mit Weitblick und Entschlossenheit geschafft, in den westlichen Besatzungszonen unterzukommen, in denen ihrem Besitz geringere Gefahren drohten als in der sowjetischen. Ihrer Darstellungs- und Kommunikationsfähigkeit bei der Beschreibung bzw. Rechtfertigung ihrer Rolle im Nationalsozialismus verdankten sie eine moderate Bestrafung.[22] Auch der Zeitpunkt der Urteilsfindung war nicht unwichtig, da mit der Veränderung der (welt-)politischen Nachkriegssituation und der Entstehung der Bundesrepublik bzw. der Vertiefung der deutschen Teilung ein fundamentaler politischer Klimawandel einherging.

Zudem waren die Wirksamkeit und Dauerhaftigkeit der wirtschaftspolitischen Eingriffe seitens der Militärregierungen der drei westlichen Besatzungszonen – bei all ihren Unterschieden – begrenzt und verloren im Laufe der Jahre ihre anfängliche Rigidität. Das wirkte sich vor allem auf die Personalstruktur der Wirtschaftseliten von Industrieunternehmen und auch Banken aus. Die privatwirtschaftlich-kapitalistischen Eigentumsstrukturen blieben erhalten, ebenso die Strukturen des Bankensystems. Auch die ausgeprägten personellen und strukturellen Kontinuitäten innerhalb der Wirtschaftseliten blieben zu einem großen Teil unverändert: Fast zwei Drittel der Unternehmer und Manager, die bereits 1938 zu den Führungsgruppen von Großunternehmen gehört hatten, kehrten nach dem Ende der Entnazifizierung Anfang der 1950er-Jahre wieder in ihre alten Positionen zurück.[23]

Wenn es zu einer Elitenzirkulation im Sinne eines Teilaustausches von Führungspersonen kam, dann geschah dies durch das altersbedingte Ausscheiden älterer Vorstandsmitglieder, was durch die frühen und vorübergehenden alliierten Eingriffe noch beschleunigt wurde. Doch zeigten die Nachfolger, die meist aus der zweiten Reihe der Unternehmen nachgerückt waren und beschleunigt und in größerem Umfang als vielleicht erwartet freiwerdende Positionen einnehmen konnten, dieselben sozialen Merkmale in Hinsicht auf Herkunft, Bildungsniveau und Ausbildungs- und Aufstiegsmuster sowie hinsichtlich ihrer Mentalität und ihres Sozialverhaltens auf. Die soziale Stabilität dieser Elitenzirkulation über die Epochenzäsuren und Umbrüche des 20. Jahrhunderts hinweg spiegelte sich auch in der weit über dem Durchschnitt liegenden universitären Ausbildung und den akademischen Abschlüssen und reichte bis in die Heiratskreise der Spitzenunternehmer und in ihre vielfachen Verflechtungen durch die Übernahme zahlreicher Aufsichtsratsfunktionen in anderen Wirtschaftsunternehmen.[24] Je größer die Zahl der Aufsichtsratsposten und damit die Dichte der Netzwerke war, desto größer war in der Nachkriegszeit auch die Fähigkeit, sich gegenüber den gerichtlichen Anklagebehörden durch die Benennung hervorragender Leumundszeugnisse von Angehörigen des Widerstands oder Kirchenvertretern zu finden, die bestätigten, dass man bei der Verdrängung von jüdischen Kollegen zwischen 1933 und 1938 durchaus solidarisch, wenn auch leider nicht erfolgreich gehandelt habe.

Auch hinsichtlich ihrer Erfahrungen und Einstellungen wiesen die alten, neuen Wirtschaftseliten wenig Veränderungen auf. Die deutschen Unternehmer konnten sich in den 1950er-Jahren und vor allem später nur mit großen Anpassungsschwierigkeiten und nur sehr zögerlich amerikanischen Wettbewerbsordnungen anpassen. Auch von ihren gewohnten autoritären und antigewerkschaftlichen Praktiken der Unternehmensführung konnten sie sich nur langsam lösen. Das machte sich am entschiedenen Widerstand gegen die Montanmitbestimmung und die Einführung des Betriebsverfassungsgesetzes von 1952 – wichtigen Meilensteinen beim Ausbau des Sozialstaates – bemerkbar.[25] Die neue Bonner Demokratie geriet bei den Spitzenvertretern der Wirtschaft unter Verdacht, »Unordnung und Klassenkampf« zu fördern.[26] Auch der 1954 zum Präsidenten des Bundesverbandes der deutschen Arbeitgeberverbände (BDA) gewählte Hans Constantin Paulssen sah sich veranlasst, trotz seiner grundsätzlichen Anerkennung der Gewerkschaften als wichtige Ordnungskräfte in der Demokratie immer wieder kritisch auf die Gefahren gewerkschaftlicher Tarifpartnerschaft in Lohnfragen und auf eine drohende Inflation hinzuweisen. Vor allem in Unternehmerkreisen ging immer wieder das Gespenst der »Weimarer Verhältnisse« um, das die ersten Bonner Jahrzehnte trotz der Versicherung »Bonn ist nicht Weimar« als steinerner Gast begleitete. Dass zu diesen Verhältnissen auch der

Aufstieg der NSDAP und die indirekte Mitverantwortung von Vertretern der Unternehmerseite gehörten, wurde nicht angesprochen; und auch nicht die Tatsache, dass bei der Rückkehr in das Milieu der Wirtschaftseliten die einstige NSDAP-Mitgliedschaft keine Rolle spielte. Die erfolgreiche Verteidigung in den Nürnberger Nachfolgeprozessen wurde in dieser Hinsicht vielfach als endgültige Entlastung und Schlussstrich verstanden. Allenfalls in ihrer Kommunikation und Selbstdarstellung hatten die Industriellen aus den Herausforderungen, die die Nürnberger Prozesse und Entnazifizierungsverfahren für sie bedeutet hatten, hinzugelernt. Das Image des nazifizierten Unternehmers sollte durch die Betonung von wirtschaftlicher Effizienz und Widerständigkeit, auch von Weltoffenheit, Wiederaufbauleistung und Exportorientierung[27] überlagert werden. Unter die vorherrschenden Elemente einer starken personellen und mentalen Kontinuität mischten sich erst allmählich Elemente einer schrittweisen Anpassung an neue kulturelle und mentale Herausforderungen, die sich allerdings erst in den 1960er-Jahren ausbildeten und in den folgenden Jahren mit dem Generations- und Erfahrungswechsel schließlich durchsetzten.[28]

»Furchtbare Juristen«

Die lange Debatte über belastete Juristen in Ministerien, Verbänden und Gerichten

»Was damals rechtens war, kann heute nicht Unrecht sein.« Mit diesem Satz, den er im Mai 1978 in einem Interview mit dem Wochenmagazin *SPIEGEL* zur Rechtfertigung seiner Urteilssprüche als Marinerichter kurz vor Ende des Zweiten Weltkriegs formulierte, löste der baden-württembergische Ministerpräsident Hans Filbinger (CDU) eine neuerliche heftige Debatte um das schwierige Erbe des Nationalsozialismus und seiner Richter aus. Noch einmal wurde die Frage nach der Rolle von Juristen in Verwaltung und Judikatur sowie nach deren Selbstrechtfertigungen in der Nachkriegszeit aufgeworfen und das Verdikt von den »furchtbaren Juristen« formuliert. Es war nicht die erste kontroverse Diskussion und auch nicht die letzte dieser Art. Schließlich ging es um die historische Verantwortung und die Schuld von Justizjuristen an den Rechtsbeugungen und dem Unrechtshandeln des NS-Regimes sowie seiner Gerichte und Ministerialbürokratien; aber auch um deren Nachgeschichte im Nachkriegsdeutschland. Denn viele Juristen der NS-Zeit hatten erstaunlich schnell und ohne ernsthafte öffentliche Anzeichen eines Schuldbewusstseins an der Machtdurchsetzung und der stufenweisen Radikalisierung des nationalsozialistischen Regimes bis zur völligen Rechtlosigkeit mitgewirkt.

Der Filbinger-Satz von 1978 zeigte, auch nach einer zu dem Zeitpunkt bereits zwei Jahrzehnte dauernden intensiven zeit-

Demonstranten in Sträflingskleidung fordern im Juni 1978 in Stuttgart den Rücktritt des baden-württembergischen Ministerpräsidenten Hans Filbinger.

und rechtshistorischen Forschung, ein erstaunliches Maß an uneinsichtiger Selbstrechtfertigung und mangelnder Sensibilität im Umgang mit den Opfern des Regimes und seiner völligen Zerstörung des Rechtsstaates. Dies führte schließlich nach Wochen quälender Debatten im August 1978 zu seinem Rücktritt.

Wie es zu dieser Verdrängung der eigenen Rolle in dem NS-Unrechtssystem und dieser Elitenkontinuität kam, deren Ausmaß zu untersuchen sein wird, kann nicht ohne eine differenzierte Beschreibung des stufenweisen und komplexen Prozesses der Politisierung und Selbstmobilisierung der Justiz in der NS-Zeit sowie der dort gültigen Verhaltensmuster erklärt werden, die auch für die Einbindung und Selbstintegration anderer Funktionseliten in das NS-Herrschaftssystem gelten. Sie wurden von den Betroffenen nach 1945 allenfalls als »Verstrickung« beschrieben und verharmlost, wo es sich tatsächlich in den meisten Fällen doch um eine Selbstverstrickung und Mitmachbereitschaft handelte, denen man allenfalls zugutehalten kann, dass deren Folgen zunächst nicht unbedingt absehbar waren. Die Bereitschaft zum Anpassen und Mitmachen war jedoch nicht nur eine Domäne der Justiz. Sie gilt unter ähnlichen Voraussetzungen und Handlungsmustern auch für andere Mitglieder staatlicher und kommunaler Verwaltungen, für Wirtschaftsverbände und Unternehmer, für Teile des Wissenschafts- und des Bildungssystems sowie für Ärzte, Lehrer und Militärs. Die Formen der Integrationsbereitschaft in die Diktatur gelten für alle genannten Bereiche und sollen am Beispiel der Juristen, die eine Monopolstellung nicht nur in der Judikatur, sondern darüber hinaus in öffentlichen und privatwirtschaftlichen Verwaltungen besaßen, exemplarisch und ausführlicher beschrieben werden.

Ein klares Konzept zur Umgestaltung bzw. Gleichschaltung der Justiz hatten die Nationalsozialisten nicht, dafür aber umso größere Vorurteile gegen die in NS-Kreisen als »reaktionär« oder »verjudet« verfemte rechtsstaatliche Justiz der Weimarer Republik. Diese Distanz gegenüber dem demokratischen Rechtsstaat teilten nicht wenige Justizjuristen, was ihnen die Akzeptanz der schrittweisen nationalsozialistischen Politisierung und Verformung der Justizordnung bis hin zur Zerstörung jeglicher Rechtsstaatlichkeit eröffnete. Verschärfend kam hinzu, dass es Himmler und seiner SS gelungen war, sich in den Konzentrationslagern und anderswo rasch rechtsfreie Räume zu schaffen und die Eigenständigkeit bzw. Handlungsmöglichkeiten der Justiz bei der Rechtsprechung bzw. Strafverfolgung immer weiter einzuschränken, bis die Justiz endgültig zum Instrument nationalsozialistischer Herrschaft wurde.

Dieser Prozess erfolgte auf sehr unterschiedlichen Wegen und war das Ergebnis politischer Eingriffe des NS-Staates in die Justiz sowie einer Selbstgleichschaltung und Selbstradikalisierung eines großen Teils der Justizjuristen. Zu den wesentlichen Instrumenten der Gleichschaltung gehörte vor allem eine Personalpolitik, die neben fachlichen Kriterien von Anfang an politisch-ideologische Aspekte in den Vordergrund stellte und auf dieser Grundlage Säuberungen durchführte. Hinzu kamen institutionelle und gesetzgeberische Instrumente wie die Gründung neuer Gerichte, vor allem der Sondergerichte und des Volksgerichtshofs. Wichtiger als die spezifischen NS-Gesetze, die neben die bisherigen Gesetze traten und nie in eine einheitliche Gesetzgebung mündeten, war die schrittweise Ausdehnung des »Maßnahmenstaates« zu Lasten des »Normenstaates« (Ernst Fraenkel), der schließlich nur noch als Vorwand oder Fassade galt.

Diese Gemengelage der Motive und Einstellungen macht auch eine Verständigung darüber schwierig, wen man als NS-Juristen bezeichnen kann. Sicherlich umfasste diese Gruppe weit mehr als nur die Spitzenpositionen in Ministerien und im Justizapparat und auf jeden Fall alle diejenigen, die sich in irgendeiner Weise der Rechtsbeugung schuldig gemacht haben. Auch unter den Führungskräften der nationalsozialistischen Rassenvernichtungspolitik in SS und Polizei befanden sich nicht wenige ausgebildete Juristen, allerdings unterschieden diese sich in ihrem Selbstverständnis und Verhalten sowie in ihrer funktionalen Zugehörigkeit zu einer wildwuchernden polykratischen Institution des NS-Maßnahmenstaates durch ein aktivistisch-voluntaristisches Selbstverständnis in der Regel vom bürgerlich-akademischen und räsonierenden Habitus der Justizjuristen. Diese zeichneten sich durch hohe professionelle Standards sowie die Beachtung symbolischer Statusdefinitionen aus, was einen ungebrochenen Korpsgeist über die politischen Zäsuren von Demokratie und Diktatur hinweg sicherte und auch in der Nachkriegszeit als ein willkommenes Argument der Selbstbehauptung und Selbstamnestie dienen konnte.

Doch hatten sich nicht wenige der primär fachlich-akademisch argumentierenden bzw. sich entsprechend verhaltenden Juristen immer weiter der NS-Justiz angenähert, sodass eine definitive Entscheidung über die Zuordnung sich eigentlich nur aus der Prüfung des Einzelfalles und der juristischen Praxis ergibt. Das sollte sich zudem schrittweise und je nach Geschäftsbereich innerhalb der Justiz ändern. Neben dem Blick auf die institutionellen Bedingungen und Zwänge muss also auch die Frage nach den Gründen für die Mitmach- und Anpassungsbereitschaft der Juristen sowie ihre Selbstgleichschaltung und Selbstradikalisierung berücksichtigt werden, aber auch ihre teilweise Bedrohung und Verdrängung durch den Maßnahmenstaat.

Allein die moralische und rechtspolitische Hypothek der deutschen Gerichte wog schwer. Sie hatten bis 1945 im zivilen und militärischen Bereich nach vorsichtiger Schätzung rund 40.000 Todesurteile verhängt, die weitaus meisten davon nach der Kriegswende 1942. Auch hat die Justiz bei der Verfolgungs- und Radikalisierungspraxis des Regimes sehr viel eigenverantwortlicher und bereitwilliger agiert, als das in der Nachkriegszeit behauptet oder zugegeben wurde. Beispiele lassen sich seit Beginn des Regimes finden: von der Verfolgung der Arbeiterbewegung und ihrer Opposition im Zuge von Hochverrats- und Landesverratsverfahren über die Priesterprozesse bis hin zu Verfahren gegen die »Ernsten Bibelforscher«, von den Anfängen der Sondergerichtsbarkeit auf der Grundlage des »Heimtückegesetzes« bis hin zur Ausweitung und Verschärfung der Sondergerichtspraxis während des Krieges.

Allein die explosionsartige Ausweitung der Hochverratsverfahren und ab Kriegsbeginn auch der Todesstrafen, für die stellvertretend und ziemlich repräsentativ das Oberlandesgericht (OLG) Hamm stehen soll, zeigen die Politisierung und Instrumentalisierung der Strafjustiz für die Herrschaftsdurchsetzung und -behauptung des NS-Regimes. Das OLG Hamm mit seinem besonders großen Zuständigkeitsbereich mitten in einer bevölkerungsreichen Industrieregion galt unter Zeitgenossen auch als »kleiner Volksgerichtshof«. Staatsanwälte und Richter akzeptierten dort, wie auch anderswo, nicht nur sehr bald die Einsetzung der Sondergerichte im Mai 1933 und die extensiven

Strafverschärfungen für Hoch- und Landesverrat im April 1934. Sie unterstützten und akzeptierten überdies den Zivilisationsbruch, den die Rassegesetzgebung des Regimes bedeutete. Gleichzeitig begrüßte man die Möglichkeit zur reihenweisen gerichtlichen Anordnung von Sterilisationen von sogenannten Erbkranken und schwieg gefällig, als Hitler 1940 die massenhafte Ermordung von Psychiatriepatienten anordnete. Mit Kriegsbeginn setzten Richter und Staatsanwälte ebenso bereitwillig die Bestimmungen der »Volksschädlingsverordnung« oder der »Kriegswirtschaftsordnung« um wie auch die Anordnung zur Aburteilung sogenannter Wehrkraftzersetzungsfälle vor den Militärgerichten, den Oberlandesgerichten und dem Volksgerichtshof. Die Unrechtspraxis erfuhr eine immer größere Beschleunigung, und ohne Zweifel bedeutete der Krieg dabei eine entscheidende Zäsur. Doch das allein erklärt die Radikalisierung der Strafrechtspraxis nicht.

Die rasche Nazifizierung der Rechtspflege und die mühsame bzw. zählebige Entnazifizierung sind Vorgänge, die strukturell und personell aufeinander bezogen waren. Sie haben sich, wenn auch in unterschiedlicher Weise, auf die verschiedenen Rechtsbereiche von der Strafjustiz bis zur Zivilrechtspraxis ausgewirkt. Dabei blieben Bereiche des Privatrechts während der ersten Jahre des Regimes von der nationalsozialistischen Machtübernahme noch weitgehend unberührt; erst im Lauf der Jahre setzten sich die rassenpolitischen Grundsätze des Regimes auch im Bereich des Familien- oder Mietrechts durch. Von besonderer Bedeutung und Repräsentativität für die Radikalisierung des NS-Regimes war die richtungsgebende Strafrechtspraxis und die Durchsetzung einer politischen bzw. politisierten Strafjustiz.

Was hat die Justizjuristen in ihrer Rechtspraxis zum schrittweisen Abbau der Rechtsstaatlichkeit und zu einer immer weitergehenden Politisierung des Rechtes bis hin zur Rechtlosigkeit, zur Verhängung der Todesstrafe wegen eines Diebstahls von ein paar Socken während der Löscharbeiten nach einem

Bombenangriff, gebracht? Lässt sich die Instrumentalisierung des Rechts zum Zwecke der Ausschaltung der Gegner bzw. zur »Reinigung der Volksgemeinschaft« von »Volksschädlingen« allein aus der »Führerloyalität« oder der NS-Gefolgschaft erklären? Inwieweit spielten ideologische Voreingenommenheit oder Indoktrination eine Rolle? Gab es einen Zusammenhang zwischen den Sozialisations- und Generationserfahrungen der Juristen und ihrer Anpassungsbereitschaft? War ihre Praxis situationsbedingt zu erklären? Oder waren die Institutionen, die ursprünglich über einen spezifischen Kontrollmechanismus verfügten, in einen sich selbst radikalisierenden Prozess geraten, in dem die institutionellen Barrieren immer weiter abgetragen wurden?

Die personelle Zusammensetzung und Rekrutierung der Gerichte allein sagt wenig aus, denn es gab etwa beim OLG Hamm nach der nationalsozialistischen Machtübernahme kaum personelle Veränderungen, wie sie im Frühjahr 1933 als Folge der allgemeinen politischen Säuberungen in anderen Behörden oder Universitäten sehr viel zahlreicher vorkamen. Auch frühere Mitgliedschaften in bürgerlich-liberalen Parteien führten nicht unbedingt zur Entlassung, allenfalls zur Umsetzung innerhalb der Geschäftspläne der Gerichte. Im Gegenteil lässt sich beobachten, dass solche Richter, die früher Parteien der bürgerlichen Mitte wie der DDP oder dem Zentrum angehört hatten, weiterhin als Senatspräsidenten fungieren konnten, sofern sie anpassungsbereit waren. Beim OLG Hamm und auch anderswo lässt sich beobachten, dass die Strafbemessung, die sie zu verantworten hatten, oft radikaler war als die von Richtern mit NSDAP-Mitgliedschaft. Es greift darum zu kurz, die meist harten Gerichtsurteile als Ausdruck von Qualitätsminderung durch bloße Parteijuristen zu erklären, denn die formalen Standards blieben erhalten. Allerdings veränderte sich das politische Profil der Richter in der Generationsfolge, die in den 1930er-Jahren zu raschen personellen Ablösungsvorgängen führte. Das bald eintretende Übergewicht an jungen Richtern und Staatsanwälten öffnete das Feld für Juristen, die aktiv in der NSDAP mitarbeiteten oder die verschiedenen Indoktrinationsinstanzen der NS-Partei durchlaufen hatten. Auch in Hinblick auf die soziale Rekrutierung der Justizjuristen bedeutet das Jahr 1933 keine Zäsur. Die überwiegende Zahl der Richter stammte, wie auch schon früher, aus dem Bereich des neuen, teilweise auch des alten Mittelstandes. Der Anteil der richterlichen Selbstrekrutierung war eher gering.

Entscheidender waren politische Sozialisationserfahrungen wie etwa das Erleben von Krieg und revolutionärer Nachkriegszeit in den prägenden Lebensjahren der jungen Juristen. Von den drei wichtigsten Alterskohorten, aus denen sich auch die Justizjuristen rekrutierten, hatte nur die ältere die prosperierenden Jahre vor dem Ersten Weltkrieg erfahren, während die beiden anderen den Krieg als Frontgeneration oder aus der Perspektive der Nachkriegszeit erlebt hatten und oft schwer daran trugen, dass sie nicht die Bewährung des Fronteinsatzes, sondern stattdessen nur die militärische Niederlage von 1918 erfahren hatten. Gerade diese jüngere Generation wollte die fehlende Fronterfahrung und damit fehlende Gelegenheit zur Demonstration soldatischer Härte und nüchterner Sachlichkeit nun an der inneren Front unter Beweis stellen und neigte darum zu einem besonderen politischen Rigorismus. Die Erfahrung von Kriegsende und Revolution 1918/19 wurde nicht nur als persönliche Verunsicherung oder Katastrophe verstanden, sondern als soziale Bedrohung der eigenen Karriereerwartungen.

Verdichtet wurden diese Erfahrungen zusätzlich durch die Dolchstoßlegende und eine tiefsitzende Revolutionsfurcht bzw. einen vehementen Antibolschewismus, der sich mit antisemitischen Vorurteilen, wie sie im Alltag und insbesondere in studentischen Korporationen häufig anzutreffen waren, verbinden konnte. Das öffnete den Weg zur Akzeptanz nationalsozialistischer Radikalismen. In dem Bestreben, die Wiederholung solcher Bedrohungsszenarien, die sich nicht nur bei Juristen, sondern auch bei Soldaten finden, entstand die Bereitschaft, auch radikale Mittel einzusetzen und die Vernichtungspolitik des NS-Regimes zu unterstützen. Hinzu kamen vielfach noch die Erfahrung des krisenbedingten Scheiterns persönlicher Lebensentwürfe und die Prägung durch einen entschiedenen Männlichkeitskult. Das führte häufig dazu, dass man sich von humanistischen Werten loslöste und einer ideologisch begründeten Ausgrenzungs- und Gewaltpraxis zustimmte. Für die jüngere Generation bedeutet die zusätzliche Erfahrung der Radikalisierung der NS-Herrschaft, dass man die Brutalisierung der sozialen und politischen Verhaltensmuster billigte, die auch radikale Maßnahmen wie die von Himmler propagierte »völkische Generalprävention« einschloss.

Die Einbindung der Justiz in die politischen Verfolgungsmaßnahmen der Nationalsozialisten war nicht das einseitige Ergebnis politischer Eingriffe und Kontrollen durch die NS-Machthaber und auch nicht personalpolitischer Eingriffe der Justizverwaltung. Die immer effektivere Teilnahme der Justiz vollzog sich auch selbstständig und ohne besonderen Zwang. Sie erfolgte zudem schrittweise und kam meist erst nach Beendigung der »NS-Revolution«, also ab dem Sommer 1933, zum Tragen. Die Justiz ließ sich danach mehr oder weniger freiwillig vor den Karren einer auf ideologische Feindbilder fixierten Normensetzung des Regimes spannen oder spannte sich selbst davor. Auch übernahm sie die Wahrnehmung und Ahndung normverletzender Handlungen. Dabei entschieden Staatsanwälte und Richter darüber, was als Heimtücke, Hochverrat, Defätismus oder Widerstand im Sinne des Nationalsozialismus zu bewerten und zu verfolgen war, und übernahmen die Sanktionen in eigener Verantwortung. Dies wird im Falle der »Heimtückefälle« besonders deutlich, in denen Bagatelldelikte, die meist in individuellen Unmutsäußerungen politischen oder politisierbaren Zuschnitts bestanden, durch die Verfahren vor Sondergerichten zu generellen Widerstandsakten gegen das Regime aufgewertet und gnadenlos geahndet wurden. Damit weiteten sich die Entrechtung und die Möglichkeiten politscher Repression auch durch den Übereifer der Gerichte und ihr Bemühen um Wahrung ihrer Autonomie in der Rechtsprechung immer weiter aus.

Begleitet und befördert wurde diese Selbstanpassung durch die Gleichschaltung der Berufsverbände und die permanente Indoktrination durch die NSDAP. Der Deutsche Richterbund forderte bereits Mitte März 1933 die politische Säuberung der Justiz und der Anwaltschaft von »Angehörigen fremder Rassen« und »eingeschriebenen Mitgliedern marxistischer Parteien«, also der SPD und der KPD, die sich allerdings ohnehin kaum unter den Angehörigen des höheren Justizdienstes fanden. Es ist kennzeichnend für die nun dominierende politische Praxis, dass der Richterbund eine entsprechende Entschließung, mit der er seine Zustimmung zu den Ausgrenzungs- und Verfolgungspraktiken bekundete, dann noch mit einem lauten Vertrauensbeweis gegenüber der neuen Regierung beendete. Die Tatsache, dass diese Postulate sehr bald von der NS-Regierung umgesetzt wurden, verstärkte den Eindruck des Aufbruchs und der Bereitschaft zur politischen Säuberung sowie die Wahrnehmung einer nationalen Aufbruchsstimmung. Mit dem »Gesetz zur Wiederherstellung des Berufsbeamtentums« und dem »Gesetz über die Zulassung zur Rechtsanwaltschaft« vom 7. April 1933 wurden in Preußen etwa 740 jüdische Justizjuristen, 1760 jüdische Anwälte und 850 jüdische Notare entlassen bzw. durften ihren Beruf nicht mehr ausüben. Gleichzeitig forderte der Preußische Richterverein, dem die Mehrzahl der deutschen Richter angehörte, seine Mitglieder zum Beitritt zum »Bund Nationalsozialistischer Deutscher Juristen« auf.

Die Verbindung von nationaler Aufbruchsstimmung und dem Aufbau einer Drohkulisse, die sich zunächst noch gegen Feindbilder richtete, die auch für bürgerliche Juristen eine vermeintliche Bedrohung darstellten, besaß das Potenzial zur weiteren Radikalisierung. Massenveranstaltungen aus Anlass der »Deutschen Juristentage« verstärkten durch Gemeinschaftsrituale wie öffentliche Appelle und Treuebekenntnisse in Form eines Eids auf den Führer dieses Gefühl der Geschlossenheit und des Druckes. Die Partei konnte im Bereich des Rechtssystems unter der diktatorischen Führung von Hans Frank, der sich durch seine Ämterkumulation als Reichsleiter des Reichsrechtamtes, »Reichsführer des Nationalsozialistischen Rechtswahrerbundes« (NSRB), Präsident der »Akademie für Deutsches Recht« und Reichsminister ohne Geschäftsbereich als allmächtiger »Reichsrechtsführer« präsentierte, stärker auf die Indoktrination einwirken. Dies war aber angesichts der Bereitschaft zur inneren Selbstgleichschaltung und Ideologisierung nicht unbedingt erforderlich, sondern reichte allenfalls als Drohkulisse aus. Hinzu kam eine gezielte Verbesserung der Berufs- und Karrierechancen: Durch die Entlassung von rund 15 Prozent der Richter und Staatsanwälte wurden Stellen frei, die sehr rasch nachbesetzt werden mussten; außerdem wurde die Zahl der Planstellen erhöht. Die Berufszufriedenheit einschließlich einer Verbesserung der wirtschaftlichen Lage nahm deutlich zu, sowohl unter Justizjuristen als auch unter Anwälten. Die Richter konnten sich der Illusion hingeben, sie hätten ihren Traum von einem »Richterkönig« erreicht.

Doch das hatte seinen Preis. Nicht nur durch neue Leitsätze für die Rechtspraxis, mit deren Anwendung sich die NS-Ideologie besser umsetzen lassen konnte, sondern auch durch die enge Kooperation der Justiz mit der Gestapo, die es ermöglichte, vermeintliche und tatsächliche politische Gegner langfristig auszuschließen. Im zweiten Fall förderten die Justizbehörden durch außernormative Maßnahmen der Politischen Polizei, vor allem durch die Verhängung einer Schutzhaft, selbst die Entwicklung zur schrankenlosen Macht der SS- und Polizeibehörden. Dazu gehörten zahlreiche Vorleistungen der Justiz sowie die Nutzung von Aussagen, die offenkundig unter Folter erzwungen wurden; ferner die Verhaftung von Angeklagten, deren Strafbemessung der SS und den Polizeibehörden zu niedrig erschien, im Gerichtssaal. Gedeckt wurde das durch die erwähnte Veränderung der Rechtsanwendung und vor allem durch die Handhabung von Generalklauseln, deren Tenor kein geringerer als der bedeutende Berliner Rechtswissenschaftler Carl Schmitt bereits 1933 propagiert hatte: »Die Bindung an Recht und Gesetz ist Bindung an das Recht und das Gesetz eines bestimmten Staatswesens [...]. Für die Anwendung und Handhabung der Generalklauseln durch den Richter, Anwalt, Rechtspfleger oder Rechtslehrer sind die Grundsätze des Nationalsozialismus unmittelbar und ausschließlich maßgebend.«[1] Schmitt legte ein paar Wochen später nach, als er klarstellte: »Wir bestimmen also nicht den Nationalsozialismus von einem ihm vorgehenden Begriff des Rechtsstaates, sondern umgekehrt den Rechtsstaat vom Nationalsozialismus her. Jede Auslegung muß eine Auslegung im nationalsozialistischen Sinne sein.«[2] Zu diesen Generalklauseln gehörten der Vorrang der Volksgemeinschaft vor dem Individualrecht und auch rassenideologische Prinzipien.

Das zeigte sich an Beispielen einer ideologisch geprägten Rechtspflege im Falle von sogenannten Rassenmischehen. Obwohl erst das »Blutschutzgesetz« vom 15. September 1935 die Eheschließung zwischen Juden und »Ariern« untersagte, weigerten sich Standesbeamte bereits ab 1933, solche Ehen zu schließen. Das Reichsinnenministerium reagierte auf die zahlreichen Fälle dieser Art erstmals im Januar 1935 mit einem Runderlass, der zur Einhaltung der derzeitigen Grenzen der »Ariergesetzgebung« aufforderte. Dennoch nahmen die Fälle zu, in denen sich Standesbeamte weigerten, »Mischehen« zu schließen. Minister Wilhelm Frick untergrub nun höchstpersönlich diese Norm, indem er den betreffenden Standesbeamten recht gab und feststellte, dass diese Ehen gegen die »wichtigsten Gesetze des Staates, die in der Reinerhaltung und Pflege des

Wilhelm Frick, von 1933 bis 1943 Reichsminister des Innern, in seiner Zelle. Er wurde im Nürnberger Prozess gegen die Hauptkriegsverbrecher im Oktober 1946 zum Tode verurteilt und hingerichtet.

deutschblütigen Volkes bestehen«, verstießen. Schmitt lobte solche Urteile als »Vorbild echter schöpferischer Rechtspraxis, an das sich nationalsozialistische Rechtswahrer in ähnlichen Situationen halten sollten.«[3]

Ähnliche Fälle auch aus dem Familienrecht zeigen, dass es oft gar keiner spezifisch nationalsozialistischen Gesetzgebung oder gar einer neuen Rechtordnung bedurfte, sondern dass es durch die »unbegrenzte Auslegung« (Rüthers) im Sinne solcher Generalklauseln jederzeit möglich war, gegen bestehende Normen durch Justiz und Polizei zu verstoßen und den Handlungsspielraum für Unrechtsmaßnahmen bzw. eine zunehmende Rechtlosigkeit permanent zu erweitern. Hohe Justizbeamte, etwa vom Reichsgericht, priesen solche Maßnahmen als »Befreiung des Reichsgerichts von der Fessel veralteter Entscheidungen«. »Die Größe dieser Aufgabe kann man sich gar nicht gigantisch genug vorstellen«, schrieb Reichsgerichtsrat Hermann Günther 1935.[4] Er konnte sich dabei der Zustimmung prominenter Vertreter der Rechtspflege und der Universitäten sicher sein, und es blieb nicht aus, dass solche und ähnliche Grundsätze sehr bald Eingang in die Juristenausbildung fanden.

Mit der bedingungslosen Kapitulation am 8. Mai 1945, die auch eine Befreiung vom Nationalsozialismus darstellte, war nach einem Diktum der Göttinger Rechtswissenschaftlerin Eva Schumann »zwar der Teufel verschwunden« oder vertrieben, aber die »Mentalitäten derer, die sich ihm verschrieben« hatten, blieben für lange Zeit teilweise erhalten.[5] Das zeigte das Beispiel des Widerstandes, den die britischen Besatzungsbehörden 1948 seitens westdeutscher Gerichtspräsidenten erfahren mussten. Sie wollten einen aus dem britischen Exil zurückgekehrten Richter, den früheren Vorsitzenden der Berliner Rechtsanwaltskammer Dr. Ernst Wolff, der 1938 aufgrund der nationalsozialistischen Rassegesetze seine Amtszulassung verloren hatte und daraufhin emigrieren musste, in die neu geschaffene Institution eines »Obersten Gerichtshofes« für die gesamte britische Zone einsetzen. Gegen diesen unerwünschten Kollegen wurden daraufhin deutliche Bedenken formuliert, da er sich nach Meinung einiger Gerichtspräsidenten erst einmal dafür verantworten müsse, dass er sich durch seine Emigration zwölf Jahre der »Verantwortung« und des Schicksals des Landes entzogen habe, das in dieser Zeit die Mehrheit der Deutschen hätte erleiden müssen.

Es war nicht das einzige Mal, dass das Opfermotiv eine zentrale Rolle bei der Selbstentlastung der »Verstrickten« spielte. In seiner Antrittsrede im Jahre 1948 entschuldigte sich der hochqualifizierte Jurist Wolff schließlich für seinen »langjährigen Aufenthalt im Ausland«. So wurde er zunächst nur als Vizepräsident eingestellt und kommissarisch mit der Wahrnehmung der Geschäfte betraut.[6] Eine solche Einstellung innerhalb der Justiz, die sicherlich kein Einzelfall war, musste auch deren Entnazifizierung schwer belasten und damit auch die Politik einer schrittweisen Distanzierung von der Tätigkeit und Mitwirkung in dem nationalsozialistischen Unrechtssystem für viele Jahre, ja Jahrzehnte erschweren. Das war angesichts der großen personellen Kontinuitäten, die man nicht ohne erhebliche systemische Störungen hätte aufbrechen können, angesichts des mentalen Erbes, die viele der in der NS-Zeit tätigen Juristen mit sich brachten, nicht verwunderlich. Denn viele konnten sich nur mühsam und in langen Lernprozessen von ihren praktischen und mentalen Verstrickungen trennen.

Für die Wiedererrichtung eines administrativen und rechtlichen Ordnungssystems, das angesichts der massenhaften Zerstörungen und millionenfachen Bevölkerungsverschiebungen dringend erforderlich war und eine hohe fachliche Kompetenz der öffentlichen Verwaltungen erforderte, waren schnelle institutionelle und teilweise auch personelle Maßnahmen notwendig. So wollte man den Anforderungen begegnen, die eine von Katastrophen- und Krisenerfahrungen geplagte Bevölkerung an eine funktionierende Verwaltung und Polizei stellte, und die zur Legitimation der neuen politisch-administrativen Ordnung in den Westzonen bzw. der jungen Bundesrepublik unumgänglich waren. Hinzu kam, dass man für die institutionellen Maßnahmen des Neuaufbaus, die zur Schaffung eines sozialen Rechtsstaates führen sollten, auf die Kompetenzen der einstigen juristischen Staatsdiener und Justizjuristen in ihrer Mehrheit meinte nicht verzichten zu können. Auch hoffte man, sie auf diese Weise besser in die neue Ordnung integrieren zu können.

Dass man auch im Bundesjustizministerium, das unter der Führung des politisch unbelasteten Ministers Thomas Dehler (FDP) und des ebenso unbelasteten Staatssekretärs Walter Strauß (CDU) aufgebaut wurde, dabei auf die »gezielte« Anwerbung von Remigranten oder weiteren unbelasteten Verwaltungsbeamten des höheren Dienstes verzichtete,[7] lässt sich nur mit Vermutungen über die wirkungsmächtige Rolle des politischen Klimas der Nachkriegszeit und des Einflusses politisch-sozialer Netzwerke erklären. Was beim institutionellen Wiederaufbau des Rechtsstaats vorrangig zählte, waren vor allem »fachliche Kompetenz und ministerielle Erfahrung«, die oft auch durch die Empfehlungen anderer, als vertrauenswürdig geltender Personen gerne bestätigt und bekräftigt wurden. Auch wenn dabei viele NS-Belastete durchrutschten und als unentbehrlich gerechtfertigt wurden, so war deren innere Einstellung für die notwendige Distanzierung von den mentalen und ideologischen Erbschaften des Nationalsozialismus noch unzureichend.

Die Verwandlung der Zeitgenossen und Mitträger bzw. Mitverantwortlichen der populären und zugleich zerstörerischen Diktatur in Staatsbürger eines demokratischen Rechtsstaates war darum eine schwierige und langwierige Aufgabe, die von den belasteten Akteuren und Mitwissern der Verbrechen die Bereitschaft hätte voraussetzen müssen, Verantwortung für ihre einstige Tätigkeit zu übernehmen oder sich davon vollkommen zu lösen. Umgekehrt erforderte diese Transformation auch von der Politik eine überzeugende und kompromissbereite Strategie.

Es ist vielfach bezeugt und gehört zu der politisch-moralischen Hypothek der frühen Bundesrepublik, dass dieser anspruchsvolle Prozess der Entnazifizierung, vor allem in seinen inneren, mentalen und moralischen Aspekten als weitgehend gescheitert gelten muss. Denn Entnazifizierung bedeutete die Distanzierung von dem persönlichen und beruflichen Einsatz in dem ideologischen und politisch-administrativen Herrschaftssystem des Nationalsozialismus. In ihrer Mehrheit verstanden die politischen Parteien und die Regierung der frühen Bundesrepublik die Art und Weise, wie der Entnazifizierungs- und der damit verbundene Integrationsprozess sich vollzog, als mehr oder weniger alternativlos. Was dabei zählte, war allein eine ministerielle Erfahrung. Anfängliche reformerische Ansätze der britischen und amerikanischen Besatzungsbehörden blieben chancenlos.

Eine Alternative wäre der Weg des Systembruchs gewesen, wie das die sowjetische Besatzungsmacht und die SED in der SBZ durchgeführt hatten. Es gehörte jedoch zum Grundkonsens der Bundesrepublik, dass man diesen Weg des »Ostens« ablehnte. Zudem diente in der SBZ das Projekt der Entnazifizierung dazu, eine Revolution der Gesellschaft und der politischen Herrschaft von oben zu betreiben. Auch das ging aber nicht ohne die Integration der vielen »kleinen Nazis«, die in der SBZ/DDR geblieben waren. Der verordnete Antifaschismus hatte den Vorteil, dass sie auf diese Weise »überleben« konnten und sich bereitwillig reintegrieren ließen. Dafür fühlten sie sich dem SED-Regime gegenüber zu dauerhafter Loyalität verpflichtet.

Angesichts der Fülle der zu lösenden Aufgaben beim Wiederaufbau einer funktionsfähigen politisch-administrativen Ordnung konnten auch, trotz des in der Durchführung ohnehin problematischen Entnazifizierungsverfahrens, viele »Belastete« durchrutschen, wobei ihnen auch soziale und politische Netzwerke behilflich waren. Aufsehenerregende Fälle und Beispiele für eine nur schwer zu rechtfertigende Wiederverwendung und Kontinuität der Verwaltungseliten zwischen dem NS-Regime und der frühen Bundesrepublik gab es in der jungen Bundesrepublik immer wieder. Der prominenteste Fall, dessen Wirken während der NS-Zeit im Nachkriegsdeutschland immer wieder zu politischen Kontroversen führte, war Dr. Hans Globke, der ab 1950 zu einem der wichtigsten Entscheider bei der Personalrekrutierung der neuen Bundesregierung wurde. Daran änderte auch die Tatsache nichts, dass sein Weg und Wirken im »Dritten Reich« zu einem Symbol und Objekt der Kritik an der Vergangenheitspolitik der Bundesregierung wurde, auch wenn einige der Anschuldigungen zwischenzeitlich widerlegt wurden.

Das ehemalige Zentrumsmitglied Dr. Hans Globke war ab 1929 Regierungsrat im preußischen Innenministerium und dort neben anderen Aufgaben für die Regelung von Namensänderungen zuständig. Unter seiner Mitwirkung erfuhr eine schon ältere »Verordnung über die Zuständigkeit zur Änderung von Familiennamen und Vornamen« vom 21. November 1932 am 5. Januar 1938, mithin in einer Phase der Radikalisierung der Verfolgungspolitik des Regimes, eine deutliche Verschärfung. Mit dem erklärten Ziel, das Verschleiern einer »blutmäßige(n) Abstam-

Bundeskanzler Konrad Adenauer (r.) mit seinem engsten Vertrauten, dem Staatssekretär Hans Globke. Palais Schaumburg, 1955

mung« zu verhindern, erhielt der entsprechende Runderlass eine deutliche antisemitische Ausrichtung. Damit gehörte Globke, so der Historiker Manfred Görtemaker und der Strafrechtler Christoph Safferling[8] »zu den »Wegbereitern der späteren Rassegesetzgebung«. Seine Erfahrungen im Bereich der Namensänderungen und Personenstandfragen führten ihn nach der nationalsozialistischen Machtübernahme und der Vereinigung des Preußischen mit dem Reichsinnenministerium 1934 zur Zuständigkeit für »Allgemeine Rassenfragen« und zur Mitwirkung bei der Vorbereitung der »Ersten Verordnung zum Reichsbürgergesetz« vom November 1935, ferner an dem »Gesetz zum Schutz der Erbgesundheit des deutschen Volkes« vom Oktober 1936 sowie dem Personenstandsgesetz vom November 1937. 1936 gab er mit seinem Vorgesetzten, Staatssekretär Wilhelm Stuckart, den ersten Kommentar zu den Nürnberger Gesetzen und den entsprechenden Ausführungsverordnungen heraus, wobei sich Stuckarts Mitwirkung aus Krankheitsgründen auf die Einleitung beschränkte. Dass Globke damit und mit seiner Verantwortung für die Personenstandserfassung jüdischer Bürger die verwaltungsmäßigen Voraussetzungen für die Judenverfolgung geschaffen hatte, war ihm offenbar bewusst. Als Zeuge der Anklage im sogenannten Wilhelmstraßen-Prozess von 1948/49 sagte er gegen seinen ehemaligen Vorgesetzten und Co-Autor Stuckart aus, dieser habe »zu jener Zeit« gewusst, dass die »Ausrottung der Juden systematisch betrieben wurde«.[9]

Zu seiner eigenen Entlastung hatte Globke in seinem Entnazifizierungsverfahren 1947 darauf hingewiesen, dass sein Kommentar bewusst Lücken und Interpretationsmöglichkeiten zugunsten Betroffener geboten hätte und dass dieser seit 1942 nicht mehr in Gebrauch gewesen sei, weil er den nationalsozialistischen Machthabern nicht scharf genug war. Auch konnte er nachweisen, dass er sich in Einzelfällen mehrfach für Verfolgte und Entrechtete einsetzen und ihren Anwälten mit seinem Fachwissen behilflich sein konnte. Dass Globke auch Kontakte zu militärischen und zivilen Kreisen des Widerstandes unterhielt und diese Verbindungen sowie Informationen etwa über die geplante Zwangsscheidung christlich-jüdischer Mischehen an das Bischöfliche Ordinariat in Berlin weitergegeben hatte, verlieh seiner Argumentation, er sei im Amt geblieben, um Schlimmeres zu verhindern, eine größere Glaubwürdigkeit, zumal sich einige der Vorgänge auch aktenmäßig belegen ließen. Dies und die Tatsache, dass er kein NSDAP-Mitglied war – sein Aufnahmeantrag war 1940 von der Parteikanzlei abgelehnt worden – entlastete ihn bei seinem Entnazifizierungsverfahren, sodass er in die Kategorie V (»Unbelastet«) eingestuft wurde. Seine Methode der »Selbstentlastung« oder »Selbstentnazifizierung« durch den Einsatz von Entlastungszeugen bzw. -zeugnissen oder auch durch teilweises Beschweigen belastender Tatbestände war in der unmittelbaren Nachkriegszeit nicht ungewöhnlich und öffnete ihm wie vielen anderen nach Abschluss seines Entnazifizierungsverfahrens im Jahr 1948 den Weg zurück in den Staatsdienst: zunächst als Vizepräsident des Landesrechnungshofs Nordrhein-Westfalen und schließlich im September 1949 auf Empfehlung des nordrhein-westfälischen Finanzministers als Ministerialdirigent im Bundeskanzleramt.

Schon bald gehörte er zu den einflussreichsten Ministerialbeamten der neuen Bundesregierung und galt dort innerhalb kurzer Zeit als »Graue Eminenz«. Alle wichtigen Personalentscheidungen in Bonn liefen über seinen Schreibtisch oder über die von ihm dominierten informellen Staatssekretärsrunden. 1953 ernannte Konrad Adenauer ihn zum Staatssekretär und Leiter des Kanzleramtes, was seine Einflussmöglichkeiten noch verstärkte und den SPIEGEL 1966 im Rückblick veranlasste, von einem »System Globke« zu sprechen.

Was Globke für das Bundeskanzleramt und seinen Chef unentbehrlich machte, waren seine fachliche Kompetenz und absolute Diskretion sowie sein Pflichtbewusstsein. Der geheimnisvolle Staatssekretär mit der großen Verwaltungs- und Personalkenntnis wirkte eher im Verborgenen, aber dafür umso wirkungsvoller. Seinen Einfluss machte er oft im »persönlichen Gespräch« geltend, auch mit Adenauer, mit dem er sich nach den Erinnerungen des Kanzlers oft am frühen Nachmittag zum Spaziergang durch den Park des Palais Schaumburg traf, »um mit ihm jeweils zur Entscheidung anstehende Fragen zu beraten«.[10] Adenauer wusste von der Rolle Globkes in der nationalsozialistischen Rassenpolitik. Dieser hatte ihm anfangs selbst davon abgeraten, ihn auf eine Spitzenposition im Kanzleramt zu berufen, da dies »inopportun« sei. Adenauer begründete seine Entscheidung, zunächst von Globkes Ernennung zum Staatssekretär Abstand zu nehmen, »weil wir bei der Ernennung von Staatssekretären sorgsam darauf achten müssen, dass wir nicht irgendwelchen Angriffen dadurch Material geben«.[11]

Bald wussten nicht nur Insider von Globkes Vorgeschichte, sondern auch die kritische Öffentlichkeit. Immer wieder zirkulierte in den Medien ein Foto des umstrittenen Staatssekretärs im Gespräch mit seinem Kanzler, gleichsam ein Symbol für die NS-Belastung der frühen Bundesrepublik und ein prominentes

Beispiel für die Kontinuität von Verwaltungseliten zwischen dem NS-Regime und der frühen Bundesrepublik. Da half es auch nicht, dass Adenauer und andere Regierungsvertreter immer wieder darauf hinwiesen, dass Globke kein NSDAP-Mitglied war (der gescheiterte Aufnahmeantrag wurde freilich verschwiegen). Wichtiges Argument für seine politische Entlastung war vor allem die Tatsache, dass er als Ministerialrat im Reichsinnenministerium vielen Verfolgten des NS-Regimes durch seine Mitwirkung bei der Auswandererhilfe die Möglichkeit zur Flucht aus Deutschland eröffnet hatte. Kritiker hielten dagegen, dass Globke als Ministerialrat für mehrere Maßnahmen zur Ausgrenzung und Verfolgung von Juden (mit-)verantwortlich gewesen war, angefangen bei der Zuständigkeit für Namensänderungen und Personenstandsfragen bis hin zur entscheidenden Mitwirkung an den »Blutschutzgesetzen« der Nürnberger Gesetze und entsprechenden Ausführungsbestimmungen 1935/36. Belastend hinzu kam seine indirekte Mitwirkung an Deportationen von Juden in den besetzten ostfranzösischen Gebieten während des Krieges. Für seine Mitwirkung an dem sogenannten Judenkodex, der späteren Rechtsgrundlage für die Deportation slowakischer Juden, was Globke nach 1945 bestritt, gibt es nach neueren Forschungen in der Tat keine eindeutigen Belege.[12]

An seiner Ernennung zum ranghohen Beamten im Bundeskanzleramt gab es von Anfang an Kritik im Bundestag, die Adenauer wahrheitswidrig mit der Behauptung abblitzen ließ, die Sache Globke sei »von den Besatzungsbehörden auf das Minutiöseste durchgeprüft« worden. Mit dieser Schutzbehauptung sicherte Adenauer sich, wie in anderen Fällen auch, die dauerhafte Loyalität Globkes, dessen Integration in höchste Führungskreise auch ein Signal für andere kompromittierte Funktionseliten war, dass so etwas in der jungen Republik möglich sei. Dass Hans Globke nicht nur gefördert und geschützt wurde, sondern in seiner Spitzenfunktion im Kanzleramt auch Ermittlungsverfahren gegen NS-Belastete behinderte, dafür gibt es mittlerweile mehrere Belege.

Zusammengenommen ergibt sich ein Bild der Widersprüchlichkeit und Ambivalenz im Verhalten des Staatssekretärs, der wie kein anderer zum Sinnbild für die Belastung ranghoher Beamter durch ihr Wirken in der NS-Zeit wurde. Dass die Vorwürfe gegen ihn nach seinem Ausscheiden aus dem Amt, zeitgleich mit dem Rückzug Adenauers im Oktober 1963, bald verstummten, zeigt, dass die Angriffe vor allem dem politischen System galten und weniger der Person Globkes.

Die frühe und ungehinderte Rückkehr Globkes in den Staatsdienst und seine zweite Karriere als einflussreicher Staatssekretär wurde auch durch die Vergangenheitspolitik der Behörden der jungen Bundesländer ermöglicht, die bereits vor der Gründung der Bundesrepublik angesichts der Notwendigkeit eines raschen Wiederaufbaus öffentlicher Ordnungssysteme viele Karrierewege eröffnet und gesichert hatten; andererseits aber auch durch das politische Klima, das bis in die 1960er-Jahre hinein in der Bundesrepublik herrschte. Das galt in besonderer Weise für den Justizbereich, der für das Funktionieren von Verwaltungen und Gerichten in einer Trümmergesellschaft mit einem großen Ordnungs- und Sicherheitsbedürfnis unverzichtbar war und denjenigen viele Chancen eröffnete, die Verwaltung »konnten« und sich von früher kannten, auch wenn die wenigsten von ihnen mit reinem Gewissen von sich behaupten konnten, sich dem Zustimmungs- und Unrechtssystem nach 1933 nicht irgendwie angepasst zu haben.

Besonders ausgeprägt waren die widersprüchlichen Übergangsformen vom Krieg in die Nachkriegszeit, von den Auflösungserscheinungen des »Dritten Reiches« bis zum Wiederaufbau und der Reintegration vieler Juristen in die öffentliche Verwaltung in den westlichen Regionen des inzwischen besetzten ehemaligen preußischen Staatsgebiets. Während im Landgerichtsbezirk Aachen nach dem Vormarsch alliierter Truppen bereits im Oktober 1944 die Gerichte geschlossen worden waren, sahen sich die Gerichte im Rheinland und in Westfalen noch fast ein halbes Jahr später verpflichtet, das Unrechtssystem durch immer radikalere Verfahren aufrechtzuerhalten, um die »innere Front« zu sichern. So forderte der Hammer Generalstaatsanwalt Günther Joel noch am 6. Februar 1945 die Gerichte auf, nicht nur schärfste Strafen anzudrohen, sondern diese auch zu verhängen. Nur dadurch könne die innere Ordnung im Land gesichert und die Front unterstützt werden. Wer das nicht einsehe, der müsse ausgemerzt werden.[13] Kurz vor dem Einmarsch amerikanischer Truppen in das Ruhrgebiet führten die Justizverwaltungen noch letzte Anordnungen des Reichsjustizministeriums durch und vernichteten, wie in anderen Behörden auch, wichtige, wenn auch längst nicht alle Akten. Dazu gehörten Unterlagen von politischen Hochverratsprozessen, von Sondergerichten und »Rassenschandeprozessen«; ferner der Schriftverkehr mit Sicherheitspolizei und NSDAP.[14] Kriegs- und Nachkriegszeit waren eng miteinander verflochten. Während in der Rheinprovinz der Krieg schon zu Ende war, brannten in Dortmund und anderswo noch die Öfen, um in hektischer Eile möglichst viele Spuren der Verantwortung der Gerichtsangehörigen zu vernichten.

Auch beim Justizpersonal gingen Auflösung und Reintegration Hand in Hand. Mehr als die Hälfte der Richter und Staatsanwälte im späteren Nordrhein-Westfalen waren zur Wehrmacht eingezogen oder zur Verwaltung in die Ostgebiete beordert. Ende Februar 1945 mehrten sich die Krankmeldungen und die Versuche, sich aus den zerstörten Städten und Gerichtsorten aufs Land zu retten. Während in Bielefeld noch Mitte März das dortige Sondergericht sein letztes Verfahren durchführte, wurde weiter westlich nur kurze Zeit später, am 31. März 1945, das Amts- und Landgericht Aachen wiedereröffnet; auch das Kölner Amtsgericht nahm am 16. Mai seine Tätigkeit wieder auf. Die Justizjuristen gewannen inmitten von Chaos und

Zerstörung den hoffnungsvollen Eindruck, dass sie wieder gebraucht würden.

Zwar hatten die Alliierten sich bereits im Herbst 1944 darauf festgelegt, dass ein völliger Austausch des Verwaltungspersonals notwendig wäre, um in Deutschland eine friedliche und demokratische Ordnung aufzubauen, doch bald mussten beispielsweise die Briten in ihrem Besatzungsgebiet feststellen, dass sich das angesichts der massenhaften NS-Parteimitgliedschaften und der Verantwortung der Justizjuristen für das nationalsozialistische Unrechtsregime als riesige Aufgabe darstellte. Sie wurde, wie schon erwähnt, durch die Notwendigkeit zurückgedrängt, rasch für die Wiederherstellung einer öffentlichen Ordnung zu sorgen.

Dass ein personeller Umbruch notwendig war, verdeutlichte auch das Ausmaß der Parteimitgliedschaften der Hammer Justizjuristen und der drakonischen Strafen und Rechtsbeugungen, derer sich allein das Personal des OLG Hamm schuldig gemacht hatte. Die Richter des OLG hatten, unabhängig davon, ob sie Parteimitglieder waren oder nicht, in den Jahren 1933 bis 1945 erstinstanzlich etwa 15.000 Menschen wegen der »Vorbereitung zum Hochverrat« oder ab 1943 wegen »Wehrkraftzersetzung« mit schweren Zuchthausstrafen belegt. Die Sondergerichte in Bielefeld, Dortmund, Essen und Hagen, die alle der Kontrolle des OLG Hamm unterstanden, verurteilten rund 12.000 Menschen in sogenannten »Heimtückeverfahren« oder als »Volksschädlinge« und »Kriegswirtschaftsverbrecher« zu langen Gefängnis- oder Zuchthausstrafen. In beinahe 400 Fällen wurden für diese »Straftaten« sogar Todesurteile verhängt, die in ihrer Mehrheit auch vollstreckt wurden. Die Erbgesundheitsgerichte in den Landgerichtsbezirken des OLG verhängten in rund 30.000 Fällen die Unfruchtbarmachung von Personen, die in der NS-Ideologie als »minderwertig« galten.[15]

In allen vier Phasen der von den Alliierten zunächst vorgegebenen und dann von deutschen Behörden weitergeführten Entnazifizierungspolitik zwischen dem Frühsommer 1945 und Februar 1952[16] bestand eine ständig wachsende Diskrepanz zwischen den Aufgaben und Zielen sowie der Praxis alliierter Besatzungspolitik, was immer wieder die Anpassung an die realen Verhältnisse und Erfordernisse verlangte. Die britische Besatzungsverwaltung hatte sich schon im Herbst 1945 darauf verständigt, dass zur Aufrechterhaltung der öffentlichen Ordnung auch ehemalige NS-Parteimitglieder wieder eingestellt werden müssten, sofern die Zahl von mittlerweile entlasteten Parteigenossen in den Justizbehörden nicht eine Quote von 50 Prozent überschritt. Das Huckepackverfahren, das auf diese Weise entstand, nach dem in der britischen Besatzungszone ein Nichtbelasteter einen NS-Belasteten »mitbringen« durfte, reichte ein Jahr später schon nicht mehr aus, um die erforderlichen Stellen in den Gerichten und Staatsanwaltschaften zu besetzen. Im Januar 1946 waren in den Landgerichten des Oberlandesgerichtsbezirks Hamm bereits 174 (54,4 Prozent) ehemalige Parteimitglieder wiedereingestellt, gegenüber 146 (45,6 Prozent) formell unbelasteter Richter. Der Bedarf an zusätzlich einzustellenden Richtern stieg immer weiter an und konnte bald nach dem bisherigen Schlüssel nicht mehr gedeckt werden. Besonders in den Städten, in denen bis zum März 1945 Sondergerichte ihre Willkürjustiz ausgeübt hatten, fand man keine unbelasteten Richter mehr, die den gewünschten Neuanfang glaubhaft hätten personifizieren können.

Dadurch entstand zusätzlich ein deutliches Missverhältnis. Im Landgerichtsbezirk Dortmund, wo es ein Sondergericht gegeben hatte, waren die belasteten Richter 1946 mit 44 Prozent rein quantitativ gesehen noch in der Minderheit. Ganz anders in Paderborn, wo der Anteil der ehemaligen NS-Richter bei 83 Prozent lag. Bereits im Sommer 1946 fand man im OLG-Bezirk Hamm keine Richter und Staatsanwälte mehr, die nicht der NSDAP angehört hatten. Das Huckepackverfahren stieß damit an seine praktischen Grenzen. Bereits im Oktober 1946 wurde die Kontrollratsdirektive 24, die eine strenge Auswahl vorgesehen hatte, nun von der Einstellungspraxis überholt und durch eine neue Richtlinie nach dem Vorbild der amerikanischen Besatzungszone abgemildert.

Die Konsequenz war, dass trotz der Entnazifizierungsbemühungen in den nordrhein-westfälischen Landgerichtsbezirken im November 1947 der Anteil der ehemaligen Parteigenossen in der Richterschaft fast genauso hoch war wie vor dem Mai 1945. Bereits zum Zeitpunkt der Gründung der Bundesrepublik war der Prozess der Entnazifizierung im höheren Justizdienst weitgehend abgeschlossen. Die Bilanz war bei einer neuerlichen Überprüfung, die auch die Folgen des Artikels 131 des Grundgesetzes vom Mai 1951 ermittelte, äußerst ernüchternd. Der Anteil ehemaliger NSDAP-Mitglieder bei den Gerichten und Staatsanwaltschaften in Nordrhein-Westfalen lag bei über 80 Prozent, bei einigen Behörden fiel das Ergebnis noch krasser aus. Im OLG Hamm gab es unter den Staatsanwälten, mit Ausnahme des Generalstaatsanwalts, keinen, der nicht zuvor NSDAP-Mitglied gewesen war. Auch für die kommenden Jahre war keine Änderung dieser Personalverhältnisse zu erwarten, da unter den jüngeren, nach 1900 geborenen Justizjuristen, die nun nachrückten, der Anteil ehemaliger Parteigenossen noch höher war. Erst in den 1960er-Jahren reduzierte sich ihr Anteil. Für das Jahr 1975 lässt sich feststellen, dass nun kein ehemaliger höherer Justizbeamter, der in der NS-Zeit im Amt war, noch im Justizdienst war. Der Generationswechsel hatte nun auch die personalpolitischen Folgeerscheinungen der Vergangenheitspolitik der unmittelbaren Nachkriegszeit behoben.

Jenseits sozial-statistischer Erhebungen bleiben Fragen nach möglichen sozial-kulturellen Belastungen und Auswirkungen der genannten personellen Kontinuitäten für das Binnenklima der Behörden wie für die politische Kultur der Bundesrepublik. Sie lassen sich, will man sie empirisch belegen, nur sehr viel schwieriger beantworten und nur an Einzelfällen erläutern.

Philipp Auerbach (l.) mit seinen Anwälten vor dem Landgericht München

Kaum ein Gerichtsverfahren hat in der unmittelbaren Nachkriegszeit so viel Aufsehen und auch Empörung ausgelöst wie 1952 der Fall Auerbach.[17] Der bis dahin längste Strafprozess war ein deutlicher Beleg für das Fortwirken antisemitischer Vorurteile und für die verhängnisvolle Rolle von einstigen NS-Justizjuristen. Der Überlebende des Holocaust und damals einer der prominentesten Vertreter der Juden in Deutschland, der 45-jährige Philipp Auerbach, war, nachdem er einen der Todesmärsche bei der Räumung des Konzentrations- und Vernichtungslagers Auschwitz überlebt hatte und nach Buchenwald getrieben worden war, nach seiner Befreiung aus dem dortigen KZ von 1945 bis 1946 als Oberregierungsrat im Regierungspräsidium in Düsseldorf und nach seiner dortigen Entlassung in München als bayerischer Staatskommissar für die »Fürsorge für politisch, religiös und rassisch Verfolgte« zuständig. Zugleich war er Mitglied des Präsidiums des Zentralrats der Juden in Deutschland und engagiertes Gründungsmitglied der »Vereinigung der Verfolgten des Naziregimes« (VVN). In dieser Mehrfachfunktion setzte er sich mit leidenschaftlichem Engagement für viele Zehntausende von Hilfsbedürftigen ein.

Seine Vorstellungen von Wiedergutmachung gingen weit über geltende Gesetze und bürokratische Regelungen hinaus und brachten ihn immer wieder dazu, seine Kompetenzen zu überschreiten. Neben den Aufgaben der Entschädigung, der Nothilfe und der Versorgung der Nazi-Opfer setzte sich Auerbach überdies für die Verfolgung und Bestrafung der Täter ein, die er oft eigenmächtig aufzuspüren versuchte. Das machte den Umgang mit ihm nicht immer einfach und ließ auch Freunde von seiner mitunter »aggressiven Hilfsbereitschaft« (Erich Lüth) sprechen. Seine unermüdliche Tätigkeit, die keine festen Bürostunden kannte, brachte ihm bei den Nazi-Opfern viel Dankbarkeit, daneben aber auch unter Juden und Nichtjuden viel Kritik und viele Feinde ein. Denn er teilte mit vielen Opfern eine aus der Verfolgungserfahrung resultierende Unerbittlichkeit, die ihn dazu brachte, sich nicht nur als Helfer, sondern auch als Vorkämpfer gegen antisemitisches Gedankengut einzusetzen – für ihn die eigentliche Wurzel des Holocausts.

Das Fass zum Überlaufen brachten am 7. Januar 1951 lautstarke Proteste zugunsten der in Landsberg inhaftierten Kriegsverbrecher und gleichzeitig gegen die Wiedergutmachung für Juden. Als es dabei mit Unterstützung des Oberbürgermeisters von Landsberg am Lech, Ludwig Thoma, der SA-Hauptsturmführer und ab 1937 NSDAP-Mitglied gewesen war, auch zu »Juden raus!«-Rufen kam, verurteilte Auerbach diese antisemitischen Vorkommnisse in einer Rundfunkansprache scharf. Einige Tage später erfolgten eine Razzia im Amt Auerbachs und seine Verhaftung. Verantwortlich für diese Aktion war der bayerische Justizminister Josef Müller (CSU), unterstützt wurde er von Bundesinnenminister Robert Lehr (CDU). Beiden hatte Auerbach eine NSDAP-Parteimitgliedschaft vorgeworfen, was diese zu erbitterten Feinden des streitbaren Staatskommissars und Generalanwalts des Amtes für Entschädigung machte, dem man zuvor schon vergeblich bürokratische Zügel hatte anlegen lassen wollen.

Im April 1952 wurde das Strafverfahren gegen Auerbach eröffnet. Er wurde angeklagt wegen mehrmaliger Amtsunterschlagung, Erpressung, Untreue, Betrugs, falscher eidesstattlicher Versicherungen, unbefugten Führens eines Doktortitels und Vergehens gegen das Währungsgesetz. Die Richter und der Staatsanwalt hatten eine nationalsozialistische Vergangenheit. Der Vorsitzende Richter war zudem ehemaliger Oberkriegsgerichtsrat, ein Beisitzer ehemaliges SA-Mitglied. Auch der Staatsanwalt und der psychiatrische Gutachter waren ehemalige »Parteigenossen«. Der Prozess nahm insgesamt 62 Verhandlungstage in Anspruch, 130 Zeugen und acht Sachverständige wurden gehört. Die Zeugenaussagen entlasteten Auerbach weitgehend; bis auf den falschen Doktortitel (Auerbach hatte sein Promotionsverfahren allerdings schon 1949 in Erlangen nachgeholt) konnte ihm keine Schuld nachgewiesen werden. Der Hauptanklagepunkt, der »Fall Wildflecken«, in dem er angeblich für 111 zur Auswanderung entschlossene jüdische Displaced Persons (DP), die gar nicht existierten, 250.000 DM von einer Stuttgarter Entschädigungsbehörde zu erhalten versucht hatte, musste niedergeschlagen werden. Der Hauptbelastungszeuge wurde später wegen Meineides verurteilt. Dennoch wurde Auerbach wegen Erpressungsversuchen, Amtsunterschlagung und unbefugter Führung eines akademischen Grades schuldig gesprochen und zu einer Gefängnisstrafe von zweieinhalb Jahren und einer Geldstrafe von 2.700 DM verurteilt.

Bis auf den falschen Doktortitel wies Auerbach alle Vorwürfe zurück und verglich das Verfahren gegen ihn mit der französischen Dreyfus-Affäre. Tatsächlich spiegelte der Prozess die antisemitischen Ressentiments, die nach wie vor virulent waren und auf Auerbach projiziert wurden. Die gegen ihn vorgebrachten Vorwürfe nahm man in der Öffentlichkeit, die zu einem nicht geringen Teil nach wie vor von nationalsozialistischem Gedankengut infiziert war, allzu gerne als Rechtfertigung für die Verfolgung und Ermordung von Juden in der

NS-Zeit. Auerbach fühlte sich darum noch immer als Verfolgter im Land der Täter.

Nach dem harten Urteil, das den gesundheitlich schwer angeschlagenen Auerbach zutiefst traf, nahm dieser sich noch am selben Abend mit einer Überdosis Schlaftabletten das Leben. In einem Abschiedsbrief an seine Familie beteuerte er noch einmal seine Unschuld. Zwei Jahre später rehabilitierte ihn ein Untersuchungsausschuss des Bayerischen Landtags.

Das Schicksal eines Rehabilitierten, der als Akt der Wiedergutmachung wieder in Position als Richter zurückkehren konnte, hat Ursula Krechel mit ihrem preisgekrönten Roman *Landgericht* von 2012 beschrieben. Es handelt sich um die tragische Geschichte des jüdischen Richters Richard Kornitzer, die der Roman auf der Grundlage wahrer Begebenheiten erzählt.[18] Kornitzers Leben war von Verfolgung, Emigration und einem verzweifelten Kampf um Restitution geprägt. Als der Richter 1947 aus dem englischen Exil nach Deutschland zurückkehrte, musste er schrittweise erfahren, dass sich die NS-Zeit mit ihren diskriminierenden und tödlichen Regeln als unheilbarer Riss durch sein ganzes Leben zog. Kornitzer, der hartnäckig um juristische Genugtuung für sein erlittenes Unrecht kämpfte, wurde zwar als »Opfer des Faschismus« anerkannt und als Landgerichtsrat eingesetzt, aber in der »Mitläuferfabrik« der Nachkriegszeit musste der Richter, den es wirklich gegeben hat, immer wieder erleben, wie sehr seine Zukunftshoffnungen vom belasteten mentalen Erbe und den Traumata der Vergangenheit geprägt waren. Krechel verbindet Fiktives und Dokumentarisches miteinander und erzählt vom beruflichen und persönlichen Scheitern eines Juristen, der trotz rechtlicher Rehabilitierung nicht wieder wirklich in seinem alten Beruf ankommt.

Die informelle Macht der Kollegen, die trotz NS-Belastung wieder in ihre alten Positionen zurückgekehrt waren, verstellte einem Ausgestoßenen die Wiedergutmachung und berufliche Integration. Kornitzers Geschichte macht deutlich, was »kollektives Beschweigen« der NS-Vergangenheit auch im Bereich der Nachkriegsjustiz bedeutet und wie die personellen und mentalen Kontinuitäten trotz förmlicher Anerkennung des Unrechts die Erinnerungen an eine belastende Vergangenheit überlagern. Krechels Roman bestätigt und veranschaulicht, was die zeitgeschichtliche juristische Forschung mittlerweile ermittelt hat.

Thematischer Schwerpunkt von Krechels Roman ist die Nachkriegszeit und damit die Frage, in welchem Umfang und mit welchen Folgen NS-Juristen in Justiz und Verwaltung, aber auch in Wirtschaft und Politik fortwirkten. Auch wenn Krechels Kornitzer formal Wiedergutmachung erfahren hat, wurde ihm eine Rückkehr in seine einstige Lebens- und Berufswelt versperrt, und er stand sich mit seinen Traumata selbst im Wege.

Die Integration von Millionen NS-Belasteter und die politischen bzw. sozialen Kosten der langen beschwiegenen Kontinuität sind inzwischen Gegenstand zahlreicher Untersuchungen zur juristischen Zeitgeschichte. Dabei wird nach Strategien und Praktiken gefragt, mit denen Akteure in der Justiz neue Identitäten konstruierten bzw. frühere Positionen und Rechts- oder Unrechtshandlungen verschwiegen bzw. Verdrängungs- und Verteidigungsstrategien entwickelten und frühere Arbeitszusammenhänge und kollegiale Netzwerke wiederherstellten. Das erfordert auch die Untersuchung der politischen, rechtlichen und gesellschaftlich-mentalen Rahmenbedingungen, die in einem Roman nur angedeutet werden können. Sie waren jedoch die Voraussetzungen dafür, dass solche Kontinuitäten und Verschleierungen lange Zeit möglich waren, bis generationelle und politisch-kulturelle Umbrüche seit den späten 1960er-Jahren zu einer langsamen Distanzierung von der politisch-ideologisch aufgeladenen Justizpraxis der NS-Zeit führten und juristische Zeitgeschichte seit den 1980er-Jahren langsam auch zu einem Thema der Rechts- und Politikgeschichte machten.

Die Befunde zum OLG Hamm zeigen, dass das viel zitierte 131er-Gesetz für viele NS-Belastete gar nicht mehr nötig war, denn nicht wenige ehemalige Richter und Staatsanwälte hatten schon längst ihren Weg zurück in die Gerichte gefunden. Hilfreich dabei waren nicht nur die Persilscheine, sondern auch das Huckepackverfahren. Der Personalbedarf beim Wiederaufbau des staatlichen Verwaltungssystems ließ es dann auch zu, dass auf den Schultern eines Unbelasteten auch zwei Belastete aufsitzen konnten. Entsprechend hoch war sehr bald die Quote der ehemaligen »Parteigenossen« unter den Richtern und Staatsanwälten der frühen Nachkriegszeit. Sie betrug im OLG Hamm in den ersten Nachkriegsjahren bei den Richtern 77,6 Prozent, bei den Staatsanwälten mehr als 90 Prozent.[19] Der Anteil ehemaliger NSDAP-Mitglieder im Hamburger höheren Justizdienst lag sogar bei 90 Prozent.[20] Im Durchschnitt lag die »Kontinuitätsquote« der Justizjuristen, die schon vor 1945 eine Stelle in der Justiz bekleidet hatten, nach einer Erhebung von Hubert Rottleuthner im Jahr 1953 in allen OLG-Bezirken und Bundesgerichten bei 65 Prozent. Der Bundesgerichtshof kam auf eine Quote von 73 Prozent, im Bundesverfassungsgericht waren es nur 4,8 Prozent. Das änderte sich bis 1964 signifikant. Der BGH hatte noch immer mehr als 70 Prozent ehemaliger NSDAP-Mitglieder, das Verfassungsgericht lag nun bei 40 Prozent. Die jüngeren Juristen der NS-Zeit, deren NSDAP-Mitgliedschaft auch aus Gründen eines sehr viel größeren politischen Drucks fast unumgänglich gewesen war, wenn man oben ankommen wollte, waren inzwischen an der Spitze ihrer Karrierewege angekommen. Erst danach fand die personelle Erneuerung durch jüngere Juristen auch ihren Niederschlag in der Statistik. Auch die einst am NS-Volksgerichtshof tätigen Richter, die sich durch besondere Linientreue auszeichnen mussten, hatten zur Hälfte wieder in bundesdeutschen Gerichten einen Platz und entsprechende Karrierewege auch in höhere Instanzen gefunden.

Für die meisten Justizjuristen – und nicht nur für sie – eröffneten sich, von der einschneidenden Unterbrechung durch Kriegsgefangenschaft und Internierung abgesehen, eine »Karriere ohne Brüche«.²¹ Auch die Beförderungspraktiken hatten sich kaum geändert, was den allgemeinen vergangenheitspolitischen Ordnungsmustern der bundesdeutschen Nachkriegspolitik entsprach und umgekehrt den Zielsetzungen der alliierten Kontrollratsgesetze der ersten Nachkriegsjahre widersprach. Die Beförderung nach Dienstjahren, die zu den Grundprinzipien deutscher Beamtenpolitik gehörte, hatte sich behauptet und damit auch die Praxis, tradierte Bewertungen und Netzwerke fortzusetzen. Das führte dazu, dass von den nach 1933 entlassenen und teilweise in die Emigration gezwungenen Juristen nur wenige den Weg zurück in den Justizdienst fanden. Selbst wenn sie durch politische Entscheidungen wieder eingestellt wurden, fehlten ihnen doch die erforderlichen Dienstjahre für eine zügige Beförderung, oder sie waren, wie der Fall Kornitzer in Krechels Roman zeigt, Teil einer ungeliebten und oft auch ausgegrenzten Minderheit. Alle vorliegenden empirisch-historischen Untersuchungen zur juristischen Zeitgeschichte der frühen Bundesrepublik belegen, dass »die Entnazifizierung kaum Auswirkungen auf das Personal in der Justiz und die Karrieren der Justizjuristen hatte«.²²

Den Kontinuitätserwartungen und -behauptungen entsprachen auch die Argumente, die für die (Selbst-)Rechtfertigungen nach 1945 erfunden und eingesetzt wurden. Sie begegnen uns in ähnlicher Form auch in anderen Berufsgruppen wie auch in weiten Teilen der Nachkriegsgesellschaft. Eine der gebräuchlichsten Argumente und Selbstverharmlosungen war die Behauptung, die Juristen hätten in dem nationalsozialistischen Unrechtssystem, das von der SA und vor allem der SS und Gestapo beherrscht worden sei, nur einen geringen Einfluss besessen. Das wird allein schon durch die Tatsache widerlegt, dass das Führungspersonal des »SS-Staates« bis hin zu den Einsatzgruppen und der Besatzungsverwaltung zu einem nicht geringen Teil sich ebenfalls aus akademisch ausgebildeten Juristen rekrutierte, die trotz ihres typisch nationalsozialistischen

Habitus den spezifischen Korpsgeist mit anderen Juristen teilten. Die zweite Behauptung konnte sich auf eine prominente rechtswissenschaftliche Expertise stützen, die im Falle des renommierten Rechtsprofessors Gustav Radbruch sogar politisch unverdächtig war, da es sich bei dem führenden Rechtswissenschaftler der Weimarer Republik um ein Mitglied der SPD handelte. Radbruchs Positivismus hatte ein großes Echo gefunden, behauptete dieser doch, man habe auch in der Justiz des Dritten Reiches nur geltendes Recht angewandt, das allenfalls beliebig gedehnt und ausgelegt worden sei. Ähnlich sollte Hans Filbinger noch 1978 argumentieren, auch wenn längst gegenteilige Forschungsergebnisse vorlagen. Zu der vermeintlichen Alltagserfahrung einer Diktatur gehörte die dritte Rechtfertigung, man habe in der ständigen und sich ausweitenden Furcht vor Versetzung und Verfolgung gehandelt, was allerdings den Anteil an Anpassung, Opportunismus und Zustimmung als verbreitetes Verhaltensmuster in der nationalsozialistischen Zustimmungsdiktatur übersieht. Auch die vierte Behauptung geht in dieselbe Richtung: Die Justiz habe ihre Unabhängigkeit verloren und sei einer strengen politischen Lenkung unterlegen. Dem widerspricht die große Anpassungs- und Zustimmungsbereitschaft, die sich in sehr vielen Strafverfahren und Gerichtsprozessen erkennen lässt. Überdies gilt der Einflussverlust allenfalls für die zweite Kriegshälfte, in der sich die diktatorischen Maßnahmen durch Lenkung einer richterlichen Nachprüfung häuften. Diese Argumente dienten der vielfachen Selbstrechtfertigung, die in den 1950er-Jahren und auch danach vieltausendfach nicht nur im Justizapparat verbreitet war, dass man nämlich in der NS-Zeit trotz aller Zumutungen und Zwänge immer »anständig« geblieben sei und seine juristische Kompetenz dauerhaft nur fortgeführt und eingesetzt habe, um »Schlimmeres zu verhindern«. Wie das »Schlimmere«, das man verhindert habe, tatsächlich aussah, blieb nebulös und galt nur als Untat krimineller Elemente in SA und SS.

Den vielfachen Versuchen der Selbstexkulpation widerspricht nicht nur die Indoktrinationspraxis des NS-Regimes, sondern auch das Fortwirken der NS-Ideologie und NS-Vergangenheit in nicht wenigen Fällen der Rechtsprechung und Urteilsbegründungen der Nachkriegszeit. Gerade in die Behandlungen von Wiedergutmachungsansprüchen von Opfern des NS-Regimes haben sich häufig Begründungen und Spuren nationalsozialistischer Ideologie und Begrifflichkeit eingeschlichen, die von der langen Dauer von Mentalitäten zeugen. Nicht wenige Ansprüche von Zwangssterilisierten und Sinti und Roma, die für die Jahre ihrer Verfolgung Entschädigung beantragten, wurden auch von höchstrichterlichen Instanzen zurückgewiesen, weil die Verfolgung der Kläger nicht auf eine rassische Begründung, sondern auf deren »asoziale und kriminelle Haltung« zurückzuführen sei.[23] Was sich in einem Urteil des BGH von 1956 fand und auch in einschlägigen Kommentaren zum Bundesentschädigungsgesetz nachzulesen war, war die ungebrochene und fast ungefilterte Reproduktion nationalsozialistischer Ideologie. Diese war vielfach festgeschrieben und verbreitet. So etwa in dem Kommentar von Wilhelm Stuckart und Hans Globke zum Reichsbürgergesetz von 1936, in dem Sinti und Roma die Reichsbürgerschaft mit der Begründung abgesprochen worden war, sie seien »artfremd«.[24]

Auch im Bundesjustizministerium, das vier Jahre nach der Einrichtung der Landesjustizverwaltungen 1949 gegründet wurde, war die Wiederverwendung ehemaliger Nationalsozialisten nicht die Ausnahme, sondern eher die Regel. Nur an der Spitze des Hauses sollten, wie in anderen Ministerien auch, unbelastete Minister und Staatssekretäre zum Zug kommen, um nach innen und außen eine Abgrenzung von der »Vergangenheit« unter Beweis zu stellen. Unter den Wiederverwendeten waren auch auffällige Mittäter der nationalsozialistischen Verfolgungs- und Vernichtungspolitik: Sie hatten beispielsweise an den Folgebesprechungen teilgenommen, in denen die Beschlüsse der

Wannseekonferenz oder die »Blutschutzgesetze« umgesetzt wurden.[25] Andere waren an NS-Sondergerichten für zahlreiche Todesurteile verantwortlich oder in der nationalsozialistischen Besatzungsverwaltung tätig und hatten dort die Ausplünderung und Deportation von Zehntausenden europäischer Juden organsiert. Nachdem der frisch institutionalisierte Deutsche Bundestag als eine seiner ersten Entscheidungen auf parlamentarisch-rechtsstaatlichem Weg das Tor zum Wiedereinstieg belasteter und schwer belasteter Justizbeamter geöffnet hatte, gab es kein Halten mehr; der Bundestag hatte zudem die Entscheidung für eine Eingliederung mit übergroßer Mehrheit bei nur zwei Enthaltungen getroffen. »Die Nutzung der Funktionseliten, auch wenn sie einen hohen Belastungsgrad aufwiesen, war«, so konstatieren Manfred Görtemaker und Christoph Safferling, »also politisch gewollt«[26] und entsprach einer verbreiteten Erwartung. Man erhoffte sich von der Integration auch der Belasteten in die Nachkriegsordnung, eine mögliche Radikalisierung von Abgewiesenen zu vermeiden und die innere Stabilität des jungen Staates zu sichern. Denn auch viele der Befürworter einer solchen Reintegration hatten möglicherweise ähnliche Erfahrungen gemacht, unter die man jetzt, unmittelbar nach der vermeintlichen »Stunde null«, gerne einen Schlussstrich ziehen wollte, um sich – durchaus mit großem Erfolg – ganz dem Neubeginn und dem Aufbau der rechtsstaatlichen Institutionen zu widmen. Dahinter sollten die Spuren der NS-Herrschaft, die in nicht wenigen Fällen Blutspuren waren, zurücktreten.

Das Bundesministerium der Justiz, das sich in der Rosenburg, einer ehemaligen Villa in Bonn-Kessenich eingerichtet hatte, nahm bei dem Aufbau einer rechtsstaatlich-demokratischen Ordnung bald eine wichtige Rolle ein, und es war zugleich von derselben politisch-moralischen Hypothek des nationalsozialistischen Unrechtsregime belastet wie Politik und Gesellschaft der jungen Bundesrepublik generell. Der Aufbau der Justizverwaltungen in der Bundesrepublik war darum einerseits erfolgreich und für deren Rechtsfrieden von großer Bedeutung, was dem ministeriellen Beamtenapparat ein großes Renommee sicherte. Die Rosenburg war, wie andere Ministerien auch, jedoch auch ein Ort der personellen und rechtspolitischen Kontinuität. Diese bezog sich auf die rechtsstaatliche Tradition der vornationalsozialistischen Zeit ebenso wie auf die Zeit der nationalsozialistischen Diktatur.

Wenn man sich in der Rosenburg als »unpolitisch« verstand, dann folgten viele Justizjuristen, vor allem die, deren Sozialisation ins Kaiserreich zurückreichte, damit eher einem etatistisch-autoritären denn einem pluralistischen Rechtsverständnis. Das bedeutete, dass man sich als über den Parteien stehend verstand und diese als Verfassungsorgane eher geringschätzte oder gar misstrauisch beäugte. Dass zu den Aufgaben eines Ministeriums aber schon immer auch »Politiknähe und Politikberatung« gehörten, war eigentlich selbstverständlich. Doch in der Rosenburg bezog man sich meistens auf einen abstrakten Staatsbegriff und weniger auf die junge Bundesrepublik und ihr im Entstehen begriffenes pluralistisches System. Ein solches Staatsverständnis hatte bei der Mehrheit der Ministerialbeamten auch die Mitmach- und Integrationsbereitschaft im NS-Regime gefördert und erlaubte die Fortsetzung juristischer Tätigkeiten in der neuen demokratischen Rechtsstaatsordnung. Auch die Aufgabenfelder der Justizbeamten hatten sich scheinbar kaum geändert, sei es im Familien- oder im Jugend- oder Strafrecht. »Braunes Gedankengut«, wenn es allzu offensichtlich war, hatte man entfernt. Oder es war vorerst nicht anstößig, weil in Politik und Gesellschaft durchaus ähnliche Vorstellungen dominierten oder die kritische Frage kaum gestellt wurde, ob in bestimmten Feldern Vorstellungen weiterlebten, die sich nur schwerlich mit modernen gesellschaftlichen Verhältnissen oder Vorstellungen in Übereinstimmung bringen ließen.[27]

Diese innere Nähe zur Politik und Strafpraxis des »Dritten Reiches« kam vor allem dort zum Tragen, wo es um die Verfolgung von NS-Straftätern und deren Amnestie im Nachkriegsdeutschland ging. Doch von dieser bedrängenden rechtspolitischen Vergangenheit war in der romantisch-historistischen Rosenburg nach allen vorliegenden Zeugnissen nicht die Rede.[28] Fast jeder wusste von dieser Vergangenheit und auch von der der anderen. Der vielbeschworene »Geist der Rosenburg« war stattdessen ganz auf Gegenwart und Wiederaufbau gerichtet. Auch auf dem arbeitsreichen Feld der Gesetzgebung handelte das Justizministerium so, wie Regierung und Öffentlichkeit es erwarteten oder forderten. Die verurteilende Distanzierung von dem nationalsozialistischen Unrechtsregime überließ man der öffentlichen politischen Rhetorik. Die Ausarbeitung von Straffreiheitsgesetzen, mit denen rechtspolitisch ein »Schlussstrich unter die Verhältnisse einer wirren Vergangenheit« gezogen werden sollte, lag in den »bewährten« Händen des Justizministeriums. Das ließ verlautbaren, dass mit dem Straffreiheitsgesetz, das für Adenauer und seine Regierung oberste Priorität besaß, die »allgemeine Befriedung« und »innere Entlastung« des Volkes gefördert werden solle.[29] Schließlich sollte die deutsche Gesellschaft, wie Adenauer betonte, endlich von den Folgen der Entnazifizierung befreit werden, die »viel Unglück und viel Unheil« angerichtet habe, ohne dass man die »wirklich Schuldigen« an den Verbrechen der NS-Zeit davonkommen lassen dürfe. Darum wurde für alle Straftaten und Ordnungswidrigkeiten, die vor 1949 begangen worden waren, Straffreiheit gewährt. Dass mit dem neuen Gesetz, wie alle zustimmenden Redner im Bundestag betonten, nicht nur Straftaten im Zeitraum zwischen 1945 und 1949 gemeint waren, sondern auch Kapitaldelikte, die vor 1945 von NS-Tätern begangen worden waren, wurde öffentlich nur angedeutet. Zwar konnte man in dem Gesetz auch die Absicht erkennen, zwischen allgemeinen und politisch motivierten Straftaten zu unterscheiden, aber allein schon die Einwände der Besatzungsmächte deuten auf die versteckten Absichten des Gesetzes hin. Sie bestanden darauf, dass Straftaten, die von

Gerichten der Besatzungsmächte verhängt worden waren, davon nicht betroffen sein dürften. Immerhin wurden auf der Grundlage des Gesetzes bis zum Januar 1951 792.176 Personen begnadigt. Nach späteren Schätzungen war darunter eine beträchtliche Zahl von NS-Straftätern.

Was im Dezember 1949 nur angedeutet wurde, wurde mit dem Amnestiegesetz von 1954 deutlicher formuliert. Inzwischen hatte der 1950 gegründete Bundesgerichtshof schon durch seine Gesetzesauslegung dazu beigetragen, dass in Revisionsverfahren von NS-Straftätern sehr milde verfahren wurde, was sich auch durch den hohen Anteil von NS-belasteten Richtern im BGH erklären lässt. Auch im Justizministerium war in diesen Jahren wenig Interesse zu verspüren, die Strafverfolgung von NS-Tätern zu verschärfen. Ein Referent des Ministeriums erklärte im Rückblick, es sei in jenen Jahren vorrangig darum gegangen, »aus dem Dreck herauszukommen und nicht zu gucken, wer Schuld hatte und wie man den bestrafen kann«.[30] Diese komplexe Stimmungs- und Interessenlage schlug sich auch in einem Gesetzesentwurf des Justizministeriums nieder, der nach langen internen und öffentlichen Debatten nur eine Strafbefreiung für Straftaten gewährte, die mit einer Strafe bis zu drei Jahren geahndet worden waren. Davon konnten etwa 400.000 Personen profitieren.

In der Mehrheit waren dies Straftäter mit geringen Haftstrafen von unter drei Monaten, die Zahl der nachweisbaren NS-Verbrechen belief sich auf 88 Fälle. Das war nicht die Generalamnestie, wie sie seit einiger Zeit in diversen Publikationen und öffentlicher Rede gefordert worden war. Die »vergangenheitspolitische Bedeutung« des heftig diskutierten Gesetzes vom 17. Juli 1954 lag schließlich darin, dass darin auch Taten »während des Zusammenbruchs« in die Straffreiheit einbezogen wurden und nun auch bereits verurteilte Straftäter davon profitierten. Mit dem Gesetz ging nach einem Urteil von Norbert Frei »der Verfall der Ahndungsmoral« innerhalb der Justiz voran.[31]

Zwei Militärpolizisten eskortieren Werner Naumann zum Gericht der britischen Hohen Kommission in Bielefeld. Februar 1953

Für die meisten Deutschen war damit die Auseinandersetzung mit dem, was in der NS-Zeit geschehen war, abgeschlossen. Einige Jahre später sprach man im Bundestag von deutlich erkennbaren »Lähmungserscheinungen« bei der Verfolgung von NS-Straftaten. Darum wurden bis 1958 fast alle wegen nationalsozialistischer Verbrechen Verurteilten begnadigt oder freigelassen.

Dass bereits das erste Amnestiegesetz, das Straffreiheitsgesetz von 1949, dazu beigetragen hatte, dass einige in die Illegalität untergetauchte ehemalige hochrangige NS-Funktionäre wieder tätig werden konnten, wurde schon 1952 in der Presse vermutet. Die deutschen Behörden ließen jedoch kaum Aktivitäten zur Aufdeckung und Verfolgung dieses Personenkreises erkennen. In den britischen Ermittlungen tauchte hingegen vor allem der Name Dr. Werner Naumann auf, einem ehemaligen Staatssekretär im Reichspropagandaministerium von Joseph Goebbels und in Hitlers Testament sogar als Nachfolger von Goebbels genannt. Am 15. Januar 1953 verhafteten britische Sicherheitsoffiziere in Düsseldorf und Hamburg sechs ranghohe Mitglieder der NSDAP, die unter Führung Naumanns den Versuch unternommen hatten, sich in die nordrhein-westfälische FDP »einzuschleichen« und sie zu unterwandern.³² Nach einigen Tagen hatte sich die Liste der Verhaftungen, die von den Briten unter Berufung auf das Besatzungsstatut vorgenommen und mit zahlreichen Beweisstücken gerechtfertigt wurden, um weitere prominente Namen einstiger NS-Größen erweitert. Der britische Kommissar Sir Ivone Kirkpatrick hatte zuvor schon Konrad Adenauer von den Ermittlungen und der bevorstehenden Aktion informiert, was der Bundeskanzler einerseits mit Beunruhigung zur Kenntnis nahm – immerhin waren seine kleineren Koalitionspartner davon betroffen –, andererseits aber auch mit beruhigter Zufriedenheit, da die Briten zugeschlagen und dies nicht den Deutschen überlassen hatten.

Er erklärte öffentlich, dass damit »diese rechtsradikalen Elemente zurückgedrängt« seien, die nur eine »kleine Minorität unverbesserlicher ehemaliger Nationalsozialisten« darstellten. Eine »unmittelbare Gefahr für die demokratische Ordnung in Deutschland« stellten diese nicht dar. Wie groß die politisch motivierte »Milde« im Umgang mit NS-Straftaten unter den Richtern des BGH sein konnte, die sich gerne auf ihre richterliche Unabhängigkeit beriefen, zeigt die Nachgeschichte der Affäre. Der zweite Feriensenat des BGH setzte bei einem Haftprüfungstermin am 28. Juli 1953 die Haftstrafe mit der Begründung aus, dass nach den Voruntersuchungen kein dringender Verdacht bestünde »daß eine strafbare Verbindung oder Vereinigung« bestanden habe. Auch wenn Adenauer und Justizminister Thomas Dehler intern ihre Verärgerung über das Verhalten des BGH deutlich machten, hielten sie sich öffentlich mit einer Justizschelte zurück. Der BGH setzte im Hauptverfahren im Dezember 1954 die gesamte Gruppe »außer Verfolgung«, da nicht erkennbar sei, »daß die Gruppe eine Wiedererrichtung eines nationalsozialistischen Führerstaates angestrebt« habe.³³ Immerhin hatte sich mit der Naumann-Affäre eine rote Linie für den Umgang mit verfassungsfeindlichen politischen Aktivitäten von Alt-Nazis abgezeichnet und die gleichzeitigen Amnestieregelungen begleitet und begrenzt. Zwar konnten auch die »Ehemaligen« sich weiterhin in die Nachkriegsgesellschaft integrieren, sich aber nicht weiter im (neo-)nationalsozialistischen Sinne politisch betätigen.

Mit den Bundestagswahlen vom Herbst 1953 und der deutlichen Niederlage der kleineren rechtsgerichteten Parteien fanden die »vergangenheitspolitischen Integrationsleistungen des Bundestages« ihren Abschluss,[34] auch wenn das zweite Amnestiegesetz nach einigen Verzögerungen erst Ende des Jahres 1953 stand und es in der FDP weiter gärte, bis Justizminister Dehler bei der Neubildung der Regierung Adenauer nach den Wahlen seinen Hut nehmen musste. Das war auch Folge der heftigen Attacken des Verteidigers Naumanns, Ernst Achenbach, einem der »wichtigsten Geldbeschaffer«[35] der FDP. Er war als Leiter der Politischen Abteilung der deutschen Botschaft in Paris an der Judenverfolgung im besetzten Frankreich beteiligt und verteidigte nach dem Krieg als Rechtsanwalt u.a. ehemaliger NS-Funktionäre, denen Kriegsverbrechen vorgeworfen wurden. Achenbach war von 1950 bis 1957 Mitglied des nordrhein-westfälischen Landtags und von 1957 bis 1976 Mitglied des Deutschen Bundestages sowie außenpolitischer Sprecher der Freien Demokraten. In einer Argumentationshilfe der regierungsnahen »Arbeitsgemeinschaft Demokratischer Kreise« vom Frühjahr 1954 wurde jedoch zufrieden festgestellt, dass die »Liquidation des Nationalsozialismus in der Bundesrepublik« weit fortgeschritten sei.[36] Weitere fünf Jahre später sollte sich hingegen in der öffentlichen Meinung der Verdacht breit machen, dass die braune Vergangenheit noch längst nicht »bewältigt« sei.

Die rückwirkende Verjährung vieler Straftaten kam, noch vor der Zeit der Verjährungsdebatten der 1960er-Jahre, durch den in Fachkreisen sogenannten Dreher-Dreh zustande. Mit dem anfangs unterschätzten, später vielzitierten »Einführungsgesetz

Werner Naumanns Anwalt Ernst Achenbach war einer der wichtigsten Geldbeschaffer der FDP. Während der deutschen Besatzungszeit in Frankreich war er unter anderem für die dortigen Judendeportationen verantwortlich.

zum Ordnungswidrigkeitengesetz« vom 24. Mai 1968, das im Windschatten der revolutionären Maiunruhen in Frankreich und in der Bundesrepublik verkündet wurde, konnten Tausende von Tätern, die teilweise schon verurteilt waren, straffrei ausgehen. Ihre Straftaten wurden durch das »Einführungsgesetz«, das auf Initiative des Ministerialdirigenten Eduard Dreher entstanden war, als Beihilfetaten verharmlost, und sie gingen durch diese geschickte Verschleierung endgültig straffrei aus. Auch Dreher hatte eine belastete Vergangenheit: Er war vor 1945 als Erster Staatsanwalt am Sondergericht Innsbruck tätig und für zahlreiche Todesurteile verantwortlich, die auch über Bagatellfälle verhängt wurden. Das war im Bundesjustizministerium, wo er auf Empfehlung des hessischen SPD-Abgeordneten Adolf Arndt, Rechtsexperte seiner Partei, 1951 eingestellt wurde, zunächst nicht bekannt. Dort konnte er dank seiner unbestrittenen Kompetenz in Sachen Strafrecht rasch bis zum Koordinator der Großen Strafrechtsreform aufsteigen, bis 1959 und in den folgenden Jahren erste Verdächtigungen und schließlich zahlreiche Aktenbelege für seine mehrfache gnadenlose Verfolgung von Diebstahlsdelikten auftauchten, die er als kriegsschädigendes Verhalten im Sinne der nationalsozialistischen »Volksschädlingsverordnung« bezeichnet und dafür die Todesstrafe beantragt hatte. Das Gericht in Innsbruck war damals seinen Anträgen gefolgt, wie das bei den willkürlich verkürzten Verfahren der Sondergerichte, den berüchtigten Organen des nationalsozialistischen Unrechtssystems, in der großen Mehrheit der Fälle gängige Praxis war. Obwohl ihm seine politischen Dienstherren in der sächsischen Gauleitung der NSDAP bereits in den späten 1930er-Jahren eine »nationalsozialistische Zuverlässigkeit« bescheinigt hatten, gelang es Dreher im Spruchkammerverfahren der Nachkriegszeit mit der Behauptung, er habe »Schwierigkeiten mit der NSDAP« gehabt, nur als »Mitläufer« eingestuft zu werden. Es dauerte noch einige Jahre, bis die öffentliche Kritik an dem fleißigen und kompetenten Juristen, der sich 1940 freiwillig zum Sondergericht Innsbruck gemeldet hatte und dort in 249 von 389 Verfahren wegen kriegsschädigenden Verhaltens beteiligt war, seine Position im Ministerium erschütterte und der Regierungswechsel zur ersten Großen Koalition vom Dezember 1966 seine weiteren Aufstiegshoffnungen im Ministerium zunichtemachten. Dreher war »politisch untragbar« geworden, was ihn dazu bewog, 1969 auf eigenen Wunsch seinen vorzeitigen Ruhestand zu beantragen, ohne dass er irgendeine Spur von »Einsicht oder gar Reue« gezeigt hätte.

Die langen Schatten der Vergangenheit reichten im Justizministerium bis zum Ende der 1960er-Jahre und beschäftigten ermittelnde Behörden und Ministerium in Einzelfällen, mit Unterbrechungen, oft mehr als 20 Jahre. Bekannt wurde der Fall Walter Roemer, der von 1934 bis 1945 Erster Staatsanwalt und Leiter der Vollstreckungsabteilung des Münchener Landgerichts war und damit zuständig für die Durchführung der vom Volksgerichtshof gegen bayerische Angeklagte verhängten Todesstrafen. Erste Vorwürfe, Roemer habe die Vollstreckung der Todesstrafen gegen die Geschwister Hans und Sophie Scholl als

Vollstreckungsstaatsanwalt zu verantworten, tauchten schon 1954 auf und wurden vom Justizministerium, dem Roemer seit 1950 als Ministerialdirektor und Abteilungsleiter für Verfassungsfragen angehörte, zurückgewiesen, nachdem Roemer auf Befragen seine Zuständigkeit für und seine Anwesenheit bei der Vollstreckung der Urteile zurückwies, da die Verantwortung in den Händen des Oberreichsanwaltes gelegen hätte. Die Angelegenheit war damit noch nicht vom Tisch, denn Anfang der 1960er-Jahre tauchten unter der Überschrift »Mörder der Geschwister Scholl« erneute Vorwürfe in der Presse auf, was zu neuen staatsanwaltlichen Ermittlungen führte. Diese hatten für Roemer keine rechtlichen Konsequenzen, da sie keine neue Erkenntnis brachten. Vier Jahre später wiederholte sich die Causa Roemer mit derselben Ergebnislosigkeit. Als Simon Wiesenthal, Leiter des jüdischen Dokumentationszentrums in Wien, 1966 noch zusätzliche Vorwürfe gegen Roemer erhob, wurde von Seiten des Ministeriums dieselbe Antwort erteilt, nämlich, dass Roemer nicht an der Vollstreckung teilgenommen habe. Es stellte sich jedoch bald heraus, dass Roemer andere politische Strafgefangene, darunter auch weitere Widerstandskämpfer, unter das Fallbeil geführt hatte. Doch die Bundesregierung wiederholte noch im November 1987: »Roemer hatte keine Möglichkeit, die Vollstreckung solcher Urteile zu verhindern.«[37] Der Wunsch, ja die Entschlossenheit, einen Schlussstrich unter die NS-Vergangenheit zu ziehen, hatte hohe politisch-moralische Kosten. »Der Versuch, Verständnis für die Täter aufzubringen und ihnen den Weg zurück in die Gesellschaft zu ebnen«, führte »zu Personalentscheidungen, bei denen die Millionen Opfer, die sich nicht wehren konnten, in den Hintergrund gedrängt wurden.«[38]

Bevor Eduard Dreher zu einem der einflussreichsten Strafrechtler in der Bundesjustiz der 1960er-Jahre aufgestiegen war, waren er (und auch Roemer) bereits ins Visier öffentlicher innerdeutscher Kritik wegen seiner Rolle im NS-Regime geraten. In der ersten Broschüre, die der 1954 in der DDR gegründete »Ausschuß für Deutsche Einheit« unter dem Titel *Gestern Hitlers Blutrichter – heute Bonner Justiz-Elite* 1957 vorgelegt hatte, wurde Dreher vorgeworfen, als Erster Staatsanwalt am Sondergericht Innsbruck 1944 einen Deutschen allein wegen einiger Vorstrafen und mehrfachen Diebstahls als Plünderer, die man in NS-Sprache als »Volksschädling« bezeichnete, zum Tode verurteilt zu haben. Zwar hatte Dreher daraufhin in einem Rechtfertigungsschreiben eingeräumt, damals in Innsbruck auf die Todesstrafe plädiert zu haben, doch er beharrte darauf, dass das Strafmaß dem damals gesetzlich Vorgegebenen entsprochen hätte. Daraufhin wurde der Vorgang zu den Akten gelegt. Zwei Jahre später konnte der »Ausschuß«, in dem der Leiter der Presseabteilung und spätere Professor für Neuere Geschichte an der Humboldt-Universität Albert Norden agierte, Dreher einen zweiten Antrag auf Todesstrafe nachweisen. Vorwürfe gegen andere Richter an Sondergerichten folgten, doch sie blieben alle unbehelligt,[39] da der zuständige Bundesjustizminister Fritz Schäffer ausweichend die Zuständigkeit von Sondergerichten auch für »schwere Straftaten allgemeiner Kriminalität« feststellte, ohne anzuerkennen, dass die auffallende Häufigkeit von Todesurteilen von Sondergerichten auf das »Konto eines entgrenzten Kriminalitätsbegriffes ging« und sie somit Ausdruck einer politischen Strafjustiz waren. Auch im OLG Hamm waren vor allem ehemalige Richter an Sondergerichten, insgesamt 48 Prozent, von den Vorwürfen der DDR-Veröffentlichungen und anderer interner Untersuchungen betroffen; der größte Teil von ihnen war an Sondergerichten in den »eingegliederten«, das heißt besetzten Ostgebieten tätig gewesen.

Ein Urteil des Bundesgerichtshofes aus dem Jahr 1957 bildete den Maßstab für die verschiedenen Überprüfungen und Einstellungsverfügungen, mit denen Oberlandesgerichte auf die Vorwürfe der Mittäterschaft reagierten. Ähnlich argumentierten auch einige Länderjustizverwaltungen. Ein Richter war dem-

Albert Norden legt während einer Pressekonferenz im Sommer 1962 in Ost-Berlin Dokumente vor, die belegen sollen, dass ehemalige SS-Angehörige hohe Polizeiämter in West-Berlin bekleiden.

nach nur dann eines Tötungsverbrechens für schuldig zu befinden, wenn er zuvor Rechtsbeugung begangen hatte. Dies setzte nicht nur einen objektiven Tatbestand, sondern vor allem eine vorsätzliche Entscheidung voraus. Bei einem Kollegialrichter bestand eine zusätzliche Voraussetzung darin, dass er persönlich für die seinerzeit vom Gericht verhängte und nun als Unrecht anerkannte Entscheidung gestimmt hatte. Dass der Bundesgerichtshof nach heutigem Maßstab mit diesem Richterspruch den betroffenen Richtern eine »goldene Brücke« gebaut hatte, wurde vielfach auch darauf zurückgeführt, dass gerade im Bundesgerichtshof – im Unterschied zum Bundesverfassungsgericht – besonders viele belastete Richter tätig waren.

Auch ein Jahr nach der Pressekonferenz Nordens vom 23. Mai 1957, in der er die Broschüre *Gestern Hitlers Blutrichter – heute Bonner Justiz-Elite* vorgestellt hatte, lag noch keine offizielle Stellungnahme der bundesrepublikanischen Justiz vor; und auch nicht, als weitere Kampagnen der DDR folgten. Höhepunkt der zehn Jahre währenden Propagandaaktionen aus Ost-Berlin war die Veröffentlichung eines inzwischen sehr viel umfangreicheren *Braunbuchs*, wie man in Ost-Berlin die Dokumentation in Erinnerung an die berühmte Propagandaschrift des KPD-»Pressezaren« Willi Münzenberg von 1933 bald nannte, durch Albert

Norden. Der war mittlerweile Mitglied des Politbüros des ZK der SED und agierte nun auf einer internationalen Pressekonferenz am 2. Juli 1965, die sehr viel größere Aufmerksamkeit fand. Das neue *Braunbuch* umfasste eine gut dokumentierte Liste von rund 1900 Wirtschaftsführern, Politikern und führenden Beamten der Bundesrepublik, die Parteiämter in der NSDAP und SS-Dienstränge bekleidet hatten. Auch wenn die Propaganda- und Ablenkungsfunktion der aufwendigen Kampagne, in die auch die Staatliche Archivverwaltung der DDR einbezogen war, unübersehbar und das Ganze als Frontalangriff gegen die Institutionen und Funktionseliten der Bundesrepublik gedacht war, blieb die Wirkung beschränkt; auch weil die bundesdeutsche Öffentlichkeit sich von dem Hinweis auf die Propagandaabsicht der Aktion als Teil des »Kalten Kriegs« überzeugen ließ. Das änderte sich auch nicht nach der Vorlage der letzten Auflage des *Braunbuchs* 1968, das die politischen Daten von insgesamt 1400 vermeintlichen Tätern aus der Bundesrepublik auflistete, darunter 21 Minister und Staatssekretäre, 100 Generäle, 828 höhere Justizbeamte, 245 Beamte des Auswärtigen Amtes sowie 297 Mitglieder des höheren Polizeidienstes und des Verfassungsschutzes. Spätere Überprüfungen durch die bundesrepublikanische Justiz haben ergeben, dass allenfalls ein Prozent der Angaben fehlerhaft war.[40]

Zu der »Immunisierungsstrategie« (Miquel) der Bundesregierung und der Länderjustizverwaltungen gehörte es, dass trotz der nach außen gezeigten schroffen Zurückweisung die DDR-Vorwürfe ernst genommen wurden und interne Untersuchungen in den Archiven eingeleitet wurden. Das geschah zunächst und teilweise entschiedener als bei den Bundesbehörden in einigen Länderjustizministerien. Im OLG Hamm wurden gegen 25 Richter (35 Prozent) Ermittlungsverfahren eingeleitet, gegen 21 Richter (29 Prozent) zudem Disziplinarverfahren. Die Disziplinarverfahren wurden bald eingestellt, den betroffenen Richtern legte man nahe, die eigene vorzeitige Pensionierung zu beantragen. Das empfanden viele von ihnen als »ehrenrührig«. In Hamm traten daraufhin drei schwerstbelastete Richter aus »gesundheitlichen Gründen« vorzeitig in den Ruhestand, vier weitere ebenfalls schwerstbelastete Richter folgten dem ostentativ nach Ablauf der Frist. Insgesamt 20 der in den Braunbüchern genannten Hammer Richter, das waren 13 Prozent, traten in den Ruhestand. Die weiteren Vorwürfe wurden nicht mehr überprüft, da man die Angelegenheit der NS-Richter als abgeschlossen betrachtete. Die internen Untersuchungsergebnisse wanderten schließlich zu den Akten und wurden den betreffenden Personalakten zunächst als Beiheft hinzugefügt.[41]

Für mehr öffentliche Aufmerksamkeit als die *Braunbücher*-Kampagnen der DDR hatte in der bundesrepublikanischen Öffentlichkeit inzwischen die Wanderausstellung »Ungesühnte Nazijustiz« gesorgt, die fast zeitgleich mit dem Film *Rosen für den Staatsanwalt* 1959 gezeigt und von Karlsruhe aus in neun weiteren Universitätsstädten präsentiert wurde. Der Berliner Student Reinhard Strecker hatte sie vorbereitet, nachdem er mit Petitionen an den Deutschen Bundestag gescheitert war, in denen die personellen Kontinuitäten in Justiz und Medizin thematisiert wurden. Nun organisierte er die Aktion im Auftrag des »Sozialistischen Deutschen Studentenbundes« (SDS), dem späteren Wortführer der Studentenrevolte von 1968, und mithilfe von Materialien aus der DDR. Westdeutsche Archive hatten ihre Mithilfe abgelehnt. In der ausstellungstechnisch amateurhaft gemachten Präsentation, die Fotokopien von Verfahrensakten und Sondergerichtsurteilen umfasste, wurde vor allem die verhängnisvolle Rolle der nationalsozialistischen Sondergerichte beleuchtet. Inhaltlich war die Ausstellung jedoch deswegen eindrucksvoll, weil hier nicht nur der nationalsozialistische Unrechtsstaat vor Augen gestellt wurde, sondern auch die personellen Kontinuitäten zur Nachkriegsjustiz anhand von Biografien zahlreicher Richter und Staatsanwälte belegt wurden. Zusätzlich hatten die Initiatoren öffentlichkeitswirksam Strafanzeigen gegen 43 Richter und Staatsanwälte wegen »Rechtsbeugung in Tateinheit mit Totschlag oder Beihilfe zum Totschlag« gestellt.[42]

Auch wenn bundesdeutsche Behörden den Vorwürfe, die in der Ausstellung konkretisiert und mit Quellen belegt wurden, mit dem Argument begegneten, das alles sei DDR-Propaganda, beschädigte der Verlauf der Ausstellung das Ansehen der Justiz und widerlegte vor allem deren Behauptung, alle genannten Personen seien schon längst auf die Glaubwürdigkeit ihrer Aussagen zur NS-Justiz überprüft worden. Die Resonanz der Ausstellung war damit nicht mehr zu bremsen, sodass schließlich auch der Rechtsausschuss des Bundestages sich um eine Neufassung des Paragrafen 116 des Richtergesetzes bemühte. Damit wurde die vorzeitige Pensionierung politisch belasteter Richter ermöglicht. Auch nach diesem neuerlichen Anlauf machten bis zum Auslaufen der neuen Frist 1962 vergleichsweise wenige Richter und Staatsanwälte von dem Angebot des vorzeitigen Ruhestandes bei vollen Bezügen Gebrauch. Eine Gesetzesvorlage zur Zwangspensionierung, die zuvor von den Landesjustizministern empfohlen worden war, fand danach im Bundestag jedoch keine Mehrheit.

Obwohl bereits Anfang der 1960er-Jahre bei den Justizbehörden der Eindruck entstanden war, dass die öffentlichen Vorwürfe gegen die Justiz nun abklingen würden, erwies sich diese Erwartung bald als trügerisch. Immer neue Prozesse gegen NS-Verbrechen, immer neue Aktenfunde und kontroverse politische Debatten machten die 1960er-Jahre auch für die Justiz und ihre öffentliche Wahrnehmung zu einer unruhigen Zeit. Damit wurde es für die politisch in Bedrängnis geratenen Justizjuristen und Behörden, einschließlich der zuständigen Ministerien, immer schwieriger, ihre bisherige Praxis des Abwiegelns und Bestreitens aller Vorwürfe weiter fortzusetzen. Prozesse gegen Adolf Eichmann in Jerusalem 1961, der Ulmer Einsatzgruppenprozess von 1958 und schließlich der Frankfurter Auschwitz-Prozess 1963–65 zeigten nicht nur die Verantwortung der NS-Führung, auf die man bisher alles abgeschoben hatte, sondern rückten nun auch die Tätergruppen der nationalsozialistischen Unterführer und der Funktionseliten aus Politik, Bürokratie, Justiz und Militär in den Blick.

Vor allem deckten die spektakulären Gerichtsverfahren, die teilweise an der bisherigen Hinhaltepraxis einzelner Behörden vorbei von engagierten Staatsanwälten wie Fritz Bauer eröffnet wurden, zum ersten Mal in einem Gerichtssaal die nationalsozialistischen Massenmorde und die systematische Ermordung ganzer Bevölkerungsgruppen auf. Eher durch Zufall und nicht als Folge staatlicher Ermittlungen kam der Ulmer Einsatzgruppenprozess zustande, das erste Verfahren in der Bundesrepublik wegen Massenmords. Einer der Haupttäter hatte vor dem Arbeitsgericht geklagt, weil er aus seiner Stelle als Leiter eines Flüchtlingslagers entlassen worden war. Er hatte sich dabei offenbar nicht vorstellen können, dass bei dieser Gelegenheit auch seine wahre Identität auffliegen könnte und das geflissentliche Beschweigen belasteter Vergangenheiten nicht mehr funktionierte.

Als das Bundesjustizministerium 1989 eine neue Ausstellung unter dem Titel »Im Namen des Deutschen Volkes. Justiz und Nationalsozialismus« in Auftrag gab und als Wanderausstellung durch die Bundesrepublik schickte, hatte sich der Umgang mit der nationalsozialistischen Vergangenheit, auch der Justiz, fundamental verändert. Auch die verschiedentliche Ergänzung der Ausstellung um die Präsentation von lokalen bzw. regionalen Justizjuristen, die am NS-Unrechtssystem mitgewirkt hatten, rief keine öffentlichen Widerstände oder Proteste mehr hervor. Zwar hatte es fast drei Jahrzehnte gedauert, bis man in Politik und Justiz über das bisher Unsagbare sprach und Tätergruppen, die sich lange hinter der NS-Führungsriege versteckt hatten, beim Namen genannt wurden. Auch hatten die einstigen und zum großen Teil belasteten Funktionseliten, die dennoch eine zweite Karriere erfolgreich beginnen und erleben konnten, zahlreiche Wege zu einer offenen und verantwortungsbewussten Vergangenheitspolitik erschwert oder gar für viele Jahre und Jahrzehnte blockiert. Der öffentliche Druck und der Wandel der Bewusstseinsformen hatten jedoch schrittweise die Fassade durchlöchert, die die Mittäter bis dahin vor einer justiziellen Ahndung geschützt hatte. Auch wenn die moralischen Kosten dieses »kommunikativen Beschweigens« einer furchtbaren Vergangenheit hoch waren, hatte sich schließlich eine Verfassungsordnung durchgesetzt, die eine Abkehr von den Folgen einer totalitären Diktatur ermöglichte.

Nicht nur die Justizministerien in Bund und Ländern hatten an dem raschen Aufbau einer rechtsstaatlichen Ordnung großen Anteil, sondern ebenso auch sehr die Innenministerien. Das Innenministerium war von Beginn an für den Aufbau und Schutz des demokratischen Staates verantwortlich.[43] Dabei stützte es sich, ähnlich wie das Justizministerium, auf Beamte des höheren Dienstes, die bereits vor 1945, also vor allem in der NS-Zeit, in der ministeriellen Verwaltung tätig gewesen waren. Wie mit einem Leitungspersonal, das nach dem Kriterium der Zugehörigkeit zur NSDAP und ihren Untergliederungen als »belastet« gelten musste, eine rechtsstaatliche Demokratie aufgebaut werden sollte oder konnte, war in der zeitgenössischen politischen Diskussion ebenso umstritten wie noch viele Jahre später. Die Ergebnisse der ersten internen Umfrage der Bundesregierung, die Hans Globke 1950 initiiert hatte, waren für den Bereich des Innenministeriums besonders ernüchternd: Rund 57 Prozent der Ministerialbeamten hatten vor 1945 der NSDAP angehört; davon 15 Prozent der SA und fünf Prozent der SS. Damit lag die personelle Zusammensetzung deutlich über dem Durchschnitt von 45 Prozent.[44]

Die zentralen Posten im Innenministerium, die Ministerialdirektoren und Ministerialräte, bekleideten Beamte, die schon vor 1945 dem Reichsinnenministerium gedient hatten. Einzig bei der Besetzung der Leitungsebene achtete man darauf, dass nur unbelastete Politiker Minister und Staatssekretäre wurden. Nur diejenigen Juristen bzw. potenzielle Ministerialbeamten, die schon vor 1933 der NSDAP angehörten und darum in der Regel als überzeugte Nazis galten, wurden in den Einstellungsverfahren zunächst ausgeschlossen. Über die Einstellung in den zu schaffenden Ministerien entschieden 1949 im Wesentlichen drei ehemalige Beamte des Reichsinnenministeriums: Erich Keßler, Hans Globke und Hans Ritter von Lex. Sie hatten schon im Frühjahr 1949 eine Vorschlagsliste erarbeitet und stimmten darin überein, dass nur eine Kontinuität der Beamtenschaft für ein hohes fachliches Niveau sorgen könne, wie es vor 1933 existiert hatte. Außerdem wollte man Personen einstellen, die eine große Nähe zur Regierung Adenauer aufwiesen und vom Nationalsozialismus unbelastet waren. Tatsächlich war das jedoch nur bedingt umsetzbar, weil sich geeignete Fachleute nur schwer finden ließen. Man ging darum von Anfang an mit der NS-Belastung großzügiger um, als es die Richtlinien vorsahen. Außerdem spielten, wie in der Personalpolitik anderer Ministerien auch, bei den Entscheidungen über eine Einstellung auch persönliche Bekanntschaften und Beziehungsnetze aus dem alten Reichsministerium eine Rolle.

Der erste Innenminister Gustav Heinemann war über die personelle Entwicklung im eigenen und auch in benachbarten Ministerien einigermaßen besorgt und machte bereits im August 1950 im Kabinett den Vorschlag, alle politisch entscheidenden Positionen – Ministerialdirektoren, Abteilungsleiter und Personalreferenten – mit Personen zu besetzen, die keine Mitglieder der NSDAP gewesen waren. Doch damit scheiterte er am Votum Konrad Adenauers und des FDP-Repräsentanten Franz Blücher.[45] Bereits Heinemanns Nachfolger Robert Lehr, der vor 1933 dem gemäßigten Flügel der DNVP angehört hatte, sprach sich für Einzelfallprüfungen von Bewerbern und gegen eine pauschale Beurteilung aus. Dabei wurde er von Adenauer unterstützt, der die NSDAP-Mitgliedschaft allein nicht für einen Ausschließungsgrund hielt. Nur wer eine »führende Position in der NSDAP« eingenommen und sich als überzeugter Nationalsozialist gezeigt hatte, sollte in der neuen Bundesverwaltung keine Leitungsposition erhalten. Zwar galt nach wie vor der Grundsatz, für leitende Positionen keine Personen mit spezifisch nationalsozialistischer Vergangenheit einzusetzen, doch im Einzelfall und bei dem nötigen Fachwissen des Bewerbers erfolgte dann doch eine Einstellung auf Zeit. Diese Wendung in der Einstellungspraxis, die nach kurzer Zeit erfolgte, hatte nicht nur mit dem Amtswechsel von Heinemann auf Lehr zu tun, sondern auch mit den veränderten Einstellungskonstellationen durch das Gesetz zu Artikel 131 des Grundgesetzes. Dass dabei auch »alte Kämpfer« der NSDAP mit durchrutschten, war offenbar oftmals möglich geworden, weil die Bewerber ihre NS-Parteimitgliedschaft aus den Jahren vor 1933 verschwiegen hatten oder weil man bereit war, diese frühe Mitgliedschaft als »Jugendsünde« abzutun.[46]

Auch bei der Rekrutierung des Personals der Gesundheitsabteilung, aus der erst 1961 ein eigenes Ministerium hervorging, spielten offenkundige NS-Belastungen keine Rolle. Daran änderte auch die Tatsache nichts, dass die Gesundheitspolitik vor dem historischen Hintergrund der nationalsozialistischen Rassen- und Biopolitik ein besonders sensibler Gegenstand politischer Entscheidungen war.[47] Doch zum einen herrschte in der »Zusammenbruchgesellschaft« auch nach der Wahrnehmung der Besatzungsmächte ein so großer Bedarf an Ärzten und Gesundheitsämtern, die dringend wiederaufgebaut werden mussten, dass man nicht so genau auf das Personal und die zu übernehmenden Gesetzes- und Verwaltungsvorschriften schaute. Zum anderen verfügten die Besatzungsmächte – mit Ausnahme der Euthanasieverbrechen – zunächst nur über geringe Kenntnisse der NS-Gesundheitspolitik, sodass man sich gerne davon überzeugen ließ (oder schon immer überzeugt war), dass es sich bei der Gesundheitsfürsorge um eine »unpolitische Aufgabe« handelte. Schließlich bestand unter dem Personal der Ländergesundheitsverwaltungen und seit 1949 auch der Gesundheitsabteilung des Bundesinnenministeriums ein besonders dichtes Netzwerk persönlicher Bekanntschaften und gemeinsamer Berufserfahrungen, das bei der raschen und ungeprüften Personalrekrutierung besonders wirkungsvoll war. Viele der leitenden Mitarbeiter waren keine Juristen, sondern Ärzte, die man als hochqualifizierte Spezialisten schätzte und dringend benötigte, und die sich ohne Weiteres gegenseitig entlasteten, wenn es um Fragen nach ihrer Vergangenheit ging. Viele der später in das neue Gesundheitsministerium eingetretenen Mediziner waren vor 1945 als Amtsärzte und im weiteren Bereich des Gesundheitsdienstes auch in den während des Krieges besetzten Gebieten tätig gewesen.

Doch nach diesen Erfahrungen fragte man in der unmittelbaren Nachkriegszeit kaum. Die wenigen Selbstaussagen, die existieren, waren ganz auf Wiederaufbau und Zukunft gerichtet. Darum kam es, als aus der Abteilung des Innenministeriums durch das Zusammenfügen verschiedener Zuständigkeiten ein neues Ministerium, das Gesundheitsministerium, entstand, zu einem hohen Anteil ehemaliger NSDAP-Mitglieder. Sie bestimmten auch den Kontinuitätsbestand an überkommenen politischen Prägungen und Mentalitätsmustern. Das war angesichts der engen Verflechtungen zwischen Fachärzten, Juristen und Länder- sowie Bundesverwaltungen auch kaum anders zu erwarten, Zwischen 1962 und 1973 bestand fast die Hälfte der leitenden Beamten aus ehemaligen NSDAP-Parteimitgliedern, was auch aktenkundig war. Sie hatten zum Teil als einstige Amtsärzte ganz im Sinne der nationalsozialistischen Rassenhygiene gehandelt. Auch in einem wissenschaftlichen Beirat des Ministeriums waren fast alle beteiligten Personen bereits vor 1945 in einem Beirat von Hitlers Begleitarzt Dr. Karl Brandt tätig gewesen und hatten vermutlich auch Kenntnis von oder Erfahrungen mit den verbrecherischen Aktionen Brandts oder den Euthanasiemorden.

Auch wenn die bloße NS-Parteimitgliedschaft allein kein überzeugendes Merkmal für eine politische Belastung war und ist, weisen nicht wenige der wichtigen frühen Entscheidungen des Ministeriums auch Spuren rassenhygienischer oder rassistischer Denkweisen auf, etwa bei der jahrelangen Ablehnung von Entschädigungen für Zwangssterilisierte, die als Folge des »Gesetzes zur Verhütung erbkranken Nachwuchses« vom 14. Juli 1933 verstümmelt worden waren. Diese Schatten einer rassistischen Vergangenheit kamen auch in der Geringschätzung von »Farbigen« oder bei ministeriellen Eheverboten aus »erbbiologischen Gründen«[48] zum Vorschein.

Die politischen Folgen der ausgeprägten Verwaltungskontinuitäten waren auch in den leitenden Positionen des Innenministeriums erkennbar und vielschichtig: Sie kamen im politischen Denken und auch im Handeln der einzelnen Ministerialbeamten zum Ausdruck. Man hielt vielfach am alten etatistischen Denken fest und begegnete der neuen Verfassungsordnung, insbesondere ihrer Pluralismusgebote, mit Skepsis.

In der administrativen Praxis kam es anfangs zu Vorlagen und Entscheidungen, die teilweise noch den Geist des Nationalsozialismus atmeten: von einer schließlich gescheiterten Vorlage zu einem Luftschutzgesetz bis zum Versuch, den Zustrom jüdischer Remigranten zu verhindern oder einem kühlen bis ablehnenden Verhalten gegenüber jüdischen Organisationen. Dass es in der Gesundheitsabteilung, die im Unterschied zu anderen Abteilungen des BMI auch mit Nichtjuristen besetzt war, zu Entwürfen und Entscheidungen kam, die noch deutliche Orientierungen am eugenischen Denken der NS-Zeit trugen, ist kaum verwunderlich, auch weil die zuständigen Ministerialbeamten damit nicht allein standen. Es dauerte seine Zeit, bis nationalsozialistische Denk- und Verhaltensmuster sich mit dem sich wandelnden Zeitgeist der 1960er-Jahre abschliffen oder auflösten.

Auch im Auswärtigen Amt spielte die Überlegung, bei der Personalplanung wieder an die Tradition des alten Amtes in der Wilhelmstraße anzuknüpfen, von Anfang an eine entscheidende Rolle. Mit dem Rückgriff auf alte Diplomaten, so auch das Ziel von Adenauer, wollte man grundsätzlich auf erfahrene Mitarbeiter setzen, die in der Lage wären, sehr rasch ein neues Amt für Auswärtige Angelegenheiten aufzubauen. Darum zeigte sich beim personellen Wiederaufbau des Auswärtigen Amtes eine besondere Dynamik, die auch Auswirkungen auf die personalpolitischen Entscheidungen zugunsten ehemaliger Laufbahnbeamter hatte. Das führte zu einer ausgeprägten Kontinuität zur alten Ministerialbürokratie der Wilhelmstraße, die größer war als in anderen Ministerien. Die Diplomaten kamen zudem in nur geringerem Maß aus anderen ehemaligen Rechtsbehörden, sondern überwiegend unmittelbar aus dem alten vornationalsozialistischen wie dem nationalsozialistisch bestimmten Außenministerium. Das hatte sicherlich auch mit dem Grundsatz zu tun, dass man Diplomatie erlernt haben musste. Hinzu kam das mitunter zu Spannungen führende Bemühen, Diplomaten einzustellen, die eine deutliche Nähe zur Politik Adenauers besaßen. Denn der Kanzler ließ gegenüber den alten Wilhelmstraßenmännern ein gewisses Misstrauen erkennen, weil er vor allem für sein außenpolitisches Konzept einer strikten Westbindung die Ablehnung durch die klassische deutschnationale Diplomatie und deren Netzwerke innerhalb des Amtes befürchtete. Für diese Ehemaligen, so der Argwohn, könnte der Primat der Wiedervereinigung wichtiger sein als die »Notwendigkeit der Westbindung«.[49] Auch deswegen war Adenauers Einflussnahme auf die Politik des Auswärtigen Amtes von Anfang an besonders ausgeprägt.

Für die Planung und die Auswahl der künftigen Diplomaten war mit Wilhelm Haas als Personalchef auch ein Ehemaliger aus der Wilhelmstraße zuständig, der allerdings 1937 das Amt hatte verlassen müssen. Nach seiner Auffassung sollte im neuen Auswärtigen Amt in Bonn die »gesunde Tradition« deutscher Diplomatie wiedererstehen und bei der Auswahl des Personals ein »Abbild der demokratischen Gesellschaft der Bundesrepublik«[50] geschaffen werden. Was mit dem Begriff der »gesunden Tradition« gemeint war, ließ sich nicht einfach bestimmen. Auf jeden

Fall schien sie nach verbreiteter Meinung von Haas selbst verkörpert zu werden. Nach seinen Plänen sollte der Anteil von Diplomaten, die bereits in der Wilhelmstraße beschäftigt gewesen waren, auf den Auslandsposten höchstens zehn Prozent betragen, während in der Bonner Zentrale das Verhältnis von altem und neuem Personal etwa 1:1 betragen sollte. Tatsächlich kamen 1950 von den 137 Angehörigen des höheren Dienstes schon 61, also fast die Hälfte, aus der Wilhelmstraße, sodass die angestrebte Quote von zehn Prozent für den Auslandsdienst bald überschritten wurde. Auffällig waren außerdem die Hierarchien in der Einstellungspolitik sowohl für den Innendienst als auch für die Zentrale: »Je höher der Dienstrang, desto höher der Anteil von Diplomaten aus der Wilhelmstraße.«[51]

Der Anteil von Verfolgten und einstmals Benachteiligten[52] war darum entsprechend gering, wie in anderen Behörden auch. Von den 137 Mitarbeitern des höheren Dienstes konnten 1950 29 Personen als Opfer des NS-Regimes betrachtet werden. Die von der Bundesregierung aufgestellte Regelung, nach der Verfolgte des NS-Regimes bevorzugt eingestellt werden sollten, wurde damit nicht erfüllt. Auch wenn zu Anfang ein Fünftel der Mitarbeiter des höheren Dienstes aus Verfolgten bestand, war der Anteil von NS-Mitgliedern deutlich höher. Von den 137 Mitarbeitern hatten 42,3 Prozent der NSDAP angehört, das war rund ein Drittel des Leitungspersonals. In der Bonner Zentrale war der Anteil der einstigen Parteigenossen deutlich höher als in den Auslandsvertretungen. Aber auch dort lag ihr Anteil mit etwa 25 Prozent deutlich über den ursprünglichen Planungsvorgaben und auch über dem Anteil, den Parteigenossen im Auswärtigen Amt im Jahr 1937 innegehabt hatten. Eine deutliche Veränderung in der Personalpolitik trat mit dem Amtsantritt des neuen Außenministers Heinrich von Brentano 1955 ein, als verstärkt »Ehemalige« aus der Wilhelmstraße zurückkehrten. Das war sicherlich auch Ausdruck einer allgemeinen vergangenheitspolitischen Nachsicht oder Laxheit, die nun auch die

Grundlinien der Personalpolitik im Auswärtigen Amt noch stärker aufweichte. Freilich sind statistische Angaben nur dann angemessen zu bewerten, wenn man stärker nach dem Datum des Parteieintritts fragt und vor allem nach den jeweiligen Karriereverläufen und individuellen Verhaltensmustern unterscheidet. Denn weder die Gruppe der ehemaligen Parteigenossen noch die der Verfolgten waren homogen. Besonders diejenigen, die infolge der Politik der Wiedergutmachung eingestellt worden waren, wurden behördenintern immer wieder Gegenstand von Konflikten und Misstrauen seitens der zahlenmäßig dominanten Laufbahnbeamten. Wenn Wilhelm Haas die Personalpolitik des neuen Auswärtigen Amtes mit dem Grundsatz charakterisierte: »Wir stellen Pgs ein, aber keine Nazis«,[53] dann stellte sich immer die Frage, was man 1950 unter einem »Nazi« verstand und was man aus heutiger Sicht darunter zu verstehen hat.

Bei der Prüfung des Einzelfalls war neben der Definition des »Nazis« der persönliche Eindruck, den der Bewerber hinterließ, von entscheidender Bedeutung. Darum war es möglich, dass ein formal gesehen belasteter Diplomat wie Georg Ferdinand Duckwitz eingestellt wurde, obwohl dieser bereits 1932 in die NSDAP eingetreten war und darum nach den Richtlinien des Amtes eigentlich nicht hätte eingestellt werden dürfen. Duckwitz konnte jedoch zu seiner Entlastung auf die Tatsache verweisen, dass er 1943 an der Rettung dänischer Juden beteiligt war. Diese Beurteilung erscheint allerdings aus heutiger Sicht korrekturbedürftig. Nicht allein das individuelle Verhalten des Betroffenen muss nach intensiverer historischer Prüfung differenzierter betrachtet werden als in den 1950er-Jahren, auch hatte sich inzwischen die historische Urteilsbildung verändert: Außenminister Joschka Fischer stellte beispielsweise in einem Brief fest, dass sich die Schuldfrage nicht durch den Verweis auf scheinbar entlastende Verhaltensformen relativieren ließe.[54] Das war eine Position, die deutlicher an rigiden moralischen Maßstäben orientiert war, als

Der »Laufbahnbeamte« Franz Krapf im Alter von 54 Jahren

dies unmittelbar nach dem Ende der Diktatur der Fall war, als Millionen von »verstrickten« Mitläufern und Mittätern nach einer für sie hilfreichen Entlastung suchten. Auch im Falle des Laufbahnbeamten Franz Krapf setzten sich in der Frühphase des Amtes die Verantwortlichen über die eigenen Regeln hinweg. Denn Krapf war schon 1933 in die Allgemeine SS eingetreten, war 1938 zum Untersturmführer aufgestiegen und hatte dem Sicherheitsdienst der SS, dem berüchtigten SD, angehört. Die Personalprüfer meinten jedoch feststellen zu können, dass Krapf sich »niemals als aktiver Nationalsozialist« betätigt habe.[55] Er konnte nach seinem Wiedereintritt zunächst in der Bonner Zentrale des Amtes dienen, bis er zum Botschafter in Tokio und zum Ständigen Vertreter der Bundesrepublik bei der NATO aufstieg. Erst als es 2004 um die routinemäßige Formulierung seines Nachrufs ging, wurde aus einer Biografie ein »Fall Krapf« und ein politischer Skandal, der schon zuvor mit dem Nachruf auf den 2003 verstorbenen ehemaligen Generalkonsul in Barcelona, Franz Nüßlein, erstmalig, allerdings nur vorübergehend, ausgebrochen war. Eine der Folgen der neuerlichen amtsinternen Konflikte im Falle Krapf war schließlich die Einsetzung einer unabhängigen Historikerkommission und der Beginn einer intensiven »Behördenforschung« gut 60 Jahre nach dem Ende des »Dritten Reichs«.

Was die Berufung auf die »gesunde Tradition« der Wilhelmstraße für das politische Denken und Verhalten der neuen, alten Diplomaten bedeutete, hing auch von den jeweiligen Zeitumständen ab. Sicherlich bedeutete die »Tradition« der Wilhelmstraße für manchen Diplomaten der »alten Schule« zunächst auch das Festhalten an alten Russlandbildern, die noch den Geist von Rapallo atmeten und einer Annäherung an die Sowjetunion nicht abgeneigt waren, wenn man auf diese Weise dem Ziel der deutschen Wiedervereinigung meinte näherkommen zu können. Das stand jedoch Adenauers Konzept der Westbindung fundamental entgegen und wurde bald durch die Verschärfung des Ost-West-Gegensatzes von der politischen Wirklichkeit überholt. Auch war bei der politisch sensiblen Besetzung auswärtiger Vertretungen und der Auswahl der zu entsendenden Diplomaten die Region ihrer zukünftigen Tätigkeit von großer politischer Bedeutung und engte den Handlungsspielraum der Entscheidungsträger ein. Dieser war besonders gering und bedurfte einer sorgfältigen Prüfung der Umstände sowie der Haltung des Gastlandes, wenn es um so sensible Fragen wie etwa die Auswahl des ersten deutschen Botschafters in Israel ging. Immer wieder kam es zu Befürchtungen in der bundesdeutschen wie in der internationalen Öffentlichkeit, die die Personalpolitik des Auswärtigen Amtes sehr viel genauer und kritischer beobachtete als offizielle Regierungsvertreter, dass eine Berufung eines »belasteten« Diplomaten die Beziehung zu dem jeweiligen Gastland erschweren könnte. In diesem Sinne hatte sich bereits 1968 der Soziologe Ralf Dahrendorf kritisch über die Personalpolitik des Auswärtigen Amtes geäußert.

Tatsächlich war die Liste der fragwürdigen und rückwärtsorientierten politisch-diplomatischen Entscheidungen des Amtes seit den späten 1950er-Jahren länger geworden und mit ihnen auch die politischen Sensibilitäten der Öffentlichkeit. Dort wurde immer wieder die »schleichende Restauration«[56] in der Personalpolitik des Auswärtigen Amtes kritisiert, und auch

Außenminister Brentano zeigte sich schließlich irritiert, als er von den deutsch-südamerikanischen Fluchthilfenetzwerken erfuhr, die über die deutsche Botschaft in Buenos Aires liefen und mehreren gesuchten NS-Verbrechern verschiedene Formen der Unterstützung geboten hatten.

Der prominenteste Fall war der von Adolf Eichmann, der für mehrere Jahre in einer Tarnfirma des ehemaligen SS-Mannes Horst Carlos Fuldner untergekommen war, bis Fuldner Eichmann, der 1950 unter dem Namen Ricardo Klement mit einem Vatikan-Pass nach Argentinien geflohen war, im März 1959 eine Stelle bei Mercedes-Benz Argentina vermittelt hatte. Dort war der seit 1956 per Haftbefehl der Frankfurter Staatsanwaltschaft gesuchte Organisator der »Endlösung der Judenfrage« bis zu seiner Verhaftung tätig. Dass seine zwei Söhne Klaus und Horst Eichmann, die in Argentinien unter ihrem richtigen Namen lebten, im August 1954 mit einem offiziellen Reisepass ausgestattet worden waren, zeigte die stille Mithilfe der Botschaft, die sich im Nachhinein damit rechtfertigte, dass aus den Passanträgen keine »Rückschlüsse auf den Aufenthaltsort des jetzt gesuchten Eichmann gezogen werden konnten«.[57] Weitere Nachforschungen hatte man daraufhin seitens der Botschaft nicht angestellt und auch nicht darüber an die Zentrale berichtet. Als noch zwei weitere Fälle der Indolenz und Verschleierung des argentinischen Aufenthaltsorts gesuchter NS-Täter, die einst im »Judenreferat« der SS tätig waren, von der Botschaft offensichtlich vertuscht worden waren, wurde der Minister deutlich. Denn drei Monate vor Beginn des Eichmann-Prozesses in Jerusalem wurde ersichtlich, dass der deutsche Botschafter in Buenos Aires »mit den Lebensumständen von Sassen (dem einstigen niederländischen SS-Untersturmführer und Vertrauten von Eichmann), recht gut vertraut war und durchaus mit ihm sympathisierte«.[58] Daraufhin schrieb der Minister an seinen Ministerialdirektor Friedrich Janz, dem Leiter der Rechtsabteilung im Auswärtigen Amt, »dass einige unserer Missionen über solche Restbestände des Nationalsozialismus nicht ausreichend berichten und nicht alle Vorkehrungen treffen, um sich in unmissverständlicher Weise zu distanzieren«.[59]

Auch in Rechtsschutzangelegenheiten, die traditionell Sache des Auswärtigen Amtes und seiner »Zentralen Rechtsschutzstelle« waren, gab es immer wieder Kritik an diesem System, das selbst im Ausland angeklagten Kriegsverbrechern politisch, juristisch und finanziell Unterstützung gewährte. Doch eine Neubewertung der aktuellen Rechtsschutzfälle fiel dem Amt schwer und wurde vor allem von der Rechtsschutzzentrale abgewehrt. Das traf auch im Fall Max Merten zu, dem ehemaligen Militärverwaltungsleiter beim Befehlshaber Saloniki-Ägäis, der im März 1959 in Athen wegen des Mordes an griechischen Juden zu einer 25-jährigen Gefängnisstrafe verurteilt worden war. Die Rechtsschutzpraxis des Amtes funktionierte jedoch noch im herkömmlichen Sinne: Zunächst hatte es der griechischen Regierung für den Fall einer Verurteilung Mertens mit wirtschaftlichen Sanktionen gedroht. Nachdem die Griechen den Häftling in die Bundesrepublik abgeschoben hatten und er dort angekommen war, wurde er auf Kaution sofort freigelassen. Nun versuchte Merten sich zu entlasten und die Verantwortung auf Kanzleramtschef Globke abzuwälzen, den er für die Ermordung der griechischen Juden verantwortlich machte.[60]

Die Vergangenheit war und blieb eine große Herausforderung für das Auswärtige Amt und für die Bundesregierung: »Einerseits unternahm man einige beachtliche Anstrengungen, um gesuchter NS-Verbrecher habhaft zu werden. Andererseits trug man aktiv dazu bei, dass sie der Justiz durch die Maschen schlüpfen konnten.«[61] Auch gegen aktuelle Forschungsergebnisse der bundesrepublikanischen Zeitgeschichtsforschung, die Beamte des Auswärtigen Amtes für außenpolitisch schädlich hielten, intervenierte das Amt. Eine Einladung, die vom New Yorker Goethe-Institut an den Hamburger Historiker Fritz Fischer ergangen war, wurde im Dezember 1964, noch während des Eichmann-Prozesses, unterbunden. Im Dezember 1961, noch während des Eichmann-Prozesses, erschien das Buch *Griff nach der Weltmacht* des Hamburger Historikers Fritz Fischer. Eine Vortragsreise in den USA, zu der ihn drei Jahre später das New Yorker Goethe-Institut eingeladen hatte, wurde unterbunden, nachdem sich der neue Außenminister Gerhard Schröder (CDU) öffentlich Sorgen über das Fehlen eines »allgemein gültigen Geschichtsbildes« und eines »allgemeinen pädagogischen Leitbildes« gemacht hatte. Fischers Thesen zur deutschen Kriegsschuldfrage von 1914, die auch in der deutschen Fachwissenschaft teilweise Widerspruch ausgelöst hatten, wurden auf Intervention konservativer Kräfte heftig kritisiert. Sie trugen dazu bei, den Vorgang noch weiter zu emotionalisieren, bis auch Staatssekretär Karl Carstens Fischers Position als »völlig unhaltbar« kritisierte, da man von dessen »unreifen Thesen« eine Gefährdung der deutschen Staatsräson befürchte. Um die Stimmung gegen Fischer noch anzuheizen, wurde ihm unterstellt, er habe eine deutsche Alleinschuld am Ausbruch des Ersten Weltkrieges behauptet, während dieser nur von einer »erheblichen« Mitschuld gesprochen hatte. Das Amt wies die Zentrale der Goethe-Institute an, die New Yorker Einrichtung solle Fischers Reise wegen angeblicher knapper finanzieller Mittel absagen.

In der akademischen Welt der USA stieß die politische Intervention des deutschen Außenministeriums in einem wissenschaftlichen Streit auf Unverständnis und Kritik führender Historiker. Der Vortrag fand im Frühjahr 1964 auf Einladung amerikanischer Universitäten dennoch statt. Man feierte Fischer teilweise als »Märtyrer« für die Freiheit der Wissenschaft, und war erstaunt darüber, dass seine Thesen, die auch in der amerikanischen Geschichtswissenschaft schon längst aufgestellt worden waren, einen solchen Wirbel erzeugt hatten. Dass in der Bundesrepublik die »Fischer-Kontroverse« eine große, weit über die Wissenschaft hinausreichende Resonanz fand, war sicherlich auch auf das schlechte Krisenmanagement des Auswärtigen Amtes und die dort noch herrschende Vorstellung zurückzuführen, historische Forschung und nationale Sinnstiftung müssten eng miteinander verbunden sein. Demgegenüber galt für die amerikanische Geschichtskultur schon längst die Vorstellung, dass die Freiheit der Wissenschaft mitsamt ihrer Kontroversen gerade eine wichtige Voraussetzung für einen demokratische politische Kultur sei.

Verbände gehörten schon immer zur gesellschaftlichen Verfassung und neben Parteien zum politischen Entscheidungsprozess freiheitlicher Verfassungen, sowohl in Deutschland als auch anderswo. Nachdem ihnen im nationalsozialistischen Gleichschaltungsprozess, teilweise unter ihrer eigenen tätigen Mithilfe, ihre Gestaltungsmöglichkeiten genommen worden waren, bildeten sie sich nach 1945 relativ schnell wieder aufs Neue und meist in vertrauten organisatorischen Formen, zuerst als Interessenverbände von Unternehmern und Arbeitnehmern. Sie knüpften bald wieder, genauso wie die wiedergegründeten Bauern- und Handwerkerverbände, an die klassischen Formen des deutschen Korporativismus an. Dies erlaubte ihnen im Zusammenwirken mit der Ministerialbürokratie und dem Parlament bzw. dessen Ausschüssen eine nicht geringe Mitwirkung an politischen Entscheidungsvorgängen und Gesetzgebungsverfahren. Dazu benötigte man auch in den Verbänden kompetente Juristen mit guten Verbindungen zur Legislative und Exekutive. Verbände wie auch mittelständische Unternehmen boten überdies in der Nachkriegszeit ehemaligen Angehörigen nationalsozialistischer Exekutivorganisationen Unterschlupf, oft auch denjenigen, deren NS-Belastung sehr hoch war. Besonders auffällig waren in dieser Hinsicht der »Bund der Vertriebenen« (BdV) und verwandte Vertriebenenorganisation, die sich des Schicksals von Millionen deutscher Heimatvertriebener und Flüchtlinge annahmen und deren materiellen, sozialen und politischen Interessen von der erhofften Rückkehr in ihre einstige Heimat bis hin zur Integration in den westdeutschen Arbeitsmarkt und sozialen Wohnungsbau lautstark vertraten.[62]

Bundesvertriebenenminister Theodor Oberländer (stehend) weist im September 1959 Vorwürfe zurück, er sei nach dem Einmarsch deutscher Truppen in Lemberg an einem Massaker an der Zivilbevölkerung beteiligt gewesen. Im Mai 1960 trat er zurück.

Es ist kaum verwunderlich, dass in den Vertriebenenorganisationen, Verbänden sowie politischen Parteien sehr viele ehemalige NS-Funktionäre mit einer teilweise ausgeprägten Vergangenheitsbelastung vertreten waren. Während zwei Bundesvertriebenenminister, Theodor Oberländer und Hans Krüger, wegen einer offenkundigen nationalsozialistischen Mittäterschaft nach langen öffentlichen Anklagen und heftigen Debatten in den 1960er-Jahren ihre Ämter verlassen mussten, haben führende Verbandsfunktionäre aus der Gründungszeit des BdV lange ihre Funktionen behalten.[6]

Von den 13 Vorstandsmitgliedern des BdV 1958 hatten 61 Prozent von ihnen, also die Mehrheit des Präsidiums, eine NSDAP-Mitgliedschaft besessen, während eine Minderheit von rund 38 Prozent nicht der NSDAP angehört hatten. Auch in diesem Fall war die formelle Parteimitgliedschaft alleine nicht ausschlaggebend, sondern ihre Position innerhalb des NS-Geflechts und ihr Handeln im NS-Regime und während der deutschen Besatzungsherrschaft in Ostmitteleuropa. Nur zwei der 13 Präsidiumsmitglieder waren dem politischen Widerstand oder Resistenz gegen die nationalsozialistische Herrschaft zuzuordnen, an ihrer Spitze der sudetendeutsche Sozialdemokrat Wenzel Jaksch, der nach dem deutschen Einmarsch in die Tschechoslowakei emigrieren musste. Die anderen fünf Nichtparteimitglieder der NSDAP standen trotz dieser Enthaltung dem NS-Regime politisch nahe oder waren als Auslandsdeutsche nicht unmittelbar in das Netzwerk der Nationalsozialisten verstrickt, standen aber volksdeutschen Positionen nicht fern. Von den acht Mitgliedern, die der NSDAP angehört hatten, war die Hälfte bereits 1933 der Hitler-Bewegung beigetreten, die anderen nach der vorübergehenden Aufhebung der Parteiaufnahmesperre 1938 bzw. 1941. Sehr viel belastender als die formelle Mitgliedschaft sind die Aktivitäten der Verbandsfunktionäre während des zweiten Weltkriegs in der Besatzungsverwaltung zu bewerten. Sie waren teilweise als Bürgermeister, Kriegsverwaltungsräte oder SS-Angehörige in den annektierten bzw. besetzten Gebieten Polens, Weißrusslands und Griechenlands tätig, wo einigen auch eine Mitwirkung an Gewalttaten nachzuweisen ist. Zwar ist der Grad der NSDAP-Mitgliedschaft und entsprechender Besatzungsaktivitäten bei den ersten BdV-Funktionären im Vergleich zur Ministerialbürokratie besonders hoch, aber die komplexe Zusammensetzung der 13 Präsidiumsmitglieder bezogen auf ihre Rolle im NS-Regime ist durchaus charakteristisch für das Nebeneinander von Unbelasteten und Belasteten, das sich in diesem Falle wohl auch aus dem Prinzip der anteilmäßigen Repräsentation von Vertretern aus den verschiedenen Vertreibungszonen ergibt und nicht aus einer verpflichtenden Quote von NSDSAP-Mitgliedschaften oder Nichtmitgliedschaften. Ob sich aus diesen unterschiedlichen politischen Erfahrungen und Hintergründen ein unterschiedliches Politikverhalten nach 1945 ergeben hat, muss offenbleiben, erscheint aber angesichts der gemeinsamen Interessenlage der Vertriebenenfunktionäre unwahrscheinlich.

Von der Heilung des »Volkskörpers« zur individualisierten Medizin

Mediziner im Übergang vom Nationalsozialismus in die Bundesrepublik

In Dresden wurde im Sommer 1939 auf Veranlassung des Direktors der Städtischen Frauenklinik, Prof. Dr. Heinrich Eufinger, die damals 16-jährige Marianne Schönfelder wegen Schizophrenie in die Landesanstalt Arnsdorf außerhalb von Dresden eingeliefert und dort zwangsweise sterilisiert.[1] Im Februar 1945 wurde sie, nach einem langen Leidensweg durch verschiedene »Irrenhäuser« schließlich in der Heil- und Pflegeanstalt Großschweidnitz in das Gas geschickt, nachdem man sie vorher monatelang grausam hatte verwahrlosen und halb verhungern lassen.

Mitte der 1960er-Jahre malte der bildende Künstler Gerhard Richter nach einem Foto, das ihn als kleinen Jungen mit seiner Tante Marianne zeigt, sein Gemälde *Tante Marianne* ohne zu wissen, dass sein Schwiegervater Heinrich Eufinger SS-Obersturmbannführer und Gutachter bzw. leitender Arzt zusammen mit anderen Anstaltsärzten nicht nur für das Verbrechen an Richters Lieblingstante, sondern für insgesamt 900 Zwangssterilisationen verantwortlich war. Nachdem Eufinger 1945 nach seiner Internierung im Speziallager 1 Mühlberg dank sowjetischer Protektion in der SBZ/DDR als Arzt überlebt hatte und auch einem Strafverfahren wegen schwerer Körperverletzung und Mitgliedschaft in einer verbrecherischen Organisation entgangen war, gelang es ihm nach seiner Flucht in den Westen 1956, seine Karriere als geachteter Gynäkologe und Klinikdirek-

Gerhard Richter 2017 in seinem Kölner Atelier vor dem Bild, das ihn als Kind mit seiner Tante Marianne zeigt, die 1945 ermordet wurde.

tor in Wilhelmshaven fortzusetzen. Eufinger wurde weder in der DDR noch in der Bundesrepublik für seine medizinischen Verbrechen strafrechtlich belangt, sondern in einem Nachruf in der Fachzeitschrift *Der Frauenarzt* 1988 als »Repräsentant einer tiefgreifenden humanistischen Bildung« gerühmt, der in seiner klinischen Arbeit »viel Gutes geleistet« habe.

Gerhard Richter, der während seines Kunststudiums auch von seinem Schwiegervater Eufinger finanziell unterstützt wurde, hatte auch ihn und seine Familie seinerzeit mehrfach in der von ihm erfundenen Verwischungstechnik gemalt, die ihn später berühmt machte. Erst 2004 erfuhr Richter durch die Recherchen des Journalisten Jürgen Schreiber von dem Zusammenhang zwischen seiner Tante Marianne und seinem Schwiegervater.[2] Ein erschütterndes Beispiel für die familiäre Verschränkung von Tätern und Opfern und für die Tatsache, dass die Euthanasiemorde mitten in die deutsche Gesellschaft hineinreichten und alle betreffen konnten. Und schließlich auch ein Beispiel für die offenbar ungebrochene berufliche und soziale Kontinuität eines Mediziners, der zum Mittäter geworden war.

In Dresden konnte man ab den frühen 1930er-Jahren ein spektakuläres Symbol des Fortschritts der medizinischen Wissenschaft bewundern: den »gläsernen Menschen«. Die maßstabgerechte transparente Figur im damals neuen Dresdner Hygienemuseum lockte und lockt noch immer viele Besucher an, die in allen politischen Regimen von der Weimarer Republik über die NS- und anschließend SED-Diktatur bis hin zu den demokratischen Nachkriegsordnungen zum Inbegriff der Fähigkeiten und Leistungen der Humanwissenschaften wurde, aber auch die Grenzen der Machbarkeit in Erinnerung rufen konnte. Zwei Beispiele, die die ambivalenten Folgen von Fortschritts- und Planbarkeitsvisionen und damit auch den Kontext andeuten, in dem sich ärztliches Handeln vom Helfen und Heilen unter spezifischen politisch-sozialen Bedingungen zum Töten verwandeln und verstricken können.

Patientenmorde in verschiedenen Heil- und Pflegeanstalten im gesamten Deutschen Reich haben bekanntlich nur wenige, wie den Münsteraner Bischof Clemens August Graf von Galen 1941, veranlasst, im Namen eines christlichen Menschenbildes öffentlich gegen die massenhaften Tötungen Unschuldiger zu protestieren. Die Geschichte der Medizin in der NS-Zeit gilt seit dem Nürnberger Ärzteprozess von 1946/47 als Paradigma für eine »Medizin ohne Menschlichkeit«. Allerdings hat es Jahrzehnte gedauert, bis die ganze Dimension der verbrecherischen Praxis des NS-Rassen- und Eroberungsstaates und der Anteil, den die Medizin daran hatte, bekannt wurden. In der Ärzteschaft und medizinischen Wissenschaft hat man sich, wie in der Justiz und anderen Wissenschaften bzw. ihren praktischen Anwendungsgebieten auch, lange mit der selbstexkulpierenden Behauptung begnügt, es sei immer nur ein kleiner Anteil von meist wenig erfolgreichen Fachvertretern gewesen, die sich als übereifrige und karrieresüchtige Parteigänger des Nationalsozialismus der Mitwirkung an den Gewalthandlungen des Regimes schuldig gemacht hätten. In der Medizinischen Fakultät der Universität Münster beispielsweise war lange nur von dem Privatdozenten der Anatomie, Johann Paul Kremer, die Rede, der als einziger Dozent der Universität bereits ab 1932 Angehöriger der NSDAP war und sich als Außenseiter auf eine Partei- und SS-Karriere gestürzt hatte, bis er es 1942 zum SS-Arzt und Täter im Vernichtungslager Auschwitz gebracht hatte.[3] Die übrigen Ordinarien und Klinikdirektoren galten als unbelastet, da sie nur der medizinischen Wissenschaft und Versorgung der Kranken verpflichtet gewesen seien.

Ansonsten hat man sich mit der bewusst missverstandenen Äußerung von Alexander Mitscherlich und seinem Mitarbeiter Fred Mielke gern zufriedengegeben, die als Prozessbeobachter in Nürnberg davon berichtet hatten, dass von den damals 90.000 in Deutschland tätigen Ärzten etwa 350 an den Medizinverbrechen beteiligt gewesen seien. Man übersah dabei, dass Mitscherlich neben den unmittelbar beteiligten und tatverdächtigen gut 300 Ärzten auch auf den »Apparat« hingewiesen hatte, der sie in die Lage oder in die Chance brachte, sich in Täter zu verwandeln. Dieser Apparat, das heißt die Institutionen und die Wissenschaftler in den Labors und an den Schreibtischen sind mittlerweile zum größeren Teil namhaft gemacht worden, und vor allem sind die Mechanismen und Rahmenbedingungen untersucht worden, durch die die Medizin wie andere Wissenschaften auch sich dem Räderwerk der NS-Diktatur angedient bzw. darin verstrickt hatten. Auch wurden inzwischen über das radikalfaschistische und menschenverachtende Regime des Nationalsozialismus und damit über die deutsche Entwicklung hinaus die ambivalenten Folgen und Gefährdungen der Moderne erkennbar, die auch anderswo als ein permanenter instrumenteller Rationalisierungsprozess dem Ziel des planbaren Menschen oberste Priorität eingeräumt und dem Gedanken der Machbarkeit alle moralischen Bedenken geopfert haben.

Die massenhaften Zwangssterilisationen und späteren Euthanasieverbrechen waren mörderische Konsequenzen der biopolitischen Ideologien und diktatorischen Praxis des NS-Regimes und Bestandteil der verbrecherischen Praxis des NS-Rassen- und Eroberungsstaates. Neben dem Völkermord an etwa sechs Millionen europäischen Juden führten die sozialdarwinistischen und rassenantisemitischen Ideologien, wie sie sich im späten 19. Jahrhundert entwickelt hatten, auch zu der Ermordung von etwa 250.000 Kranken in und außerhalb von Heil- und Pflegeanstalten und anderen Krankenhäusern. Zehntausende fielen überdies in Konzentrations- und Gefangenenlagern vernichtenden Humanexperimenten zum Opfer, an denen etwa auch der erwähnte Münsteraner Anatom Kremer beteiligt war. Annähernd 400.000 Menschen wurden überwiegend durch Zwangssterilisationen ihrer Zeugungsfähigkeit beraubt. An bedrückend vielen der genannten mörderischen Gewaltakte waren deutsche Ärzte und Ärztinnen, deutsches Krankenpflegepersonal sowie Verwaltungsangestellte des Medizinalbereichs beteiligt.

Zu dem ganzen Ausmaß und der Komplexität der medizinischen Verbrechen gehören die zwischen 1934 und 1945 durchgeführte massenhafte Verstümmelung und Vernichtung von Menschen, die als »erbkrank« abgestempelt waren oder als missliebig galten; aber auch das Geflecht der Verstrickungen namhafter Vertreter der Medizin- und Biowissenschaften, die wussten, dass die von ihnen untersuchten Organe aus dem Konzentrations- und Vernichtungslager Auschwitz stammten und auch, wie sie gewonnen worden waren; die wussten wie und wo Hirnsektionen an sogenannten »Reichsausschusskindern« durchgeführt wurden oder selbst daran beteiligt waren; die ferner die Epilepsieversuche mit Kindern in Unterdruckkammern durchführten. Das alles lässt sich durch das Zusammentreffen von mindestens fünf Faktoren bzw. Entwicklungslinien erklären:[4]

1.) die verbreitete Wissenschafts- und Fortschrittsgläubigkeit, die im Zuge der Entfaltung der experimentellen Wissenschaften auch Humanversuche nicht länger ausschließen wollte;
2.) die Forschungsmöglichkeiten, die ein totalitäres System bot, das sich zudem breiter politisch-ideologischer Zustimmung erfreute und dafür jede Form der politischen Radikalisierung und moralischen Entgrenzung noch prämierte;
3.) den Aufstieg der menschlichen Vererbungswissenschaft und Eugenik zur Leitwissenschaft der 1920er-, 1930er- und 1940er-Jahre;
4.) den Wandel der Ethik in Medizin und Gesellschaft von einer Individualethik, die bald als liberalistisch verfemt wurde, zu einer ausgeformten Gemeinschaftsethik;
5.) die enormen Ökonomisierungs- und Sparzwänge im Zeichen einer ökonomischen Dauerkrise und der Überforderung des gerade erst entstandenen Sozialstaates der Zwischenkriegszeit.

In dem völkischen Rassestaat, den die NS-Diktatur als Ziel ausgegeben und schon in Ansätzen verwirklicht hatte, wurde der Medizin darum eine bestimmte Rolle bei der Schaffung eines rassereinen (»arischen«), erbgesunden, mental und körperlich tüchtigen, leistungs- und reproduktionsfähigen sowie wehrfähigen »Volkskörpers« zugedacht. Ihre wesentliche Aufgabe bestand darin nicht mehr in dem individuellen Hilfsangebot an den Kranken zur Erhaltung oder Wiederherstellung seiner körperlichen und geistigen Gesundheit, sondern sie wurde vorrangig als Instrument im Dienst einer rassistischen Volksgemeinschaft und eines gesunden Volkskörpers verstanden. Das sollte durch Exklusion und Inklusion, durch Leistungsentzug und Leistungsgewährung geschehen, also im Sinne einer positiven Eugenik durch Anerkennung und Leistungsanreiz für die biologische Reproduktion der rassisch Wertvollen sowie durch Exklusion der biologisch »Wertlosen«; durch die Zuweisung von sozialpolitischen Vergünstigungen und etwa eines »Kraft durch Freude«-Urlaubs oder die Verleihung des Mutterkreuzes; andererseits durch die Ausgrenzung aus der staatlichen Fürsorgepolitik bis hin zur Einweisung in Heil- und Pflegeanstalten und durch Zwangssterilisationen und schließlich bis hin zur »Vernichtung unwerten Lebens«. Damit unterschied sich das Wirken der Medizin in der NS-Zeit deutlich von der sozialhygienisch-karitativ geleiteten Medizin in dem entstehenden Sozialstaat der Weimarer Republik. Bei allen personellen und medizinisch-fachlichen Kontinuitäten sind es vor allem diese Zielvorgaben und biopolitischen Praktiken und Zwänge, die den Zivilisationsbruch des Nationalsozialismus auf dem Felde der Medizin ausmachen.

Die rhetorische und pseudorechtliche Durchsetzung der nationalsozialistischen Rassenhygiene, die an zahlreiche wissenschaftliche und medizin- wie sozialpolitische Entwicklungen anknüpfen konnte, verlief sehr schnell, wenn auch sicherlich nicht flächendeckend und reichte nicht in alle Kliniken und Arztpraxen hinein. Bei der Realisierung der mörderischen Ideologie unterstützten und verstärkten sich ein allgemeiner spezifischer Aufbruchswille und die Logik der sozialdarwinistischen Machtdurchsetzungsstrategien des Nationalsozialismus wechselseitig. Der frisch ernannte NS-Reichsgesundheitsführer Gerhard Wagner verkündete bereits im Frühjahr 1934 die Grundsätze nationalsozialistischer Gesundheitspolitik. Er verlangte vom neuen »völkischen Arzt« einen radikalen Gesinnungswandel: Aus dem »Arzt des Individuums« müsse ein »Arzt der deutschen Nation« werden.[5] Dies gelte vor allem deswegen als Leitlinie für ärztliches Handeln, weil »das deutsche Volk bis zu einem bedenklichen Grad rassisch und völkisch »erkrankt« sei. Dieses Konzept sollte die neuen Gesundheitsgesetze bestimmen, deren genaue Kenntnis die Grundlage für ärztliches Handeln bilden sollte. Was Wagner damit meinte, war das »Gesetz zur Verhütung erbkranken Nachwuchses« von 1933, dem mit den

Nürnberger Rassegesetzen von 1935 eine weitere Radikalisierungsstufe folgen sollte.

Auch die Radikalisierung der Biopolitik verlief schrittweise und erfuhr mit den Stabilisierungserfolgen und der Radikalisierung des Regimes eine wachsende Beschleunigung und Ausweitung, ganz besonders im und mit dem Krieg. Der tödliche Weg führte von der Rassenhygiene und Erbgesundheitspolitik bis zur Euthanasie und Vernichtungspolitik gegen angeblich »rassisch Minderwertige« und »Gemeinschaftsfremde«. Unter den Bedingungen von Diktatur und Krieg, aber auch von Massenzustimmung und aufstiegsfördernder Mitmachbereitschaft erlebte eine zunehmend ideologiegesteuerte Wissenschaft eine stufenweise Radikalisierung und Verstrickung in die Ausgrenzungs- und Ausmerzungspolitik des Regimes. Der Krieg stellte nicht nur das Sanitätswesen vor ungeahnte und ungeheuerliche Herausforderungen, er gab auch den Rasseideologen die Möglichkeit, endlich das zu verwirklichen, was sie schon lange erträumt hatten: die Schaffung eines »gesunden Volkskörpers«. Dieser sollte durch die Entgrenzung medizinischen Handelns und die Befreiung von jeglicher Moral im Dienste einer »völkischen Leistungs-, Kampf- und Vernichtungsgemeinschaft ohne Raum für das Andere, das Schwache, das Kranke«[6] verwirklicht werden. Grundlage für die Realisierung der biopolitischen Diktatur waren die Auflösung jeglicher Formen des Rechtsstaates und bestehender Wertesysteme, aber auch die Gefolgschaft und Verfügbarkeit eines medizinischen Apparates. Möglich wurde das nicht nur, weil seit der nationalsozialistischen Machtübernahme innerhalb weniger Jahre mehr als 50 Prozent der Ärzte der NSDAP oder einer ihrer Parteigliederungen beigetreten waren,[7] sondern auch, weil der Krieg, der von vielen als ein aufgezwungener wahrgenommen wurde, vieles zu rechtfertigen schien, was bis dahin unvorstellbar war und den »Volksgenossen« die äußerste Einsatz- und Hinnahmebereitschaft vermeintlich auferlegte.

Die Nachkriegskatastrophe von Niederlage, Besatzung, Kriegsgefangenschaft, Zerstörung, Hunger und Krankheiten stellte auch und vor allem die Ärzte und die Krankenversorgung vor neue und gewaltige Herausforderungen. Andererseits waren die traditionellen Standesorganisationen der Ärzteschaft in den Westzonen darum bemüht, ihre Organisationen wieder aufzubauen und die Rolle der Medizin im Dritten Reich möglichst herunterzuspielen, auch weil man das Vertrauen in die Ärzteschaft nicht noch weiter gefährden wollte. Das hat die notwendigen Aufklärungs- und Lernprozesse der Nachkriegszeit deutlich erschwert und hinausgezögert, wie beispielsweise die Verzögerungs- und Verhinderungsstrategie der Ärztekammern im Umgang mit dem Bericht von Alexander Mitscherlich und Fred Mielke zeigen sollte. Diesen Report vom Nürnberger Ärzteprozess von 1946/47 hatte die ärztliche Standesorganisation zwar selbst in Auftrag gegeben, doch dessen Einsichten und Ergebnisse konnten ihren eigentlichen Zielsetzungen nicht passen.

Ab den frühen 1950er-Jahren meinte man, die Schuld der Medizin sei durch die Nachkriegsprozesse gegen medizinische Verbrechen aus dem Bereich der nationalsozialistischen Gesundheitsführung sowie des Personals in Heil- und Pflegeanstalten und in Konzentrationslagern, den Nürnberger Ärzteprozess und den anderen Prozessen davor und danach, schon hinreichend gesühnt. Bereits mit dem Londoner Viermächteabkommen vom August 1945 hatten die alliierten Siegermächte festgelegt, dass es neben den Gerichtsverfahren gegen die »Hauptkriegsverbrecher« auch Verfahren gegen Täter aus dem höheren und mittleren Führungspersonal des nationalsozialistischen Herrschaftsapparates vor nationalen Gerichtshöfen der betroffenen Länder geben sollte, was vom Kontrollratsgesetz Nr. 10 vom 20. Dezember für die deutschen Besatzungszonen bestätigt und fortgeschrieben wurde. Damit wurde auch das »niedere Mordpersonal« in die Strafverfolgung einbezogen.[8] Die Anklagen richteten sich gegen »Verbrechen gegen den Frieden«, »Verbrechen gegen

Lagerkommandant Josef Kramer (l.) und Lagerarzt Fritz Klein wurden im Bergen-Belsen-Prozess zum Tode verurteilt. Das Foto zeigt sie beim Verlassen des Gerichtssaals.

die Menschlichkeit« sowie die Zugehörigkeit zu gewissen Kategorien von Verbrechervereinigungen oder Organisationen. In den westlichen Besatzungszonen begannen die Prozesse bereits im September 1945 mit dem Prozess gegen den Lagerkommandanten von Bergen-Belsen und seine Mannschaft; es folgte der erste von insgesamt neun Dachau-Prozessen.

In diesen und den folgenden Prozessen wurden auch einem größeren Publikum Einblicke in die Breite der Massentötungen und das Grauen der Vernichtungspolitik gegeben. Im ersten Dachau-Prozess wurden die tödlichen Menschenversuche eines 74-jährigen Tropenmediziners offengelegt, der zunächst alles verharmlosen wollte, bis seine Laborbücher auftauchten und ihn als fanatischen Forscher entlarvten. Sein medizinisches Handeln wurde mit dem Tod durch den Strang bestraft. Auch in den weiteren Prozessen, die Verbrechen in den Konzentrationslagern von Dachau, Buchenwald, Mauthausen und Neuengamme ahndeten, wurden immer wieder Ärzte wegen ihrer medizinischen Untaten angeklagt und teilweise zum Tode oder zu längeren Freiheitsstrafen verurteilt.

Im Nürnberger Ärzteprozess, dem wichtigsten Verfahren, das am 25. Oktober 1946 vor einem amerikanischen Militärtribunal begann und bis zum 20. August 1947 dauerte, standen 19 Ärzte, eine Ärztin, ein Jurist und ein Verwaltungsbeamter wegen hunderttausendfacher Euthanasiemorde, tödlicher Menschenexperimente und anderer sadistischer Quälereien vor Gericht. Auf der Anklagebank saßen unter anderem Hitlers ehemaliger Begleitarzt Prof. Dr. Karl Brandt, SS-Obergruppenführer und Reichskommissar für das Sanitäts- und Gesundheitswesen sowie der SS-Oberführer und NSDAP-Oberdienstleiter in der »Kanzlei des Führers« Viktor Brack, ferner der SS-Gruppenführer Prof. Dr. Karl Gebhardt, Präsident des Deutschen Roten Kreuzes und Leibarzt Heinrich Himmlers, der Generalsekretär der NS-Gesellschaft »Ahnenerbe«, SS-Standartenführer Wolfram Sievers sowie mehrere KZ-Lagerärzte. Brack und Karl Brandt mussten sich als »Schreibtischtäter« für die Planung und Organisation der zehntausendfachen Euthanasiemorde verantworten, Gebhardt und die Lagerärzte wegen ihrer führenden Rollen bei der Vorbereitung und Durchführung todbringender Menschenversuche in den Konzentrationslagern.

Die Anklage legte zu ihrer Beweisführung mehr als 500 eidesstattliche Erklärungen und Dokumente vor und zog erstmals einen sachverständigen Zeugen, den Arzt und Vizepräsidenten der University of Illinois Andrew C. Ivy hinzu. Auch die Verteidigung hatte sich mit 900 Beweisstücken und 30 Zeugen gut vorbereitet. Die neu gegründete »Arbeitsgemeinschaft der Westdeutschen Ärztekammern« hatte eine Kommission von Prozessbeobachtern unter Leitung des Heidelberger Privatdozenten Alexander Mitscherlich gebildet, um die erhoffte »kollektive Entlastung des Berufsstandes« zu unterstützen. Die Urteile, die keine Revisionsmöglichkeiten zuließen, führten in sieben Fällen zum »Tod durch den Strang«. Das Verfahren ergab, ganz im Gegensatz zu den Erwartungen der deutschen Standesorganisationen, das »bedrückende Bild einer Medizinergeneration, die den Nationalsozialismus als willkommene Chance begriffen hatte, ihre seit langem verfolgten wissenschaftspolitischen und

Werner Heyde, ärztlicher Leiter der T4-Aktion, lebte bis zu seiner Enttarnung als Sportarzt Dr. Sawade unerkannt in Flensburg. Aufnahme aus dem Jahr 1961

berufsständischen Vorstellungen durchzusetzen.«[9] Inzwischen ist die medizinhistorische Forschung zu dem Ergebnis gekommen, dass wesentlich mehr als die zugestandenen 350 Medizinverbrecher zur Rechenschaft hätten gezogen werden müssen; doch diese konnten sich in der Nachkriegszeit durch Tarnung, Flucht oder Suizid ihrer Verantwortung entziehen.

Die Argumentation der Verteidigung im Nürnberger Prozess, dass die wehrmedizinischen Versuche an KZ-Häftlingen eine kriegsbedingte Zwangsmaßnahme gewesen seien, konnte das Gericht nicht überzeugen. Die Richter machten umgekehrt im Laufe des Prozesses deutlich, dass ein »Großteil der Ärzte durchaus mit den »erb- und rassebiologischen Zielen« der NS-Gesundheitspolitik »übereinstimmte«.[10] Als Konsequenz dieser Einsichten aus dem Prozessverlauf und als Reaktion auf die Rechtfertigungsversuche der Verteidiger, dass Humanexperimente auch in anderen Ländern zu militärischen Zwecken üblich seien, formulierte das Gericht schließlich einen Zehn-Punkte-Katalog ethischer und juristischer Grundsätze, die als »Nürnberger Kodex« zu Fragen von Zulässigkeit und Durchführung medizinischer Versuche Regeln formulierte, die allgemein anerkannt und immer wieder bestätigt, wenn auch längst nicht überall befolgt wurden. Sie fordern die Zustimmung von Versuchspersonen und die Alternativlosigkeit der Experimente am Menschen sowie die wissenschaftliche Kontrolle des Versuchs und die Minimierung möglicher Gefahren für die Versuchspersonen.

Auch in den Auschwitzprozessen der 1960er-Jahre wurden immer wieder medizinische Verbrechen angesprochen und belegt, jedoch kaum noch vor Gericht geahndet, weil die Täter nach mittlerweile gängiger Rechtsprechung nur noch wegen Beihilfe zum gemeinschaftlich begangenen Mord belangt werden konnten und darum, sofern ihnen ihre individuelle Tatbeteiligung nachgewiesen werden konnte, lediglich mit kürzeren Haftstrafen davonkamen. Eine Ausnahme bildete der sogenannte Heyde-Prozess gegen den 1959 inhaftierten »Euthanasiegutachter« und Leiter der T4-Aktion, der sich von 1950 bis 1959 als Sportarzt Dr. Sawade getarnt hatte und bis zu seiner Verhaftung untergetaucht war. Zu einem Verfahren kam es jedoch nicht, weil Heyde sich der Hauptverhandlung, ähnlich wie sein Mitangeklagter Friedrich Tillmann, durch Selbstmord entzog. Ein anderer Auschwitzprozess unter anderem gegen den ehemaligen Lagerarzt Horst Fischer, der zeitgleich mit dem Frankfurter Prozess vor einem Gericht in Leipzig stattfand, endete mit einem Todesurteil, das im Juli 1966 auch vollstreckt wurde, während in Frankfurt ein ähnliches Vergehen gegen den SS-Unterscharführer Gerhard Neubert mit einer dreieinhalbjährigen Zuchthausstrafe geahndet wurde. Alles deutet darauf hin, dass die DDR mit diesem Parallelprozess auch eine Propagandakampagne gegen den Frankfurter Prozess und den juristischen Umgang der Bundesrepublik mit NS-Verbrechen inszenieren wollte.

Als Mitscherlich und Mielke bereits 1947 einen Zwischenbericht unter dem Titel *Das Diktat der Menschenverachtung* in der *Deutschen Medizinischen Wochenschrift* veröffentlichen wollten, lehnte die Redaktion das ab; dafür attackierten medizinische Koryphäen wie der Berliner Chirurg Ferdinand Sauerbruch und der Göttinger Internist Friedrich Hermann Rein die Autoren als »Vaterlandsverräter«. Mitscherlichs Abschlussbericht *Wissenschaft ohne Menschlichkeit* von 1949 wurde der Öffentlichkeit vorenthalten, da die Publikation von Ärztevereinigungen fast vollständig aufgekauft wurde. Umso willkommener war, wie schon oben erwähnt, die empirisch nicht begründete statistische Feststellung von Mielke, der 1948 auf einer Ärztetagung erklärte, der Anteil der an Medizinverbrechen beteiligten Ärzte sei mit rund 350 Medizinern »verschwindend gering«. Für die medizinische Fachpresse war das eine »komfortable Ausgangslage«[11] die eine weitere Beschäftigung mit der Rolle von Medizinern im NS-Regime als überflüssig erscheinen ließ. Für viele Kollegen war das Urteil von Nürnberg und der statistische Entlastungsversuch von Mielke auch darum willkommen, weil sie darin einen Beleg für ihr angeblich untadeliges Verhalten meinten ablesen zu können und ungestört weiter praktizieren konnten.

Den meisten führenden Repräsentanten der medizinischen Wissenschaft, die durch ihre Mitwirkung bei der NS-Rassenpolitik belastet waren, gelang es nach einer Unterbrechung in der unmittelbaren Nachkriegszeit, in den 1950er-Jahren wieder in ihre einstigen Berufe zurückzukehren. So konnten beispielsweise an der Universität Hamburg im Oktober 1949 alle planmäßigen Professoren der medizinischen Fakultät wieder ihr Amt einnehmen, bis 1952 waren auch alle Privatdozenten rehabilitiert. Der Kinderarzt Werner Catel, der einst die »Kinder-Euthanasie« angestoßen hatte und darum auch Mitglied im »Reichsausschuß zur wissenschaftlichen Erfassung erb- und anlagebedingter schwererer Leiden« war, konnte als angeblich »überzeugter Antifaschist« bereits 1947 als Direktor einer Kinderheilstätte zurück in eine leitende ärztliche Funktion gelangen und ein Jahr später der Hauptverhandlung vor dem Hamburger Landgericht entgehen, weil das Gericht in seinem seinerzeitigen Handeln zwar rechtswidrige Tötungen, aber dabei kein Unrechtsbewusstsein erkannt hatte. Außerdem meinte das Gericht nicht, »daß die Vernichtung geistig völlig Toter« und »leerer Menschenhülsen ... absolut und a priori unmoralisch ist.«[12] 1954 wurde Catel zum Professor für Kinderheilkunde an die Universität Kiel berufen, obwohl Universität und Landesregierung über die Vergangenheit Catels informiert waren. Erst als 1960 als Folge des Untersuchungsverfahrens gegen Werner Heyde auch die Rolle Catels bei der nationalsozialistischen Euthanasiepolitik ins Visier geriet, legte man ihm die vorzeitige Emeritierung nahe, auch weil er noch immer für die Tötung von Kindern plädierte, die keine »seelischen Regungen« erkennen ließen.[13]

Spektakulär und für die Fortsetzung ihrer Karriere nach 1945 zeitweise belastend, wenn auch nicht berufsgefährdend, war die wissenschaftliche Tätigkeit von Medizinern, die sich in drittmittelfinanzierten außeruniversitären Forschungsbereichen engagiert hatten, die zu dem Bereich der »Rassenhygiene« gehörten; das war ein bevorzugtes und im ideologischen Trend liegendes Feld. Die menschenverachtenden und wissenschaftlich zu einem großen Teil abwegigen Experimente, die vor allem durch ihre ungehinderte Ausweitung zu massenhaften rücksichtslosen und zwangsweisen Humanexperimenten an Häftlingen in einigen Konzentrationslagern führten, brachten die beteiligten Rassehygieniker in Misskredit, nicht aber in eine Strafverfolgung.

Ihr wissenschaftliches Zentrum war das 1927 gegründete Kaiser-Wilhelm-Institut für Anthropologie, menschliche Erblehre und Eugenik in Berlin-Dahlem. Dessen erster Direktor Eugen Fischer war einer der Vertreter der humangenetischen Richtung innerhalb der damaligen Anthropologie, der nach den traumatischen Erfahrungen des Ersten Weltkriegs seine Lehrsätze auch in gesundheits- und gesellschaftspolitische Postulate meinte umsetzen zu müssen. Er hatte 1908 eine Forschungsreise nach Deutsch-Südwestafrika (heute Namibia) für eine Studie zu Rassenkreuzungen durchgeführt, mit der er an mehr als 300 niederländisch-afrikanischen Mischlingen den Nachweis erbringen wollte, dass sich menschliche Merkmale nach den Mendelschen Regeln vererben würden – eine Behauptung, die mittlerweile widerlegt ist. Nach diesen Erfahrungen rief er 1921 öffentlich dazu auf, Menschenschädel und Knochen aus den (ehemaligen) Kolonien nach Deutschland zu bringen.

Erst 2014 wurden 14 solcher Schädel identifiziert und nach Namibia zurückgebracht. Fischers Rassenbegriff, den er zusammen mit Erwin Baur und Friedrich Lenz 1921 in einem Lehrbuch zur *Menschlichen Erblehre und Rassenhygiene* erstmals publiziert hatte und das zu einem Standardwerk der damaligen Zeit – auch mit internationaler Anerkennung – wurde, diente schließlich auch der wissenschaftlichen Legitimation rassistischer Ideologien, sodass Fischer mit seinem Institut seit 1933 die Rassen- und Bevölkerungspolitik der Nationalsozialisten nach Kräften unterstützte. Das Regime verlieh ihm dafür 1944 den »Adlerschild des Deutschen Reiches«, die höchste Auszeichnung der Wissenschaft. Als Rektor der Berliner Universität sorgte er 1933 für die Entlassung vieler jüdischer Wissenschaftler und trat bei der Bücherverbrennung am 10. Mai 1933 in Berlin als Redner neben Joseph Goebbels auf. Als Richter am Erbgesundheitsgericht in Berlin unterstütze er gemeinsam mit anderen Kollegen 1937 die Sterilisierung zahlreicher »Rheinlandbastarde«, wie seit der Rheinlandbesetzung durch französische Truppen Kinder abwertend genannt wurden, die einen schwarzen Vater und eine weiße Mutter hatten.

Fischers herausragende Rolle im NS-Regime fand seinen Ausdruck in zahlreichen Ämtern und Auszeichnungen, die er zusätzlich zu seinem Direktorenamt am Kaiser-Wilhelm-Institut erhielt: Er war unter anderem Generalarzt für rassenbiologische Fragen bei der »Reichsstelle für Sippenforschung« und Mitglied des Beirats der »Forschungsabteilung Judenfrage« im Reichsinstitut für die Geschichte des neuen Deutschlands von Walter Frank, in dem er sich auch als Mitautor des Bandes *Das antike*

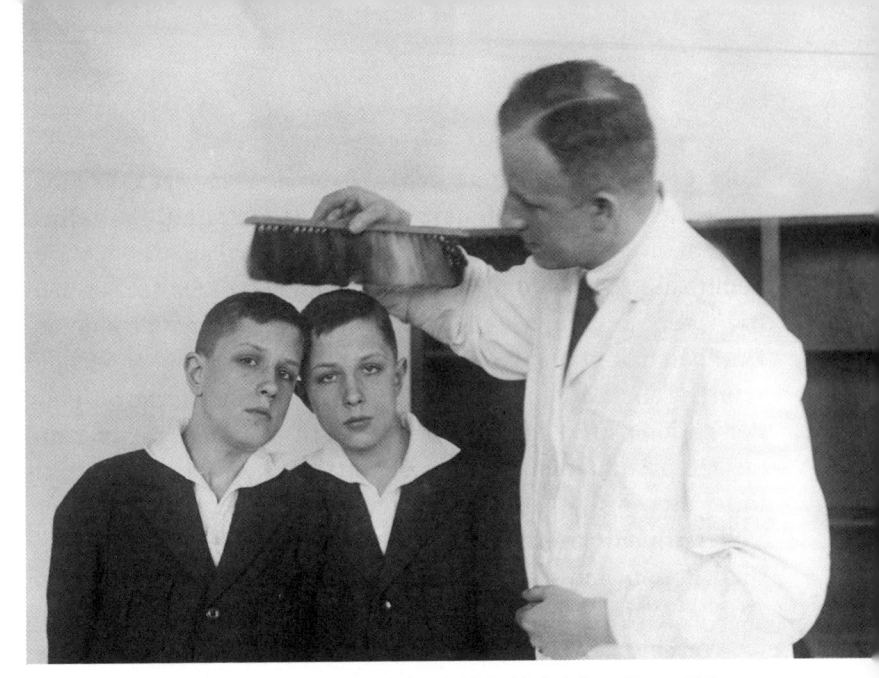

Otmar von Verschuer prüft Zwillinge auf die Gleichfarbigkeit ihrer Haare. Kaiser-Wilhelm-Institut für Anthropologie, menschliche Erblehre und Eugenik, März 1929

Weltjudentum hervortat. Auf seinen Antrag auf Parteimitgliedschaft wurde er zum 1. Januar 1940 in die NSDAP aufgenommen. Auch nach seiner Emeritierung 1942 und seinem Wegzug aus Berlin gehörte er als »Auswärtiges Mitglied« weiterhin der Kaiser-Wilhelm-Gesellschaft an. Schließlich ernannte die wieder begründete Gesellschaft für Konstitutionsforschung Fischer 1951 zum Mitglied, 1952 wurde er Ehrenmitglied der Deutschen Gesellschaft für Anthropologie und der Deutschen Gesellschaft für Anatomie. Von seinen praktischen und theoretischen rassenpolitischen Vergangenheiten blieb er unberührt und konnte im Gegenteil weiterhin stolz auf seine wissenschaftlichen Ehrungen sein.

Lange Zeit umstrittener blieb die Wiedereingliederung seines Nachfolgers als Direktor des Kaiser-Wilhelm-Instituts für Anthropologie, menschliche Erblehre und Eugenik, Prof. Dr. Otmar Freiherr von Verschuer. Ein Gutachten auf Veranlassung des kommissarischen Leiters der Kaiser-Wilhelm-Gesellschaft

Robert Havemann richtete sich im Februar 1946 gegen die mögliche Berufung Verschuers an die Universität Frankfurt. Havemann hatte an den zuständigen amerikanischen Major Sculitz geschrieben und Verschuer als schwer belastet bezeichnet, da er SS-Männer wie Josef Mengele an seinem Berliner Institut beschäftigt und gefördert hätte. Außerdem habe Verschuer »durch seine schrankenlose Unterstützung und Rechtfertigung der nationalsozialistischen Rassenlehre und Rassenpolitik mit zu den prominenten und aktivsten Vertretern des Faschismus unter den Wissenschaftlern«[14] gehört.

Verschuer hatte zuletzt als Oberleutnant am Ersten Weltkrieg teilgenommen und ab 1919 an der Universität Marburg Medizin studiert. Dort gehörte er dem radikalnationalistischen Verband der Vereine Deutscher Studenten und dem freikorpsähnlichen Studentenkorps Marburg an, mit dem er 1920 im Rahmen des Kapp-Putsches an einem Einsatz in Thüringen sowie an der Verhaftung von 15 angeblich »roten« Aufständischen beteiligt war. Als diese auf dem von Freikorpssoldaten bewachten Fußmarsch nach Gotha angeblich wegen eines Fluchtversuchs von Angehörigen des Studentenkorps erschossen wurden, herrschte in der deutschen Öffentlichkeit eine große polarisierende Empörung mit langer Nachwirkung. Die »Morde von Mechterstädt« brachten die unmittelbar tatbeteiligten Studenten vor Gericht, das im Hauptverfahren die Angeklagten aus Mangel an Beweisen jedoch freisprach.

Verschuer verließ nach diesem militanten politischen Abenteuer auf der extremen Rechten Marburg, weil ihm der Boden dort zu »heiß geworden« war und studierte weiter in Hamburg und Berlin. 1922 war er Gasthörer in Freiburg, wo er auch Eugen Fischer kennenlernte. Dort wurde er 1923 auch promoviert. Seit seinem Studium beschäftigte sich Verschuer unter der Anleitung seines Tübinger Chefs Wilhelm Weitz mit der erbbiologischen Zwillingsforschung und konnte 1927 an das Berliner Kaiser-Wilhelm-Institut von Eugen Fischer wechseln, die seinerzeit beste Adresse für eine erfolgreiche wissenschaftliche Karriere. Zweifel an der wissenschaftlichen Begründung der nationalsozialistischen Rassentheorie stellte er zurück. 1935 wechselt er an das neugegründete Institut für Erbbiologie und Rassenhygiene in Frankfurt und wurde gleichzeitig zum Professor an die dortige Medizinische Fakultät berufen. In Frankfurt gab er die Zeitschrift *Der Erbarzt* heraus, deren Titel für ihn auch professionelles Programm seiner Forschung und deren öffentliche Verbreitung war. Neben der Publikation seiner Erkenntnisse in Lehrbüchern sollten die Ergebnisse der Forschung in Vorträgen und populärwissenschaftlichen Veröffentlichungen verbreitet werden und Interessenten bzw. Patienten für die angeschlossene Beratungsstelle für Erb- und Rassenpflege gewinnen. Tatsächlich konnte die Beratungsstelle jährlich etwa 1000 Personen wegen Ehestandsdarlehen, Ehetauglichkeitszeugnissen und Begutachtungen zur Sterilisation untersuchen. Ein Erbarchiv, das dem Institut angeschlossen war, hatte bis 1938 bereits 250.000 Menschen erfasst. Das war eine wissenschaftliche und medizinpolitische Erfolgsbilanz, die einem modernen Wissenschaftsverständnis entsprach, aber auch das gesellschaftspolitische Kontrollpotenzial einer nationalsozialistischen »Volksgesundheitsfürsorge« andeutete.

Für Verschuer waren diese Aktivitäten 1942 eine willkommene Begründung seiner Berufung auf die Nachfolge Eugen Fischers im Berliner KWI. Josef Mengele, der 1935 promoviert worden war und den Verschuer mit nach Berlin nehmen wollte, hatte sich inzwischen für die Waffen-SS entschieden, blieb aber im engen Kontakt mit seinem Doktorvater, um sich zu habilitieren, auch nachdem er sich 1943 nach Auschwitz hatte versetzen lassen. Dort war er an den Selektionen an der Rampe beteiligt und führte auch weiterhin in eigener Verantwortung Experimente an Zwillingen durch, von denen Verschuer gewusst haben muss. Denn seine Arbeiten in Auschwitz wurden von der Deutschen Forschungsgemeinschaft (DFG) auf Empfehlung Verschuers gefördert, und dieser berichtete der Wissenschaftsorganisation auch über den Fortgang der Untersuchungen Mengeles zu »Spezifischen Eiweißkörpern«: »Mit Genehmigung des Reichsführers-SS werden anthropologische Untersuchungen an den verschiedenen Rassegruppen dieses Konzentrationslagers durchgeführt und die Blutproben zur Bearbeitung an mein Laboratorium geschickt.«[15] Noch im Januar 1945, also kurz vor der Befreiung des Konzentrations- und Vernichtungslagers Auschwitz durch die Rote Armee, meldete er der DFG, er habe von »über 200 Personen verschiedenster rassischer Zugehörigkeit« Blutproben erhalten.

Auch die Untersuchungen von Verschuers Assistentin Karin Magnussen unterstützte Mengele, indem er ihr für ein Projekt zur »Vererbung von Augenfarben« Augenpaare »einer Zigeunerin« und die ihrer Kinder mit Heterochromasie, das heißt verschiedener Augenfarbigkeit, nach Berlin schickte. Dass Mengele seit den Nürnberger Prozessen als Symbolfigur für die mörderische NS-Medizin galt, wollte Verschuer nicht bestätigen. Er versuchte seinen Assistenten nach 1945 als »Lazarettarzt« zu verharmlosen und ihre intensive Kooperation zu leugnen.[16]

Aktuelle Forschungen zur Förderpraxis der DFG haben jedoch stichhaltige Belege für dieses Konzept der Praxisverbindung außeruniversitärer Großforschung der NS-Zeit erbracht. Die DFG hat als Bilanz in ihrer Geschäftsstelle in Bad Godesberg im Jahr 2006 ein aus zwei Glasstelen bestehendes Mahnmal enthüllt, auf dem ein Brief reproduziert ist, in dem Verschuer im Frühjahr 1944 mitteilte, dass der »Lagerarzt Dr. Josef Mengele (Auschwitz)« an einem von der DFG geförderten Vorhaben mitwirkte. Bei der Enthüllung stellte der seinerzeitige Präsident der DFG fest, dass die 1920 als Notgemeinschaft der Deutschen Wissenschaft DFG nach 1933 kaum »Probleme hatte, sich an das nationalsozialistische Regime anzupassen«.[17] Auf der zweiten Stele verweist der deutsch-amerikanische Historiker Fritz Stern, selbst Verfolgter des NS-Regimes, in seinem Text ebenfalls auf die Beteiligung der deutschen Wissenschaft an den Verbrechen des Nationalsozialismus, stellt aber auch fest, dass der Wissenschaft in Deutschland und mit ihr dem ganzen Land etwas widerfahren sei, was selten in der Geschichte oder einem Menschenleben ist, nämlich die Chance auf einen Neuanfang in einer demokratischen Kultur.

Auch Otmar Freiherr von Verschuer hat diese zweite Chance zu nutzen versucht bzw. in einer Weise genutzt, die für viele seiner Kollegen und Zeitgenossen der Nachkriegszeit charakteristisch ist. 1945 ließ Verschuer einen großen Teil des Institutsmaterials aus Berlin mit Lastwagen auf sein Familiengut im nordhessischen Solz bringen und hoffte auf die Möglichkeit, seine Karriere fortsetzen zu können. Denn auch seine ehemaligen Kollegen wie der Rassenhygieniker Hans Nachtsheim hatten 1946 wieder einen Ruf auf einen Lehrstuhl für Genetik an der Humboldt-Universität Berlin erhalten, ebenfalls Fritz Lenz, der 1946 nach Göttingen berufen wurde. Verschuer hat, wie manche Kollegen auch, die Zeit genutzt, um über das nachzudenken, was vor 1945 geschehen war, und um sich darüber in Briefen auszutauschen. Sein Urteil bzw. seine Erklärung für den Aufstieg des Nationalsozialismus und über seine eigene Rolle in dieser Zeit liest sich nicht viel anders als die zahlreichen anderen Selbstvergewisserungen. Der Nationalsozialismus wird darin als Unwetter verstanden, das über Deutschland hereingebrochen sei; verantwortlich dafür seien die geistigen Verirrungen der Zwischenkriegszeit, einer technisierten und entmenschlichten Welt gewesen, die sich vom Christentum abgewendet habe.

Als Mittel gegen diese Übel empfahl Verschuer eine Abkehr vom Politischen und den Rückzug in die reine Wissenschaftlichkeit, aber auch eine Fundierung der Wissenschaft im christlichen Sinne. Aus dem Munde Verschuers klang das überzeugend, denn er hatte in seiner Berliner Zeit während des Krieges den Kontakt zur Bekennenden Kirche in Berlin-Dahlem gehalten, was ihm bei seiner späteren Rechtfertigung durchaus zugutekam. Das schloss auch das Eingeständnis der eigenen Schuld und der eigenen Fehler mit ein: »Nicht, als ob ich an dem Grundsätzlichen, das ich bisher vertreten und gefordert habe, etwas zu ändern hätte, aber doch in dem Sinne, als es nunmehr möglich ist, die mißbräuchliche Anwendung meiner Wissenschaft nicht nur dadurch zu kritisieren, daß man vieles verschweigt und nur das unterstreicht, was man für richtig hält, sondern indem man aus den begangenen Fehlern die Lehren zieht.«[18] Das bedeutete für ihn nicht den »Bankerott der Eugenik«, wohl aber die Abkehr von allen sozialdarwinistischen Auswahlprinzipien, den »Bankerott aller ›Züchtungs-Phantastereien‹«.[19] Mit dieser Selbstkorrektur meinte Verschuer für eine zweite Karriere als Wissenschaftler hinreichend gerüstet zu sein: »Bei objektiver Betrachtung müsste man mich ungeschoren lassen, ja, im Gegenteil: Die Besatzungsmächte sollten ein Interesse daran haben, daß die Korrektur der Irrlehren des Nationalsozialismus in der Rassenfrage und die Missbräuche, die vorgekommen sind, von deutscher wissenschaftlicher Seite selbst richtiggestellt und korrigiert werden. Nur so kann man hoffen, daß die richtige Auffassung sich durchsetzt und damit die so notwendige Klärung eintritt. Erfolgt solch eine Kritik und Korrektur durch einen jüdischen oder politischen Emigranten, so wird ihm in Deutschland nicht viel Glauben geschenkt werden. Dagegen glaube ich, in weiten Kreisen des deutschen Volkes auf meinem Gebiet so viel Autorität zu besitzen, daß sie meiner Darstellung Glauben schenken werden.«[20]

Der Brief Havemanns an die zuständigen Besatzungsvertreter in Frankfurt zerstörte jedoch die Hoffnungen Verschuers; die Kaiser-Wilhelm-Gesellschaft strich ihm die Bezüge, die Berufung nach Frankfurt drohte zu scheitern. Er musste sich für Jahre mit Gutachten in Erbschaftsfragen und Vaterschaftsanerkennungen durchschlagen. Die Kaiser-Wilhelm-Gesellschaft bildete zudem eine Kommission, der neben Havemann auch sein Kollege Nachtsheim angehörte, dem er eigentlich vertraute. Die

Kommission erstellte auf der Grundlage von Publikationen Verschuers einen Bericht über »das Gesamtbild Verschuers als Wissenschaftler im Lichte des Zeitgeschehens und insbesondere im Hinblick auf seine Einstellung und sein Verhalten zum Nationalsozialismus und dessen Lehren«.[21]

Die Schlussfolgerungen der Kommission lauteten, dass eine Distanz Verschuers zum Nationalsozialismus nur an sehr wenigen Stellen seiner Publikationen festzustellen seien, ansonsten aber eine weitgehende Zustimmung« enthielten. Er habe »seine wahre wissenschaftliche Erkenntnis geopfert, um sich den Beifall und die Gunst der damaligen Machthaber zu sichern – ein Vorwurf der schwerer wiegt als der eines, wenn auch irregeleiteten Fanatismus«. Denn ihm dürfte bekannt gewesen sein, dass Mengele seine Blutproben nicht von freiwilligen Spendern gewonnen haben konnte.« Deshalb habe sein Handeln »selbstverständlichen Forderungen menschlicher und wissenschaftlicher Ethik« widersprochen.[22] Darum forderte die Kommission, dass ein Institut mit eugenischen Zielen niemals Menschen anvertraut werden dürfe, deren restlose Objektivität und unbedingtes Eintreten für das wahre Wohl des Volkes nicht gesichert erscheine. Um die gravierenden Vorwürfe des Kommissionsgutachtens zu entkräften, bemühte sich Verschuer mit Erfolg um ein Gegengutachten von Kollegen aus dem ehemaligen KWI, das im September 1949 vorlag und zu einer ganz anderen, sehr viel günstigeren Beurteilung kam. Es enthielt Gegenargumente und Auslassungen, wie sie sich in vielen Rechtfertigungsversuchen der Zeit finden lassen. Man betonte die Nähe Verschuers zur Bekennenden Kirche; man verwies auf die Gewohnheit, im Berliner Institut zu den Mahlzeiten ein christliches Gebet zu sprechen und darauf, dass der Hitlergruß dort unüblich gewesen sei.

Dafür, dass Verschuer darüber informiert war, was Mengele in Auschwitz an gewaltsamen Humanexperimenten betrieben habe, gebe es keine Beweise. Dagegen nahm auch die Entlastungskommission Anstoß an einigen öffentlichen Äußerungen, die man jedoch als bloße »Redewendungen« bewertete, während man Verschuers gelegentliche Opposition gegen die NS-Ideologie sehr viel höher einschätzte. Trotz einiger trüber Flecken zeichne sich das Bild Verschuers durch »alle Qualitäten aus, die ihn zum Forscher und zum Lehrer akademischer Jugend prädestinierten.«[23] Ob auch das Institutsmaterial, das Verschuer mitzubringen versprach, die positive Einschätzung verstärkt hat, lässt sich nicht sicher sagen. Auf jeden Fall hatte sich Anfang der 1950er-Jahre das politische Klima verändert, was seine Berufung an die Universität Münster im Jahre 1951 begünstigte. Auch ein Spruchkammerverfahren gegen Verschuer, das 1947 noch zu der Einstufung als »Mitläufer« geführt und das Havemann beanstandet hatte, sollte in einem Revisionsverfahren überprüft werden. Es verlief jedoch 1949 im Sande.

Verschuers Chance bot sich 1950, als die Medizinische Fakultät der Universität Münster ihn »unico loco« auf eine Berufungsliste für einen neugegründeten Lehrstuhl für menschliche Erblehre setzte und auch das Kultusministerium in Düsseldorf keine Einwände dagegen mehr erhob.

Seine verzögerte Wiedereingliederung in die medizinische Wissenschaft verlief nach verbreitetem Muster: mithilfe von Netzwerken und förderlichen Gutachten, vor allem in Form von »Persilscheinen«.[24] Zu Verschuers Unterstützern zählten prominente Naturwissenschaftler wie der Biochemiker Adolf Butenandt, Nobelpreisträger und Direktor des Kaiser-Wilhelm-Instituts für Biochemie, oder die Witwe des von den Nationalsozialisten hingerichteten Widerstandskämpfers Adam von Trott zu Solz, einer Gutsnachbarin Verschuers. Weder die Fakultät noch die Universität haben jemals Kritik an der Berufung Verschuers geübt, auch als er sich im neuen Amt und bald auch als Dekan der Medizinischen Fakultät auf der Grundlage von Artikel 131 des Grundgesetzes erfolgreich für die Eingliederung des ehemaligen SS-Standartenführers Bruno Kurt Schultz in die Fakultät als Emeritus einsetzte.

Schultz war Mitglied des Rasse- und Siedlungshauptamtes der SS und mitverantwortlich für die Umsetzung vieler Umvolkungs- und Vernichtungspläne im besetzten Osteuropa gewesen. Wie sein Kollege Michael Hesch, ehemals SS-Hauptsturmführer, der ebenfalls den Weg nach Münster suchte, jedoch dabei scheiterte, gehörte Schultz zu der »Prag-Connection«, war bis 1945 Direktor des Instituts für Rassenbiologie an der Karls-Universität Prag und wurde nach einer langen Vorgeschichte 1961 entpflichteter ordentlicher Professor an der Medizinischen Fakultät in Münster.

Verschuer wurde 1965 emeritiert. Im selben Jahr schrieb er: »Von der nationalsozialistischen Ideologie war ich – schon als Glied der Bekennenden Kirche – durch einen breiten Graben getrennt.«[25] Nach seiner Emeritierung engagierte sich Verschuer in verschiedenen Kommissionen der Evangelischen Kirche. Auch in der Medizinischen Fakultät der Universität Münster war und blieb er ein geachtetes Mitglied. 1969 verstarb er an den Folgen eines Autounfalls.

Alte Kameraden und neue Welten

Militär und Nachrichtendienste

Am 19. November 1945 verfasste der letzte Oberbefehlshaber des Heeres, Generalfeldmarschall Walther von Brauchitsch, zusammen mit den Generälen Franz Halder, Erich von Manstein, Walter Warlimont und Siegfried Westphal auf Anregung des amerikanischen Generals William J. Donovan eine Denkschrift mit dem Titel *Das deutsche Heer von 1920–1945*.[1] Was der amerikanische Ankläger beim Nürnberger Prozess gegen die Hauptkriegsverbrecher, vor allem gegen die Hauptangeklagten Wilhelm Keitel und Alfred Jodl vom Oberkommando der Wehrmacht (OKW) als Beweismaterial verwenden wollte, geriet zu einer Rechtfertigungsschrift der fünf Wehrmachtsgeneräle, die mit »ihrem möglichst klaren Bild« die Rolle des Oberkommandos der Wehrmacht und des Heeres vor und während des Zweiten Weltkriegs beschönigten und verharmlosten. Die Wehrmacht und besonders das Heer seien immer gegen die NSDAP und besonders gegen die SS eingestellt gewesen; sie hätten militärische wie politische Entscheidungen Hitlers kritisiert sowie Kriegsverbrechen abgelehnt. Die politisch-ideologische Übereinstimmung mit der NS-Führung und ihrer Programmatik, wie sie vor allem in der Unterstützung bei der Aufrüstung und der nationalsozialistischen Eroberungspolitik zum Ausdruck kam, wurde heruntergespielt; die Straftaten militärischer Einheiten wurden nicht erwähnt, von Konzentrationslagern und den Verbrechen der Einsatzgruppen habe man nichts gewusst. Auch Verletzungen des Völkerrechts wie durch den »Kommissarbefehl« von 1941, dem Befehl zur sofortigen Erschießung aller politischen Kommissare der Roten Armee, oder der »Gerichtsbarkeitserlass« wurden nicht erwähnt oder allein Hitler und der SS zugeschoben. Die Verantwortung für die Kriegführung und die militärischen Niederlagen seit der Kriegswende gingen allein auf das Konto des militärischen Dilettanten und Obersten Befehlshabers Hitler. Auch mit der Kritik bzw. Ablehnung des militärischen Widerstands und des Attentats vom 20. Juli 1944 stand man kaum hinter Stauffenberg, sondern eher auf der Seite des Regimes.

Die Legende von der »sauberen Wehrmacht« war damit geboren und diente künftig der Selbstrechtfertigung der einstigen militärischen Führung und zahlreicher Soldaten. Daran änderte auch die Tatsache nichts, dass diese Behauptungen bereits kurze Zeit später im Nürnberger Prozess gegen die Hauptkriegsverbrecher oder im Prozess gegen das Oberkommando der Wehrmacht widerlegt wurden. Dass die Generäle es hätten besser wissen können und müssen, zeigen die Abhörprotokolle, die britische Behörden in einigen englischen Gefangenenlagern für Offiziere ab 1942 und bis zum Kriegsende von deren Gesprächen anfertigten. Im Unterschied zu veröffentlichten Tagebüchern und Briefen oder auch Verhörprotokollen geben die abgehörten informellen Gespräche, die sie untereinander oft auch kontrovers führten, tiefere Einblicke in die Gedankenwelt und die Kenntnisse prominenter deutscher Kriegsgefangener, Stabsoffiziere und Generäle. Worüber sie in der Gefangenschaft miteinander sprachen, war neben ihrem abfälligen Urteil über Hitler und seine Führungsclique vor allem die ab 1943 drohende militärische Niederlage und deren Gründe, aber auch die Massaker an der russischen Zivilbevölkerung und der millionenfache Mord an den europäischen Juden. Sie wussten von den Massenverbrechen an der Ostfront, auch wenn die

Mitverantwortung der Wehrmacht an dem Vernichtungskrieg geleugnet oder verschwiegen wurde. Wenn sie auch in der Beurteilung der nationalsozialistischen Herrschaft und ihres eigenen Verhältnisses zu diesem Regime uneins waren, so waren sie sich jedoch untereinander und indirekt mit anderen Generalsgruppen, von denen sie durch die Gefangenschaft getrennt waren, in der Ablehnung des nationalsozialistischen Regimes einig, obwohl sie für dessen Stabilisierung und Politik eine wesentliche Mitverantwortung trugen.[2]

Die Legende von der »sauberen Wehrmacht«, die seit Kriegsende gepflegt und verbreitet wurde, erfüllte mehrere nützliche Funktionen: Sie verdeckte die Verantwortung der militärischen Führung für die Politik und die Massenverbrechen des Nationalsozialismus, und sie erlaubte es jedem Offizier oder auch Mannschaftsgrad, für sich und für die anderen eine Erklärung für das Ungeheuerliche zu finden, das sie erlebt und teilweise mitzuverantworten hatten. Obwohl diese Legende, die auch eine Form des Schweigens darstellte, den Weg zurück in die Bürgergesellschaft auf die eine oder andere Weise – glatt oder auch holprig – geebnet hatte, wurde sie mit der Zeit brüchig; sie bestand jedoch bis in die 1990er-Jahre, bis zum Ende der Lebenszeit der Kriegsgeneration, in gewisser Weise fort – im Verborgenen oder auch öffentlich.

Es waren die öffentliche Erregung und auch der politische Skandal um die erste, in ihrer Text- und Bildrepräsentation überspitzte und teilweise überzogene Präsentation, die die Trennwand zwischen der Kriegserinnerung und der völlig veränderten Wirklichkeit des wiedervereinigten Deutschlands bröckeln ließ und auch das bisherige beredte Schweigen über die »saubere Wehrmacht« aufbrach. Die Tatsache, dass die zweite, gründlich überarbeitete »Wehrmachtsausstellung« drei Jahre später mit fast denselben, nur besser recherchierten und differenzierteren Thesen fast störungsfrei und ohne die bisherige heftige Kritik durch die Lande zog, zeigt den Bewusstseinswandel, der sich mittlerweile vollzogen oder angebahnt hatte und der dem Spannungsfeld von Nationalsozialismus und deutscher Gesellschaft bzw. deutschem Militär eine andere und differenziertere Bewertung zuteilwerden ließ – jene »kluge Abwägung zwischen Verstehen und Verurteilen«, die der Philosoph Jürgen Habermas in den 1980er-Jahren im Umgang mit der Erinnerung an den Nationalsozialismus gefordert hatte.

Mit der Gefangennahme der Regierung Dönitz, dem Überbleibsel der militärischen und politischen Führung des Deutschen Reiches, Ende Mai 1945 in Flensburg begann die Suche der westlichen Alliierten nach deutschen Kriegsverbrechern. Die US-amerikanische Armee führte zwischen 1945 und 1948 489 Prozesse durch, vor allem gegen mittlere Dienstgrade. Vor dem Internationalen Militärtribunal in Nürnberg klagten die Alliierten neben den 24 Mitgliedern der NS-Führungsriege, den Hauptkriegsverbrechern, auch die militärischen Führungsgruppen aus dem Generalstab, dem OKW und der SS an. Dabei wurde die SS als verbrecherische Organisation behandelt, während dies für die Wehrmachtsteile aus formaljuristischen Gründen nicht galt. Dies war für viele später ein willkommenes, aber unzutreffendes Argument, um die Wehrmacht von allen Vorwürfen der Kriegsverbrechen freizusprechen. Dass sie jedoch nicht nur »anständig« geblieben sei, wie viele Wehrmachtsangehörige immer wieder behaupteten, hatten die Nürnberger Richter deutlich gemacht, indem sie den Generalstab als »rücksichtslose militärische Kaste« bezeichneten und auf weitere Einzelprozesse hinwirkten.

Diese differenzierte Einschätzung schlug sich auch in den Urteilen gegen die militärischen Hauptangeklagten nieder: Wilhelm Keitel und Alfred Jodl wurden zum Tode verurteilt, Hermann Göring entzog sich der Todesstrafe durch Selbstmord; Erich Raeder und Karl Dönitz wurden zu längeren Haftstrafen verurteilt. Für die obersten Befehlshaber der einzelnen Wehrmachtsteile sollten individuelle Strafen verhängt werden. Auf den Hauptprozess folgten daher zwei weitere Prozesse: der »Geiselmordprozess« vom Mai 1947 bis zum Februar 1948 sowie der »OKW-Prozess« vom Februar 1948 bis zum Oktober 1948 gegen jeweils zwölf Generäle. Ihnen wurde die Verantwortung für die exzessiven Geiseltötungen zur Last gelegt, die das ohnehin zweifelhafte Relikt zulässiger Repressalien aus früheren Kriegen hundertfach überstiegen hatten; oder sie wurden wegen der Durchführung der »verbrecherischen Befehle« und der Tötung von Gefangenen sowie von Zivilpersonen vor allem in den besetzten russischen Gebieten angeklagt und zu Haftstrafen verurteilt; vorgeworfen wurde ihnen auch die Duldung oder Unterstützung von Mordaktionen der SS-Einsatzgruppen. Auch in diesen gravierenden Fällen von Kriegsverbrechen, die erst Jahrzehnte später Gegenstand öffentlicher Diskussionen wurden, wollten die Angeklagten nie etwas gehört oder gesehen haben, obwohl bereits bei der Ansprache Hitlers Ende März 1941 vor 250 Offizieren die Befehle für den Vernichtungskrieg im »Unternehmen Barbarossa« gegen die »bolschewistische« Sowjetunion angekündigt wurden und später nicht wenige Heeresbefehlshaber die Umsetzung dieser »verbrecherischen Befehle« ausgearbeitet und vor ihren höheren Offizieren verkündet hatte.

Der OKW-Prozess gehörte zu den letzten Verfahren in Nürnberg; als er im Oktober 1948 beendet wurde, hatte sich die weltpolitische Lage bereits zu verändern begonnen, was sich später auch zugunsten der deutschen Angeklagten vor alliierten bzw. amerikanischen Gerichten auswirken sollte. Von den insgesamt 14 Angeklagten aus dem OKW wurden zwei freigesprochen; Generaloberst Johannes Blaskowitz, der wegen seines Widerspruchs gegen die Gräueltaten an Zivilisten vom Gericht lobend hervorgehoben wurde, nahm sich am 5. Februar 1948 im Gerichtsgebäude das Leben. Die anderen elf Angeklagten erhielten bemerkenswert harte Strafen, zwischen drei Jahren und lebenslänglicher Haft. Weitere Verfahren fanden danach noch in den einzelnen Besatzungszonen und in den ehemals von der deutschen Wehrmacht besetzten Gebieten statt. Währenddessen hatten die Berufssoldaten, vor allem die älteren unter ihnen, in materieller und ideeller Hinsicht unter dem Alliierten Kontrollratsgesetz von 1946 zu leiden, da ihnen die Zahlung einer Militärpension zu verweigern war und sie als Folge der militärischen Katastrophe von erheblichem Ansehensverlust betroffen waren. Während die Besatzungsmächte an dieser politischen Einschätzung festhielten, die von den Soldaten als Diskriminierung und Diffamierung empfunden wurde, bemühten sich die deutschen demokratischen Parteien seit der Wiedergründung der Länder und danach auch der Bundesrepublik darum, den Berufssoldaten, die mittlerweile einen Verband gegründet hatten, schrittweise entgegenzukommen, vor allem bei der Formulierung des umstrittenen Artikels 131 des Grundgesetzes, das die Wiedereingliederung von Beamten ermöglichte. Ab den frühen 1950er-Jahren befanden sie sich, auch vor dem Hintergrund der veränderten weltpolitischen Lage und der Debatte um eine Wiederbewaffnung, zu einem großen Teil wieder auf freiem Fuß, und sie sahen ihre Ehre durch die Erklärung des Bundeskanzlers und schließlich auch von General Eisenhower wiederhergestellt. Nicht nur weil ihre Interessenvertreter zuvor vehement erklärt hatten, dass im Falle einer Verweigerung die Aufrüstung »ohne sie« stattfinden müsse, sondern auch weil sowohl die CDU wie die SPD fürchteten, dass die Protesthaltung der ehemaligen Offiziere ein beträchtliches nationalistisches Radikalisierungspotenzial in sich berge, was besonders Kanzler Adenauer unbedingt verhindern wollte.[3] Seither verstärkte sich die Kooperation zwischen Kanzleramt und Soldatenverbänden, der sich nur noch eine Minderheit der Soldaten verschloss.

Inzwischen hatte sich der Kalte Krieg seit der Berlin-Blockade und vor allem seit dem Überfall nordkoreanischer Truppen auf den Süden am 25. Juni 1950 in voller Schärfe ausgebildet. In internationalen Verhandlungen zwischen den USA und Westeuropa wurde über eine Verbindung zwischen deutscher Wiederbewaffnung und der Gewährung politischer Gleichberechtigung für die junge Bundesrepublik verhandelt. Adenauer hatte seit 1949 nach einem Do-ut-des-Prinzip Verhandlungen über einen westdeutschen Militärbeitrag angeboten und mit der Forderung nach westdeutscher Handlungsfreiheit verbunden; er hatte das zunächst in Interviews mit amerikanischen Zeitungen und dann in Denkschriften angeregt. Am 19. September 1950 gab die amerikanische Regierung in Absprache mit ihren westlichen Verbündeten schließlich eine Sicherheitserklärung für die Bundesrepublik und die westlichen Berliner Sektoren ab. Sie forderte dafür im Gegenzug einen deutschen Beitrag zur westlichen Verteidigung. Dieser sollte in einer integrierten Streitmacht geleistet werden. Damit war der Startschuss für westdeutsche Planungen gegeben und auch für ehemalige Offiziere, die sich schon länger auf die Seite der Siegermächte gestellt und ihrerseits in Denkschriften die Gefahren des Ost-West-Konfliktes und die Notwendigkeit beschrieben hatten, im Rahmen einer internationalen Streitmacht ein deutsches Kontingent aufzubauen.

Die Einbeziehung ehemaliger Wehrmachtsoffiziere, die nun als Sicherheitsexperten fungierten, in die Beratungen und Planungen hatte sich schon ab 1945/46 angebahnt. Konrad Adenauer hatte bereits Ende 1945 die sicherheitspolitische Situation als bedrohlich beschrieben und davon gesprochen, dass »Asien« an »der Elbe« stehe und das »Abendland« gegen den »Bolschewismus« verteidigt werden müsse. Diese Aufgabe konnte, so nicht nur Adenauers Überzeugung, nur von ehemaligen Wehrmachtssoldaten erfüllt werden, die dafür umgekehrt von dem Vorwurf der Kriegsverbrechen und des Eroberungskrieges entlastet werden müssten. Ähnlich sahen das einige ehemalige Generäle, die in pragmatischer Anpassung an die Nachkriegssituation über eine Sicherheitspolitik nachdachten, die ohne eine deutsche Wiederbewaffnung nicht zu leisten wäre. Unter »wohlwollender Duldung«[4] amerikanischer und britischer Geheimdienste kam es zu sicherheitspolitischen Gesprächsrunden zwischen Politikern und einer kleinen Gruppe militärischer Fachleute, die sich aus den mehr als 3.000 ehemaligen Generälen und Admiralen allmählich herausgebildet hatten. Sie standen jedoch immer wieder vor dem Problem, wie Gerhard Graf von Schwerin sehr früh beobachtete, dass ihr Anspruch, Keimzelle einer neuen militärischen Führung zu sein, ohne Beachtung des Tatbestandes umgesetzt werden sollte, dass viele zuvor »treue Anhänger Adolf Hitlers und seiner militärischen Machtpolitik gewesen (...) und bis zum bittern Ende der Fahne des nationalsozialistischen Regimes gefolgt« waren. »Sie würden noch weiter gehen und ihre damalige Tätigkeit als ehrenhaft und sauber hinstellen, aber diejenigen Offiziere und Soldaten als Landesverräter diffamieren, (...) welche der Organisation des 20. Juli nah gestanden haben und aktive Gegner des NS-Regimes gewesen sind.«[5] Diese Feststellung bedurfte keiner besonderen prophetischen Gabe, denn vergangenheitspolitische Konfliktpunkte hatten sich schon längst abgezeichnet und sollten die Erinnerungskultur der ersten Nachkriegsjahrzehnte und auch Diskussionen um die Traditionsbildung in der Bundeswehr noch lange bestimmen: Das Verhältnis von Wehrmacht und Nationalsozialismus sowie der Umgang inner- und außerhalb der Bundeswehr mit dem militärischen Widerstand und dessen Bedeutung für die politische Kultur der Nachkriegszeit standen immer im Zentrum erregter öffentlicher Diskussionen.

Auf beiden Seiten, der amerikanischen wie der deutschen, wurden bei der beginnenden sicherheitspolitischen Zusammenarbeit einstige Aversionen beiseitegestellt. Das bekannteste Beispiel stellt die deutsche Sektion der »Historical Division« dar, wo unter Leitung von Generaloberst Franz Halder und unter Mitwirkung von Generalfeldmarschall Erich von Manstein Strategie und Taktik, Operationen und Organisation des gerade eben noch geführten und verlorenen Ostfeldzugs analysiert und

General Heusinger (l.) mit Bundesverteidigungsminister Theodor Blank und Generalleutnant Hans Speidel während der Ernennungszeremonie der ersten 101 Soldaten der neuen deutschen Streitkräfte am 12. November 1955

dokumentiert wurden. Der »Mythos Wehrmacht« wurde dabei auf die Grundlage einer besonderen Pflicht- und Ordnungsleistung gestellt und Teil der Legende von der »sauberen Wehrmacht« sowie der Selbstentlastung einiger ihrer ehemaligen Führungskräfte.

Während mit der Verabschiedung des Grundgesetzes der Bundesrepublik Deutschland im Mai 1949 und der Konstituierung des ersten Deutschen Bundestages im Kanzleramt mit dem ehemaligen General der Panzertruppe Graf von Schwerin ein Sicherheitsberater mit kleinem Stab verpflichtet wurde, begannen im Oktober 1950 im Auftrag der Bundesregierung in dem Eifelkloster Himmerod geheime Gespräche ehemaliger Generalstabsoffiziere mit dem Ziel, die militärpolitischen und organisatorischen Umrisse eines »Deutschen Kontingents« zu planen sowie die Bedingungen eines solchen Beitrags zu einer »internationalen Streitmacht« zu definieren. Führende Köpfe der in mehreren Arbeitskreisen organisierten Sicherheitsexperten waren die ehemaligen Generäle Adolf Heusinger und Hans Speidel.

Speidel hatte mit einem eigenen Text schon wesentliche Vorüberlegungen angestellt, die schließlich Grundlage der *Himmeroder Denkschrift* wurden. Diese orientierte sich, wie Wolf von Baudissin rückblickend feststellte, strategisch und operativ und damit eigentlich auch in der Struktur und Bewaffnung der zukünftigen Streitkräfte »auf dem alten Pfad«[6] und entsprach auch den Zielvorstellungen der alten Militärelite, die sich für den Wiederaufbau der neuen »Wehrmacht«, wie sie anfangs noch genannt wurde, einsetzten. Für ihr Engagement bestanden sie umgekehrt auf ihrer Rehabilitierung und der Wiederherstellung der »Ehre« der Generalität, was auch die Freilassung der noch inhaftierten »Kriegsverurteilten« einschloss.

Die Denkschrift umfasste nicht nur Anhaltspunkte für den Planungs- und Aufbauverlauf eines solchen »Kontingents«, die noch den Erfahrungen der Wehrmacht folgten, ihre Verfasser forderten überdies, ganz im Sinne Adenauers, auch eine klare Trennung von Politik und Militär sowie den Primat politischer Führung. Baudissin bestand zudem auf einer Vorrangstellung des Parlaments als »höchster Staatsautorität«. In deutlicher Abkehr von alten Militärtraditionen und kontrovers innerhalb der Expertenrunden war das Konzept der Inneren Führung, mit dem seine Verfechter um Graf Baudissin Abschied von der ehemaligen deutschen Militärpraxis nehmen wollten. Sie stießen auf den erbitterten Widerstand der Traditionalisten, bis man sich auf einen Kompromiss einigte, der allerdings nur an wenigen Stellen das ursprüngliche Konzept der Reformer erkennen ließ. Damit waren die Konflikte nicht gelöst, sondern nur verschoben. Sie prägten die weitere innere Entwicklung der Bundeswehr und lieferten vor allem den traditionsorientierten Offizieren, die in Militär und Ministerium in der Mehrheit waren, jede Menge Zündstoff. Künftige militärpolitische Konflikte inner- und außerhalb der Streitkräfte waren in der Denkschrift bereits angelegt und deuteten an, wie schwierig der Weg in eine politisch-militärische Nachkriegsordnung werden würde, die nach dem Willen vieler Akteure, die die Verantwortung für die deutsche Katastrophe einzig der nationalsozialistischen Führungsclique zuweisen wollten, ganz der als positiv bewerteten Tradition von Reichswehr und Wehrmacht verpflichtet sein sollte.

Die Denkschrift wurde im Kanzleramt als streng geheimes Projekt akzeptiert und bildete die Grundlage für die künftige Wiederaufrüstung, die Adenauer sehr geschickt und politisch erfolgreich in eine unauflösliche Verbindung mit der Wiederherstellung der staatlichen Souveränität der Bundesrepublik brachte. Allerdings wurde das in der Innenpolitik der Bonner Republik für viele Jahre zum Streitpunkt zwischen dem Konzept einer Wiedervereinigung ohne Einbindung in ein westliches Militärbündnis einerseits und dem Grundsatz der Souveränität durch Westbindung und militärische Aufrüstung andererseits, bis sich Adenauers Konzept schließlich als Staatsräson der Bundesrepublik durchsetzte.

Die Traditionalisten bekamen mit den Memoiren einstmals führender Wehrmachtsgeneräle, allen voran Generalfeldmarschall Erich von Manstein, Erinnerungswerke vorgelegt, die ihre Vorstellungen von einer grundsätzlich »unpolitischen« und handwerklich vorbildlichen und loyalen Feldherrenkunst verbreiteten. Mit der im Nachhinein »erschriebenen«[7] Selbstverklärung von den eigentlichen »Siegen«, die ihnen der Dilettant Hitler angeblich verwehrt hätte, wollten sie eine äußerst problematische und unrealistische Vergangenheitspolitik rechtfertigen. Dass im Krieg mit ihrem Wissen und in ihren Befehlsgebieten vor allem von SS-Einheiten und -Einsatzgruppen Verbrechen gegen Kriegs- und Völkerrecht begangen worden waren, an deren Ausführung teilweise auch Wehrmachteinheiten beteiligt waren oder dabeistanden, das wurde von den Biografen verschwiegen, wodurch dem Selbstbild einer »sauberen Wehrmacht« neue Nahrung gegeben wurde. Diese rückwärtsorientierte Selbstrechtfertigung fand noch lange nach Kriegsende ein breites Publikum und große Resonanz, was den Aufbau einer Bundeswehr in einem demokratischen Staat belasten sollte.

Dass sich die politische Stimmung seit Gründung der Bundesrepublik und unter dem Eindruck des Kalten Krieges deutlich verändert hatte, zeigte auch der vielbeachtete Manstein-Prozess, der zwischen August und Dezember 1949 von britischen Instanzen in Hamburg gegen den populären Generalfeldmarschall geführt wurde. Er wurde zu einem Verfahren, mit dem nach Meinung der deutschen Presse auch ein Schlussstrich unter die Vergangenheit und die Besatzungszeit gezogen werden sollte. In der öffentlichen Wahrnehmung des In- und Auslands verbanden sich in dem Prozess die Auseinandersetzung um die Ehre des Generalfeldmarschalls mit der Ehre der Wehrmacht. In den Plädoyers der Verteidigung, die von britischen Spenden mitfinanziert wurde, wurde der Angriffskrieg gegen die Sowjetunion, an dem auch Manstein einen großen planerischen Anteil hatte, vor dem Hintergrund der aktuellen weltpolitischen Entwicklung zu einem Verteidigungskrieg gegen die kommunistische Sowjetunion uminterpretiert. Manstein wurde schließlich von einem britischen Gericht zu 18 Jahren Haft verurteilt; die Haftstrafe wurde, wie es damals häufiger vorkam, bereits 1950 auf zwölf Jahre herabgesetzt, bis Manstein schließlich unter Anrechnung seiner Kriegsgefangenschaft und wegen »guter Führung« schon 1953 entlassen und mit großen Ehrungen zu Hause empfangen wurde.

Als Mitte der 1950er-Jahre die Bundeswehr stufenweise aufgebaut wurde, galten Erfahrungen bei der Planung und Durchführung des Russlandfeldzugs bereits als so wichtig, dass nach den Verstrickungen in Kriegsverbrechen, die Bestandteil des Russlandfeldzuges gewesen waren, nicht mehr gefragt wurde. Sowohl Bundeskanzler Adenauer als auch General Dwight D.

Eisenhower sahen sich im Januar 1951 angesichts des öffentlichen Drucks und der Notwendigkeit, erfahrene Offiziere zu rekrutieren, gezwungen, die »Kriegsverurteilten«, wie man die inhaftierten Generäle mittlerweile beschönigend nannte, vor Vorwürfen in Schutz zu nehmen und zu rehabilitieren. Am 3. Dezember 1952 formulierte Adenauer vor dem Deutschen Bundestag eine Ehrenerklärung für die »Waffenträger unseres Volkes« und forderte, »die sittlichen Werte des deutschen Soldatentums mit der Demokratie zu verschmelzen«.[8] Das schloss für ihn umgekehrt nicht aus, dass er damit eine Wehrgesetzgebung auf den Weg brachte, die »als Ausdruck einer dezidierten Militärreform begriffen«[9] werden kann.

Neu und aus der gängigen Praxis der Personalrekrutierung herausfallend war beim Aufbau der Bundeswehr, der 1955/56 begann, beispielsweise der vom Bundestag auf Empfehlung der Regierung eingerichtete Personalgutachterausschuss, dessen 38 Mitglieder die persönliche und politische Eignung ehemaliger Offiziere, die sich um den Eintritt in die Bundeswehr bewarben, überprüfen und vor allem Soldaten mit dezidiert nationalsozialistischer Einstellung und Haltung von der neuen Truppe fernhalten sollten. Immerhin hat der Ausschuss von rund 600 Bewerbern nur 500 angenommen, und einige zogen es sogar vor, sich erst gar nicht zu bewerben, um sich nicht unangenehmen Fragen aussetzen zu müssen. Das Auswahlverfahren des Ausschusses führte zu einem Generationenwechsel, da ältere Offiziere nur noch beratende Funktion erhalten sollten. In der politisch umstrittenen Frage der Rolle und Einschätzung ehemaliger Angehöriger der Waffen-SS traf der Ausschuss eine Entscheidung, die auf teilweise heftige Kritik im In- und Ausland stieß: Offiziere der Waffen-SS sollten bis zum Rang eines SS-Standartenführers unter bestimmten Bedingungen Berücksichtigung finden. Mit einer anderen Einrichtung, der eines Wehrbeauftragten – eine Forderung der SPD –, kam nicht nur der Mitwirkungs- und Kontrollanspruch des Parlamentes gegenüber dem Militär zur Anerkennung, sondern das Parlament schuf damit ein eigenes Organ, das mit dem gesetzlichen Auftrag »zum Schutz der Grundrechte« und zum Schutz der Grundsätze der »Inneren Führung« handeln konnte. Zudem ermöglichte es jedem Soldaten, sich bei Beschwerden nicht nur an den Vorgesetzten, sondern unmittelbar an den Wehrbeauftragten zu wenden, das heißt an eine Instanz außerhalb des Militärs. Dass die Traditionalisten dies als eine Einmischung von Zivilisten in militärische Angelegenheiten und damit als Provokation gegenüber militärischen Traditionen verstanden, zeigt allein schon der sich über Jahre hinziehende Widerstand gegen die Einrichtung dieses Amtes.

Am 12. November 1955 war es dann so weit: Die ersten 101 freiwilligen Offiziere wurden vereidigt; sechs Wochen später folgten die ersten freiwilligen Rekruten, oft noch ohne Uniform. Zur Begrüßung der Soldaten sprach Adenauer etwas wolkig von einer Aufgabe, »die durch die Schatten der Vergangenheit und Probleme der Gegenwart besonders schwierig ist.«[10] Was der Kanzler damit meinte, war die Tatsache, dass die Ausbildung und Führung der neuen Soldaten Offizieren anvertraut wurde, »die aufgrund ihrer Sozialisation und Herkunft eine starke Belastungsprobe für das neue demokratische System darstellten«.[11] Einwänden gegen diese Personalrekrutierung aus dem Kreis der ehemaligen Wehrmachtsoffiziere pflegte Adenauer lakonisch mit dem Hinweis zu begegnen, dass ihm die Alliierten 18-jährige Generäle schließlich nicht abnehmen würden – ein Hinweis auf den engen Handlungsspielraum für eine politische Neuorientierung, die sich auf eine aktive Generation stützen musste, deren Erfahrungen und Mentalitäten mehrheitlich noch von der nationalsozialistischen Mobilisierungsdiktatur geprägt waren.

Tatsächlich stammten die bis 1957 ernannten Generäle und Admirale alle aus der Wehrmacht, in ihrer großen Mehrheit aus dem Generalstab des Heeres. Sie waren großteils von planeri-

Erich von Manstein während seiner Aussage als Zeuge im Nürnberger Prozess 1946. Als einziger ehemaliger Feldmarschall der Wehrmacht beriet er (inoffiziell) die Bundesregierung beim Aufbau der Bundeswehr.

schen und operativen Erfahrungen aus dem Russlandfeldzug geprägt. Wer nicht am Ostkrieg beteiligt gewesen war, wie etwa Graf Baudissin, der als Offizier im Afrikakorps Rommels relativ früh in englische Gefangenschaft geraten war, sah sich oft mit dem Vorurteil konfrontiert, ihm fehle die eigentliche soldatische Erfahrung des Russlandfeldzugs. 1959 umfasste die rasch aufgebaute Bundeswehr bereits 14.900 Berufssoldaten, von denen 12.360 ihre Offizierslaufbahn in der NS-Zeit begonnen hatten, weitere 300 entstammten dem Führungspersonal der SS. Wie groß gerade das Problem des Umgangs mit SS-Angehörigen war, zeigt bereits die quantitative Dimension der Bewerber aus der einstigen SS: Bis zum September 1956 hatten sich 3117 ehemalige SS-Angehörige bei der Bundeswehr beworben, nur 508 wurden angenommen, darunter 33 für die Offizierslaufbahn. Nicht nur im Umgang mit der SS-Vergangenheit vieler Bewerber zeigten sich die Grenzen eines politisch gewollten, aber personalmäßig nur schwer umsetzbaren Neuansatzes einer Bundeswehr als einer Institution der Demokratie. Auch einer der Grundsätze der *Himmeroder Denkschrift*, die eine Verbreiterung der sozialen Basis der Führungsebenen bei der Personalrekrutierung von Offizieren aus dem Offizierskorps, dem Adel, und der Beamtenschaft hinaus forderte, ließ sich in der Gründungsphase kaum realisieren. Mit der Zugehörigkeit zu diesen »erwünschten Kreisen«, so die traditionelle Annahme, verbanden sich innere Festigkeit und Geschlossenheit, es wurden damit angeblich »wahre« soldatische Charakterzüge und Verhaltensformen garantiert. Anfang der 1960er-Jahre kam mehr als die Hälfte des soldatischen Nachwuchses und 1967 noch 49 Prozent der Leutnante aus den »erwünschten Kreisen«.[12]

Für den politisch gewollten schnellen Aufbau der neuen Streitkräfte stellten sich immer wieder Probleme bei der Personalrekrutierung. Die Eile, mit der der Aufbau der Bundeswehr aus sicherheitspolitischen Gründen vorangetrieben wurde, hatte einen mehrfachen Preis, sowohl bei der Personalauswahl als auch bei der Ausrüstung und Ausbildung der Soldaten. Das Ziel, innerhalb von drei Jahren eine Streitkraft von einer halben Million Soldaten aufzustellen, erwies sich bereits 1956 als Illusion, auch wenn man verstärkt auch auf Soldaten und Offiziere des Bundesgrenzschutzes zurückgriff. Dieser war als innere Polizeitruppe zum Grenzschutz dem Innenministerium unterstellt und bereits am 16. März 1951 gegründet worden. Hinter seiner Ausrüstung einer leichten Infanterie verbargen sich in einem noch sehr viel stärkeren Maße habituelle und mentale Traditionen der Wehrmacht, denn nicht nur die Stahlhelme des BGS erinnerten deutlich an die Wehrmachtsausrüstung.

Die Einstellung der 9752 Soldaten, die am 1. Juli 1956 in die Bundeswehr übernommen wurden, verstärkte innerhalb der neuen Streitmacht noch einmal das Gewicht der »Traditionalisten«. Allein schon das Leitbild des Grenzschutzes vom »Mann in Uniform« kam dem traditionellen Muster soldatischen Verhaltens sehr viel näher als die Grundsätze der Inneren Führung, wie sie die Reformer für das Innere Gefüge der Bundeswehr aufgestellt hatten. Diese gerieten jedoch unter den Traditionalisten immer mehr in die Kritik, die das neue demokratische Konzept als »Inneres Gewürge« verspotteten.

Die mitunter heftigen Auseinandersetzungen um die Gültigkeit vordemokratischer und auch nationalsozialistisch geprägter politisch-kultureller und habitueller, aus der Wehrmacht überlieferter Traditionen als Leitbild für die Ausbildung und Orientierung der neuen Streitkräfte galten als erbitterte politische Auseinandersetzung zwischen »Traditionalisten« und »Reformern«, wenngleich dieser dichotomische Gegensatz überzogen formuliert war und die Nuancen in den militärpolitischen Differenzen ausblendete. Vor allem übersahen sie, dass auch die Reformer nicht die vollkommene Übertragung ziviler Verhaltensformen auf das militärische Denken und Handeln forderten, da auch sie von einer eigenständigen und auch notwendigen »Militärkultur«[13] ausgingen.

Die Konflikte um die innere Ausformung der Verhaltens- und Mentalitätsformen, einschließlich des Verhältnisses zur militärischen deutschen Vergangenheit, entzündeten sich immer wieder an Akten symbolischer Handlungen und militärpolitischen Skandalen. Sie machten die Grundsatzprobleme des schwierigen Umgangs einer Gesellschaft und insbesondere ihrer militärischen Repräsentanten mit einer politisch belasteten Vergangenheit sichtbar, die nicht so schnell vergehen konnte. Das kam in den immer wieder aufflammenden Streitigkeiten um Kasernennamen sowie um den soldatischen Ruf bzw. die politische Rolle einiger dezidierter Parteigänger des NS-Regimes wie der Admirale Erich Raeder und Karl Dönitz zum Ausdruck.

Noch heftiger und langandauernder waren die öffentlichen und internen Diskussionen um die Beurteilung und die Einstellung zur Widerstandsbewegung des 20. Juli 1944, die für die Mehrheit der Traditionalisten und Konservativen vor allem für die soldatische Memoirenliteratur im Widerspruch zu jeder militärischen Ordnung und pflichtgemäßen Haltung stand, während sie von den Reformern als Leitbild einer neuen Traditionsbildung herausgestellt wurde. Die mitunter hitzigen Debatten über die historische Rolle des deutschen, vor allem des militärischen Widerstandes in der Bundeswehr und im politischen Raum machten jedoch auch deutlich, dass die Soldaten trotz ihrer überwiegenden Herkunft aus der Wehrmacht in ihren politischen Einstellungen keineswegs homogen waren und einige von ihnen mit der Tradition der Wehrmacht auch kritisch umgehen konnten. Der Streit um die »Überlieferung des gültigen Erbes der Vergangenheit«, der mit einem Gutachten des Beirates für Innere Führung 1959 begann und über Jahre, ja Jahrzehnte nicht aufgelöst und nur mit einem spürbaren Generationenwechsel sehr zögerlich beendet werden konnte, war mehr als nur eine akademische geschichtspolitische Diskussion, sondern traf den Nerv des Selbstverständnisses der Bundeswehr und ihrer Soldaten. Das zeigte sich auch an der mehrfachen Wiederkehr politischer Grundsatzstreitigkeiten über einen Traditionserlass der Bundeswehr, der die Regeln militärischer Traditionsübernahme in der Bundeswehr festlegen sollte und oft den Eindruck vermittelte, als erfolge dieser Streit stellvertretend für weite Teile der deutschen Gesellschaft. Genauso erregt und von öffentlicher Empathie oder Antipathie getragen waren die öffentlichen und internen Reaktionen auf die Nachrichten von Unfällen mit Todesfolge wie bei der Katastrophe an der Iller, bei der am 3. Juni 1957 15 Grundwehrdienstleistende beim Durchqueren des Flusses den Tod fanden. Die öffentlichen Reaktionen waren heftig und prangerten die inhumanen Ausbildungsmethoden wehrmachtsgeprägter »Schleifer« an, auf die der Unfall zurückgeführt wurde. Dies musste bei späteren Untersuchungen allerdings revidiert werden, da viele der verantwortlichen Ausbilder ihrerseits von französischen und amerikanischen Ausbildern gedrillt worden waren, für die solche um eine demokratische Neuausrichtung bemühten Regeln nicht galten.[14]

Der Weg der Bundeswehr von einer wehrmachtsgeprägten Streitkraft zu einer wirklichen Parlamentsarmee war lang und holprig, von wiederkehrenden inneren Konflikten und politischen Skandalen begleitet, am Ende aber doch erfolgreicher, als viele Kritiker und Gegner es anfangs angenommen oder befürchtet hatten. Nach langen, heftigen Streitigkeiten über eine notwendige Überarbeitung oder Neufassung des Traditionserlasses stand in der Fassung von 1982, die von dem sozialdemokratischen Verteidigungsminister Hans Apel als Abschluss langer Kontroversen veranlasst worden war, der deutliche Satz: »Ein Unrechtsregime wie das Dritte Reich kann Tradition nicht begründen.«[15] Die »Verklärung der Wehrmacht und damit der eigenen Geschichte« war damit abgeschlossen, auch wenn sie teilweise noch immer Bestandteil der politischen Kultur vor allem von Bundeswehrveteranen war. Dieser schleichende Bewusstseinswandel hatte mehrere Gründe: die frühzeitige Einbindung der sich formierenden Bundeswehr in eine internationale Bündnisstruktur, die in unterschiedlicher und nicht immer konsequenter Mischung Kontrolle mit Integration, Kontinuität und Traditionsbewahrung mit einer vorsichtigen Militärreform sowie einer pragmatischen Kompromisspolitik verband. Das alles wurde, wie in anderen Bereichen auch, von dem überzeugenden Wirtschaftswachstum und der allgemeinen gesellschaftlichen Modernisierung, der politischen Liberalisierung sowie von dem Generationswechsel begünstigt, der vormoderne Mentalitäten abbaute.

Zu dem engeren informellen Beraterkreis, den Bundeskanzler Adenauer ab 1950 um die ehemaligen Wehrmachtsgeneräle Speidel und Heusinger gebildet hatte, gehörte auch Reinhard Gehlen, bis 1945 als Chef der Abteilung Fremde Heere Ost im Generalstab der Wehrmacht mitverantwortlich für Hitlers Krieg gegen die Sowjetunion. Nun baute der »Mann ohne Gesicht«,

Der erste Präsident des Bundesnachrichtendienstes Reinhard Gehlen beim Begräbnis des ehemaligen Generalobersts Franz Halder am 6. April 1972 in München.

der sich meistens hinter einer getönten Brille verbarg, seine Zusammenarbeit mit der US-Armee zielstrebig aus, der er sich bereits 1945 mit seinen Kenntnissen der Sowjetunion und der Roten Armee angedient hatte. Als Zeichen seiner Anpassungsbereitschaft und als »Morgengabe« hatte er bald nach dem militärischen Zusammenbruch 50 Stahlkisten mit geheimen Dokumenten zu bieten, die er in Erwartung der militärischen Niederlage noch rechtzeitig vor dem Ende des Dritten Reiches in Bayern hatte verstecken lassen. Nachdem er damit bei der US-Armee aufgenommen worden war, blieb er noch bis 1949 dem CIA unterstellt, bis er schließlich unter Beteiligung vieler ehemaliger Generalstäbler und vor allem SS-Angehöriger und Gestapo-Männer den Auslandsgeheimdienst der Bundesrepublik aufbauen konnte und 1956 dem Bundeskanzleramt unterstellt wurde. Gehlen war damit am Ziel und genoss den besonderen Schutz von Staatssekretär Globke. Der geheimnisumwitterte »Mann ohne Gesicht« hatte immer sein eigenes Fortkommen im Auge. Seinen Antikommunismus, der ihn schon vor 1945 geleitet hatte, wusste er nun beim Wechsel auf die andere Seite unter den Bedingungen des entstehenden Kalten Krieges politisch einzusetzen; er umgab sich mit dem Nimbus eines Meisterspions und eines des besten Kenners der UdSSR.

Die Organisation Gehlen (OG) und der daraus hervorgegangene Bundesnachrichtendienst (BND) galten schon ab den 1950er-Jahren als ein Hort ehemaliger Nationalsozialisten. Mit einem Anteil von etwa 40 Prozent ehemaliger Mitglieder der NSDAP und anderer NS-Organisationen besaß der BND einen relativ hohen Anteil alter Parteigenossen.[16] Das fällt noch stärker ins Gewicht, wenn man berücksichtigt, dass sich darunter ehemalige Angehörige des Sicherheitsdienstes (SD) des Dritten Reiches mit etwa vier Prozent und frühere Gestapo-Beamte mit etwa zwei Prozent vertreten waren. Weitere 40 Prozent der BND-Mitarbeiter waren außerdem Angehörige der Wehrmacht gewesen, wobei es zahlreiche Überschneidungen zwischen der ersten Gruppe der NSDAP-Mitglieder und der zweiten Gruppe der Wehrmachtsangehörigen gab. Auch wenn diese Zahlen schon erkennen lassen, wie breit die BND-Angehörigen der 1950er- und auch der 1960er-Jahre biografisch in dem Geflecht nationalsozialistischer Organisationen verankert waren, so lassen diese rein quantitativen Angaben noch nicht das tatsächliche Ausmaß der NS-Belastung erkennen. Diese erschließt sich erst, wenn man die Biografien der Akteure, ihre Rekrutierungspraktiken, ihr Organisationshandeln und ihre Diskurse in den Blick nimmt.[17] Aufschlussreich für das Sozialprofil des frühen BND ist darum die Untersuchung der Teilnahme einzelner Akteure des BND an »Kriegsverbrechen, Repression und Gewalt«. Eine aktuelle Untersuchung von Christoph Rass geht davon aus, dass zehn Prozent der in Gehlens Organisation beschäftigten Mitarbeiter durch eine aktive NS-Täterschaft belastet waren.[18]

Warum und wie Gehlen und sein Nachrichtendienst so viele NSDAP-Mitglieder und vor allem so viele nationalsozialistische Täter rekrutieren konnten, hat nicht nur mit der spezifischen Geheimnistuerei eines Geheimdienstes zu tun, sondern auch mit der besonderen Rekrutierungspraxis der Organisation. Selbst die schwer belasteten NS-Täter, die den Exekutivapparaten der

NS-Diktatur angehört hatten, haben sich, wie Gerhard Sälter detailliert nachweisen konnte, nicht in den Geheimdienst hineingeschlichen, sondern sie wurden systematisch angeworben. Bereits 1947 hatte die zuständige Abteilung Beschaffung festgelegt, dass man »bei den Werbungen Personen in Betracht ziehen« solle, die dem »Bekanntenkreis bewährter Mitarbeiter entstammen und von diesen für ideologisch, menschlich und fachlich geeignet gehalten werden«.[19] Somit waren alle Dienststellen aufgefordert, entsprechende Personalvorschläge zu machen, für den dann der Vorschlagende auch die »volle Garantie« zu übernehmen habe. Bei dieser »Kettenrekrutierung«, bei der ein Mitarbeiter weitere nach sich zog, wurde nicht danach gefragt, was für Taten diese Männer als Polizisten und Holocaust-Mörder oder auch als Soldaten und NSDAP-Aktivisten begangen oder zu verantworten hatten. Entscheidend war vielmehr, dass der Bewerber, d. h. der ehemalige Gestapo-Mann oder SD-Mitarbeiter, keine Kameraden »verpfiffen« hatte und darum als »zuverlässig« galt. Auch später sprach man in der Organisation nicht über das, was einmal war, obwohl man untereinander sehr wohl wusste, was der andere getan hatte. Dieses Täterwissen blieb innerhalb der verschiedenen Netzwerke des BND und an ihren Stammtischen verschlossen und wurde selbst bei Überprüfungen in den frühen 1960er-Jahren nicht genutzt, obwohl man in der BND-Leitung die einschlägigen Dokumente besaß.[20]

So fand beispielsweise Heinrich Schmitz, einer der Verantwortlichen in der Einsatzgruppe A für Morde an jüdischen Frauen, Männern und Kindern im Baltikum, 1953 zunächst als Agent Eingang in die Organisation Gehlen und wurde später vom BND als Mitarbeiter übernommen. Eine ähnliche Karriere konnte Carl Schütz, SS-Hauptsturmführer, aufweisen, der im März 1944 für die Morde der SS in den Ardeatinischen Höhlen verantwortlich war, wo die SS als Vergeltungsaktion für einen Bombenanschlag der italienischen Widerstandsbewegung

335 Zivilisten ermordet hatte. Acht Jahre später erhielt Schütz eine leitende Funktion in der Organisation Gehlen. An dieser Rekrutierungspraxis hielt man bis in die späten 1960er-Jahre fest, obwohl der BND inzwischen nach den Skandalen um die Doppelagenten Heinz Felfe und Johannes Clemens, die nicht nur für Gehlen, sondern auch für die UdSSR gearbeitet hatten, in die öffentliche Kritik geraten war. Auch wenn die Netzwerke der BND-Agenten und -Mitarbeiter immer größer wurden und auch die Zahl der einstigen NSDAP-Männer im Laufe der 1950er- und frühen 1960er-Jahre noch weiter zunahm, konnte sich die Leitung in der Regel auf die Loyalität der Mitarbeiter verlassen. Nicht nur weil man ihre verborgenen NS-Biografien etwa aus dem Reichssicherheitshauptamt der SS kannte, sondern weil man sie mit der Anwerbung oft aus prekären Nachkriegsverhältnissen befreien konnte, die für Jahre in dem nach ihrer Meinung unwürdigen Status eines Straßenbauarbeiters oder anderer Gelegenheitsarbeiten bestanden hatten. Die eingespielte Anwerbe- und Einstellungspraxis wurde zwar aus taktischen Gründen kurz vor der Übernahme der Organisation Gehlen in den Bundesdienst vorübergehend ausgesetzt, und es durften in dieser Zeit keine ehemaligen Angehörigen von Gestapo und SD auf feste Planstellen übernommen werden, sondern nur als freie Mitarbeiter, aber das ließ sich später wieder korrigieren.

Dass sich mit diesen biografischen Hintergründen und Netzwerken der Nachkriegszeit, die es erlaubten, wieder das »alte Geschäft« zu betreiben und wieder in die »White-Collar-Klasse« aufzusteigen, wirkte sich offenbar bei vielen auch stabilisierend auf ihre überkommenen Mentalitäten aus: Man war immer »anständig« geblieben und hing offensichtlich noch den alten Idealen an. Das bestätigte das Amt im Falle einer erfolgreichen Anwerbung auch neuen Mitarbeitern. So wurde 1957 der ehemalige HJ-Führer und NSDAP-Mitglied sowie Sturmbannführer der Waffen-SS Helmut Schreiber aufgenommen, der für Massaker in Frankreich und Polen mitverantwortlich war und sich nach seiner Flucht aus einem Internierungslager zunächst unter falschem Namen bis 1953 durchgeschlagen und dann in der Liegenschaftsverwaltung einer Firma in Gummersbach gearbeitet hatte. Bei seiner Aufnahme bescheinigte man ihm trotz seiner Vorgeschichte: »Der Bewerber ist charakterlich stabil, er hat ein hohes Verantwortungsgefühl, er ist zuverlässig und in seiner Grundhaltung anständig. Konsequenz, Entschlossenheit und Realismus hat er durch die Illegalität, in der er bis 1953 lebte, bewiesen. Moral und Ethik sind ihm feste Begriffe; sie waren und sind mitentscheidend und richtungsweisend für den Verlauf seines Lebens.«[21]

Die Tatsache, dass weder die zeithistorische Forschung in den 1950er-Jahren die Verbrechen der Einsatzgruppen untersucht noch das Bundeskanzleramt genauer nach den Biografien der BND-Mitarbeiter gefragt hatte, erlaubte es den Geheimdienstleuten, bei ihren Bewerbungen Lügen und Legenden zu verbreiten, mit denen sie den Einstieg in eine Beamtenkarriere nach einer insgesamt längeren Unterbrechung schafften. Bei Schreibers Rehabilitierung war auch die Kanzlei Achenbach hilfreich, die sich auch in diesem Fall erfolgreich für einen »Ehemaligen« einsetzte. Der frühere Gestapo-Beamte Carl Schütz behauptete bei der Befragung durch die Personalabteilung: »Die Gestapo sei dem nationalsozialistischen Staat nicht in besonderer Weise verbunden gewesen. Deshalb habe das alliierte Gericht in Nürnberg sie zu Unrecht als ›verbrecherische Organisation‹ gebrandmarkt. Insbesondere habe sie mit den Konzentrationslagern ›beweisbar‹ nichts zu tun gehabt und sei an der Ermordung der Juden nicht beteiligt gewesen.«[22] Wenn das Bundeskanzleramt etwas Genaueres über den Anteil von SS-Männern und Tätern unter den BND-Mitarbeitern wissen wollte, legte man aus der Leitung zufällige und unzureichende Zusammenstellungen und Personallisten vor, die die falsche und immer wieder genannte Behauptung stützen sollten, dass es im BND allenfalls ein Prozent belasteter Mitarbeiter gäbe.[23] Ob Staatssekretär Globke mit dieser Antwort zufrieden war, lässt sich nicht sagen. Auf jeden Fall war er für diese Form der Aufsicht verantwortlich. Im Gegenzug konnte das Kanzleramt darum den BND für Ermittlungen einsetzen, die gegen die Verfassungsordnung verstießen und die Globke und auch Adenauer mit Ausforschungen etwa des innenpolitischen Gegners, des SPD-Parteivorstandes, versorgte.

Wie lange diese illegalen Praktiken des BND betrieben werden konnten und auch dessen Mitarbeiter daran festhielten, lässt sich nicht genau bestimmen. Erste heftige öffentliche Kritik und Skandale um Gehlen und seine dubiosen innenpolitischen Machenschaften, auch in der *SPIEGEL*-Affäre vom Herbst 1962, führten zur Bildung einer besonderen Dienststelle im BND, die möglichst unauffällig besonders belastete Mitarbeiter überprüfen und entlassen sollte. Das Ergebnis: Von 167 früheren Angehörigen der Waffen-SS und des SD wurde tatsächlich rund die Hälfte entlassen. Damit kam eine kritische Beobachtung des größten, in professioneller Hinsicht nicht immer erfolgreichen, aber dafür vergangenheitspolitisch umso fragwürdigeren »Dienstes« in Gang, bis sich mit dem Generationswechsel der 1970er- und 1980er-Jahre ein wirklicher politischer Wandel abzeichnete.

Die wiedergefundene Freiheit

Wissenschaftler zwischen Beschweigen und Aufarbeiten

Am 27. Oktober 1960 wurde in Hannover das 25-jährige Bestehen der Raumforschung in Deutschland gefeiert. Der neu ernannte Vizepräsident der Akademie für Raumforschung und Landesplanung, Heinrich Hunke, bis 1945 Generalsekretär der Reichsarbeitsgemeinschaft für Raumforschung, bezeichnete die Akademie, die im neuen Gewand wiederbelebt worden war, als Rechtsnachfolgerin der alten Reichsarbeitsgemeinschaft und sah deren Auftrag darin, den »mit Erfolg beschrittenen Weg den jeweiligen Zeitverhältnissen entsprechend fortzuführen, um auf diese Weise zu einer sinnvollen Gestaltung des Lebensraumes nach Kräften beizutragen.«[1] In seiner Eröffnungsrede begrüßte Hunke, ab 1923 NSDAP-Mitglied und bis 1945 Gauwirtschaftsberater der NSDAP, ganz besonders das inzwischen wieder rehabilitierte Akademiemitglied Prof. Dr. Konrad Meyer, den ehemaligen Berliner Ordinarius für Agrarwesen und Agrarpolitik und »ersten Obmann der Reichsarbeitsgemeinschaft für Raumforschung«.[2]

Meyers Wiedereingliederung in die bundesrepublikanische Wissenschaftskultur war nur ein Element eines sehr viel weiterreichenden Vorgangs, der von dem Bemühen geleitet war, eine akademische Tradition wiederentstehen zu lassen, die allenfalls von den schädlichsten und belastendsten Schlacken der jüngsten Vergangenheit befreit werden sollte, um den Traditionskern zu erhalten. Dieses Integrationsmodell konnte auch deswegen funktionieren, weil unter den Wissenschaftlern sehr viele Professoren waren, die sich dem NS-Regime aus unterschiedlichen Gründen angepasst hatten und darum auch nach 1945 kaum Einwände gegen diese Integrationsstrategie hatten. Es bot ihnen immerhin auch die Chance der Entlastung und des Beschweigens. Damit konnten sie ein öffentliches Schuldeingeständnis vermeiden. Allerdings wusste in der Scientific Community beinahe jeder über jeden etwas, und Fälle der gegenseitigen Denunziation hatte es auch gegeben. Nach den ersten vergangenheitspolitischen Gesetzen des Bundestags 1949 und 1950 erreichte die berufliche Wiedereingliederung ihren Höhe- und Abschlusspunkt 1951 mit dem Ausführungsgesetz zu Artikel 131 des Grundgesetzes, das allen Beamten, die eine Dienstzeit von mindestens zehn Jahren aufzuweisen hatten, das Recht auf Rückkehr in ihre Dienststellungen zusicherte. Das galt auch für Hochschullehrer, wenn auch diese Rehabilitierung nicht für alle zutraf, sie etwa kein Entnazifizierungsverfahren überstanden hatten oder es von vornherein vermieden hatten, wie etwa der Rechtswissenschaftler Carl Schmitt. Eine Aufstellung von 1953 zählt »noch 720 Hochschullehrer, darunter 309 Lehrstuhlinhaber, die 1945 aus politischen Gründen entlassen worden waren und auch acht Jahre später noch nicht an ihre Universität zurückgekehrt waren«.[3] Allerdings waren davon mittlerweile 102 verstorben, 79 emeritiert und 98 pensioniert worden.[4] Unter den zunächst nicht wiedereingestellten Hochschullehrern befanden sich auch NSDAP-Mitglieder, die vor 1945 ein lautes öffentliches Bekenntnis und Engagement für das NS-Regime an den Tag gelegt hatten oder gar NS-Täter waren. Über ihre Wiedereingliederung entschieden nach teilweise durchlaufener Entnazifizierung schließlich die Universitäten bzw. ihre zuständigen Fakultäten. Das zog sich oft über Jahre hin und war vor allem vom wissenschaftlichen Renommee und den Netzwerken der Betroffenen und ihren Befürwortern abhängig.

Auch der berufliche Wiedereingliederungsvorgang von Konrad Meyer gehört zu diesen Fällen. Meyer war kein Unbekannter und hatte als einstiger nationalsozialistischer Multifunktionär eine nicht unbedeutende Rolle bei den Planungen nationalsozialistischer Vertreibungsverbrechen gespielt. Er hatte von Heinrich Himmler zwei Tage nach dem Überfall auf die Sowjetunion, am 24. Juni 1941, den Auftrag erhalten, einen Plan für die deutsche Besiedlung Ost- und Ostmitteleuropas und damit für die Vertreibung und Vernichtung von Millionen von Bewohnern dieses riesigen Raumes zu entwickeln. Meyer hat schnell geliefert: Bereits am 15. Juli 1941 legte er dem Reichsführer-SS, der 1939 von Hitler zum Reichskommissar für die Festigung des deutschen Volkstums ernannt worden war, eine erste Fassung seines »Generalplans Ost« vor, den er im Hochgefühl der deutschen Siege im Laufe des Sommers 1941 noch erweitern und konkretisieren sollte. Den neuen Plan legte Meyer im Juni 1942 vor. Was Meyer inzwischen präsentierte und was von einer mehr als 15-köpfigen Planungsgruppe und einem interdisziplinären Netzwerk von Raumforschern, Agrarwissenschaftlern und Architekten ausgearbeitet worden und mit gewaltigem Zahlenmaterial scheinbar belegt sowie mit einem DFG-Sonderprogramm gefördert worden war, beinhaltete einen Generalplan, der »auf eine totale Transformation aller ethnischen, ökonomischen, politischen und kulturellen Strukturen Mittel- und Osteuropas, inklusive des Altreichs und in Ansätzen auch ausgeweitet auf Westeuropa«[5] zielte. Meyer und seine Mitstreiter, von denen einige erst durch ihn auf Lehrstühle gekommen waren, berauschten sich an gigantischen und gewaltsamen völkischen Neuordnungsplänen, deren Realisierung in den folgenden drei Jahrzehnten Himmlers SS obliegen sollte, unterstützt und beraten von Meyers Forschungsinstitut, das formal dem Reichskommissar für die Festigung des deutschen Volkstums unterstand.

Doch von alledem, vor allem von der Rolle Meyers als Planer, Mitdenker und Berater dieser technokratisch-völkischen Vision, war bei der feierlichen Ehrung Meyers im Oktober 1960 nicht die Rede und auch nicht von der Mitfinanzierung des »Generalplans« durch die DFG, die höchste deutsche Wissenschaftsorganisation, die auch in den Sog der Ideologiepolitik geraten war. Auch der niedersächsische Innenminister Otto Bennemann, einst Mitglied der sozialistischen Widerstandsbewegung des Internationalen Sozialistischen Kampfbundes, sprach in seiner Begrüßungsrede 1960 nicht davon, sondern er stilisierte die Reichsarbeitsgemeinschaft nachträglich zum Träger einer »freien Wissenschaft« in einem diktatorischen Regime.[6]

Das entsprach auch der Leitlinie von Meyers Rechtfertigung vor einem US-Militärtribunal in Nürnberg 1947/48, wo er die Arbeiten in seinem Berliner Forschungsinstitut als rein theoretisch und ohne jeden Praxisbezug verharmloste.[7] Das war eine jener Selbstbehauptungen, die nach 1945 zum Standardrepertoire der Rechtfertigung gehörte und von vielen Kollegen wider besseres Wissen bestätigt wurden. Denn tatsächlich hatten Meyer und seine Mitarbeiter nichts anderes geplant und vorbereitet als die millionenfache Verschiebung von Menschen.

Meyer hatte der SS ab 1933 angehört und war bis 1939 zum SS-Oberführer aufgestiegen, immer in Diensten von Heinrich Himmler, der ihn schon im Januar 1940 zu seinem Planungsbeauftragten »für den Aufbau der Ostgebiete« gemacht hatte.[8] In diesem ersten Planungsauftrag hatte Meyer vorgeschlagen, innerhalb weniger Jahre 3,4 Millionen Polen aus dem eroberten Territorium zu vertreiben und dort ebenso viele Deutsche anzusiedeln, was nach Meyers Vorschlag mit der Evakuierung von 500.000 Menschen als erstem Schritt beginnen sollte. Dass Himmler seinem Gefolgsmann Meyer 1941 die Planung der millionenfachen Vertreibung und Vernichtung in Osteuropa anvertraute, hatte mehrere Gründe: Meyer hatte sich in Himmlers Augen bisher als Planer und Wissenschaftsmanager bewährt, zudem hatte er auch die Leitung der Reichsarbeitsgemeinschaft für Raumforschung inne und konnte außerdem umfangreiche

Fördermittel bei der DFG einwerben, worauf Meyer bei der Überreichung der ersten Fassung des Generalplans auch stolz hinwies.[9]

Nach seiner Kriegsgefangenschaft und einer dreijährigen Internierungshaft wurde Meyer 1948 im Prozess gegen das Rasse- und Siedlungshauptamt der SS angeklagt. Meyer sagte dort nur wenig über den Generalplan Ost aus, und vor allem sprach er nur über dessen erste Version und täuschte damit die Richter über das ganze Ausmaß der späteren Planungsvarianten, auch weil es ihm gelungen war, bei Kriegsende viele Unterlagen über seine Planungsvisionen zu vernichten. Einer seiner früheren Mitarbeiter, der Agrarwissenschaftler Herbert Morgan, beschrieb in einer eidesstattlichen Erklärung Meyers Forschungen als Projekt von »bleibendem Wert«. Im Urteilsspruch wurde Meyer von zweien der drei Anklagepunkte (Verbrechen gegen die Menschlichkeit und Kriegsverbrechen) freigesprochen und nur im dritten Anklagepunkt (Mitgliedschaft in einer verbrecherischen Organisation – der SS) schuldig gesprochen und zu zwei Jahren und zehn Monaten Haft verurteilt, die durch die Internierungszeit als abgegolten galt. Daraufhin wurde Meyer unmittelbar nach dem Prozess freigelassen. Seine Mitwirkung an den Vernichtungsplanungen wurde nicht belangt.

Wie andere SS-Mitglieder auch fand Meyer zunächst in der privaten Wirtschaft Unterschlupf. Ab 1949 leitete er einen Saatzuchtbetrieb bei Einbeck und publizierte, auch als Versuch der Rückkehr in den Wissenschaftsbetrieb, mehrere Aufsätze, die sich auf die Saatzucht bezogen. Außerdem beschäftigte er sich mit Fragen der Ernährung und der Überbevölkerung.

Als Meyer 1956 zum ordentlichen Professor auf den Lehrstuhl für Landesplanung und Raumforschung an der Technischen Universität Hannover berufen wurde, schloss sein beruflicher Weg wieder an seine frühere universitäre Tätigkeit in Berlin an, und auch mit seinen neueren Forschungsthemen setzte er frühere Interessen fort, ohne dass er in eine agrarromantische

Porträt des Rechtswissenschaftlers Carl Schmitt, veröffentlicht 1932 anlässlich seiner Berufung an die Universität Köln

Betrachtung zurückgefallen wäre. Die inhaltliche Kontinuität seiner und der anderen Publikationen der Akademie wurde durch geringfügige semantische Anpassungen kaschiert, war aber eigentlich unübersehbar. Meyer widmete sich nun verstärkt dem Problem der Anpassung des ländlichen Raums an die Bedingungen der modernen Industriegesellschaft, was er allerdings schon vor 1939 im Auge hatte. Mit der Berufung auf einen Lehrstuhl an der TU Hannover öffnete sich nicht nur der Weg in die Akademie für Raumforschung und Landesplanung, sondern vor allem auch in die Deutsche Forschungsgemeinschaft, die ihn weiterhin förderte. Bei seinen Förderungsanträgen wurde vonseiten der Gutachter offenbar nicht auf seine NS-Vergangenheit geachtet, jedenfalls wurde sie, wie damals üblich, nirgends erwähnt. Damit erledigte sich für Meyer auch das Problem vieler »amtsverdrängter« Kollegen, die nach 1945 nicht wieder den Weg zurück in eine Universitätslaufbahn gefunden hatten und damit auch nicht der DFG angehören konnten.[10] Mit seiner zweiten Karriere, die laufbahnrechtlich mit seiner Emeritierung 1969 endete, hatte Meyer nach der Unterbrechung durch die dreijährige Internierungshaft relativ rasch zurück in die Bürgerlichkeit und auch in die akademische Welt gefunden, ohne dass seine maßgebliche Mitwirkung an den verbrecherischen und megalomanen Umsiedlungs- und Vernichtungsplänen der SS zu seinen Lebzeiten eine öffentliche Erwähnung fand.

Ein sehr viel wirkungsmächtigerer Unterstützer des Nationalsozialismus, vor allem in der Phase der Machteroberung und Konsolidierung des NS-Regimes, war der renommierte Rechtswissenschaftler Carl Schmitt. Der 1888 geborene Gelehrte konnte bereits auf eine erfolgreiche akademische Karriere an verschiedenen deutschen Universitäten zurückblicken, als er ab 1933 die NSDAP und ihren Machtanspruch mit seinen Publikationen unterstützte und bald als »Kronjurist des Dritten Reiches« galt. Erschreckender Höhepunkt dieser Apologetik war Schmitts Aufsatz *Der Führer schützt das Recht*, in dem er die staatlich organisierten Morde an parteiinternen Rivalen und Regimekritikern vom 30. Juni 1934 als »Staatsnotwehr« rechtfertigte. Schmitt verdankte seine außergewöhnliche wissenschaftliche Karriere jedoch nicht dem Nationalsozialismus, sondern er war schon lange vor dem Aufstieg der NSDAP in der Weimarer Republik einer der bedeutendsten Staats- und Völkerrechtler. Umso hilfreicher für Hitlers Macht war darum Schmitts öffentliche Rechtfertigung von Hitlers Rolle in der sogenannten »Röhm-Affäre«, bei der der »Führer und Reichskanzler«, wie er sich bald darauf nannte, in der Attitüde eines Gangsterbosses auftrat und Rache übte. Für Schmitt war das hingegen, wie schon erwähnt, ein ordnungsstiftender Akt der »Staatsnotwehr«. Schmitts über die Rechtswissenschaften hinausgehende Wirkungskraft verdankte er nicht nur den breit aufgestellten Themenfeldern seiner Veröffentlichungen, sondern auch seiner Prägnanz und eingängigen Sprachgestaltung und Begrifflichkeit sowie den von ihm geprägten Rechtsfiguren, die teilweise bis heute wirksam und gültig sind: vom »Hüter der Verfassung«, der Unterscheidung zwischen Verfassungstheorie und Verfassungswirklichkeit bis zum »Freund-Feind-Denken«. Aber auch seine unmittelbaren pro-nationalsozialistischen Wortergreifungen der Jahre 1933 und 1934 gehören dazu.

Wie Schmitts Weg von der Anerkennung der Republik zur ungeschminkten Rechtfertigung der Diktatur führte, blieb nach 1945 lange umstritten. Waren die politischen Verformungen und Radikalisierungen ein konsequenter und kontinuitätsbegründeter Weg seines politisch-rechtlichen Denkens, oder waren diese Anverwandlungen eine Reaktion auf die Krisen und Herausforderungen der 1920er- und 1930er-Jahre?[11] Wie sollten die Sprünge von republikkritischen, aber noch verfassungskonformen Ausführungen zu autoritär-konservativen Positionsnahmen während der Präsidialregierungen Papen und Schleicher sowie zur Verteidigung des republikfeindlichen »Preußen-Schlages« vom 20. Juli 1932 erklärt werden, die dann trotz aller Unterstützung für Schleichers Kurs schließlich abrupt zur vehementen Unterstützung des nationalsozialistischen Regimes führten und ihn auch nicht davor zurückschrecken ließen, die staatlich organisierten Morde an mehr als hundert politischen Gegnern, als »Staatsnotwehr« zu rechtfertigen? Schließlich als weitere Radikalisierungsstufe die Rechtfertigung der Nürnberger Rassegesetze vom September 1935 als eine »Verfassung der Freiheit«. Waren diese öffentlichen Festlegungen Ausdruck einer politisch-ideologischen Kontinuität oder eines ereignisbezogenen, okkasionellen Denkens? Einiges spricht für die zweite Interpretation; dazu gehört möglicherweise auch die Kritik der SS am Opportunismus und der »fehlenden nationalsozialistischen Gesinnung« (so im *Schwarzen Korps* der SS) Schmitts, was Ende 1936 zum Verlust seiner Parteiämter führte, mit Ausnahme des ehrenvollen Titels eines Preußischen Staatsrates, auf den der etatistisch denkende Schmitt besonders stolz war. Dass er dieses Amt und auch seine Professur an der Berliner Universität, an die er im Herbst 1933 aus »staatspolitischen Gründen« berufen worden war, behalten konnte, verdankte Schmitt der Protektion durch Hermann Göring. Schmitt blieb bis 1945 an der Friedrich-Wilhelms-Universität als Hochschullehrer tätig und publizierte in dieser

Zeit vor allem auf dem Gebiet des Völkerrechts. Hitlers Krieg bewertete er als Herstellung einer »völkerrechtlichen Großraumordnung«, die er als deutsche Monroe-Doktrin verstand. Auch an der sogenannten Aktion Ritterbusch, dem »Kriegseinsatz« deutscher Geisteswissenschaftler mit martialischen Aufsätzen und Vorträgen, beteiligte er sich, um die nationalsozialistische Kriegs- und Raumpolitik zu rechtfertigen.

Am 30. April 1945 wurde er von sowjetischen Truppen in Berlin verhaftet und nach kurzer Zeit wieder freigelassen. Am 26. September verhafteten ihn die Amerikaner erneut und brachten ihn bis zum 10. Oktober in verschiedene Berliner Lager in Internierungshaft. Ein halbes Jahr später wurde er erneut verhaftet und nach Nürnberg zu den alliierten Prozessen gebracht. Dort wurde er von dem stellvertretenden Hauptankläger Robert Kempner zu dem Vorwurf verhört, an der Planung von Angriffskriegen, von Kriegsverbrechen und an Verbrechen gegen die Menschlichkeit beteiligt gewesen zu sein. Zu einer Anklage kam es nicht, da Kempner zu der Ansicht gelangte, man könne Schmitt juristisch wegen dieser drei Anklagepunkte nicht belangen. Auf jeden Fall hatte Schmitt Ende 1945 seinen Lehrstuhl und auch jegliche Versorgungsbezüge verloren und lehnte es umgekehrt ab, einen Antrag auf Entnazifizierung zu stellen, da er eine Verurteilung befürchtete. Auch später im Jahre 1950 verweigerte er sich, obwohl er inzwischen erfahren hatte, dass einige Kollegen wie z. B. Theodor Maunz und Otto Koellreutter, die auch in das NS-Unrechtssystem verstrickt gewesen waren, sich inzwischen von ihrem Wirken in der NS-Zeit distanziert und um eine Entnazifizierung als Voraussetzung für einen Wiedereinstieg bemüht hatten. Schmitt verzichtete auf diese Form der Rehabilitierung und zog sich in seinen Heimatort Plettenberg im Sauerland zurück.

Vom akademischen Leben ausgeschlossen, schrieb er stattdessen Bücher, die weiterhin im wissenschaftlichen und kulturellen Leben große Bedeutung erhielten und ein wirkungsvoller Teil der Geistesgeschichte der Nachkriegszeit wurden. Schließlich konnte er sich 1952 eine Rente erstreiten, blieb aber weiterhin ein Privatgelehrter, der seine Existenz, nicht unbescheiden, gern mit der Verbannung Machiavellis verglich. Wie sehr seine Person und ihre politische Wirkungsgeschichte ein Reizthema blieben, zeigt die Redaktionskrise bei der Hamburger Wochenzeitung DIE ZEIT 1955. Dort hatte Schmitt im Juli 1954 unter einem Pseudonym, wie in anderen Fällen auch, den Artikel *Im Vorraum der Macht* veröffentlicht. Verantwortlich dafür war der entschieden nationalistisch eingestellte Mitbegründer und Chefredakteur der ZEIT Richard Tüngel, der nach der Beobachtung von Marion Gräfin Dönhoff, damals Leiterin des Politikressorts, bei Schmitt in Plettenberg ein- und ausging. Die meinungsstarke Gräfin kündigte daraufhin aus Protest bei der ZEIT und löste damit erhebliche Turbulenzen bei dem Blatt aus, das nach Meinung des Herausgebers und einiger Redakteure einen linksliberalen Kurs steuern sollte.

Wenn Schmitt sich selbst aus dem akademischen Leben ausgeschlossen hat und ihm damit eine Mitgliedschaft in der Vereinigung der Deutschen Staatsrechtslehrer verwehrt blieb, bedeutet das nicht, dass er nicht weiterhin einer intellektuellen Elite angehörte und eine anerkannte Stimme von Rang blieb. Er hatte sehr bald Freundeskreise gebildet, die ihn in Plettenberg besuchten, unterhielt eine lebhafte Korrespondenz mit älteren und jüngeren Kollegen und nahm an Seminaren teil, wie dem Collegium Philosophicum, das Joachim Ritter in Münster regelmäßig veranstaltete, oder den Ebracher Ferienseminaren, die von Ernst Forsthoff organisiert wurden.[12] Private Zirkel dieser Art waren in der Nachkriegszeit nicht selten und schützten vor öffentlicher Nachfrage oder Kritik. Ein öffentliches Bekenntnis zu seiner politisch-moralischen Schuld lehnte Schmitt ab. Nur im Verhör durch Robert Kempner gestand er ein, dass ihn sein viel zitierter Artikel *Der Führer schützt das Recht* von 1934 letztlich doch beschäme: »Es ist schauerlich, sicherlich. Es gibt kein Wort darüber zu reden.«[13] Der Rückzug nach Plettenberg, verbunden mit gebildeten Selbststilisierungen, war schließlich auch eine Form des Schweigens. Die weltweite Rezeption von und Auseinandersetzung mit Carl Schmitt hat das nicht verhindert, ähnlich wie im Fall des Philosophen Martin Heidegger, der 1933/34 als Rektor der Universität Freiburg ebenfalls Bekenntnisse zu Hitler abgelegt hatte.

Ganz anders verlief die Karriere eines anderen Geisteswissenschaftlers, des Literaturwissenschaftlers und Rektors der Rheinisch-Westfälischen Technischen Hochschule Aachen (RWTH) Prof. Dr. Hans Schwerte. Sein erster Berufsweg, noch unter seinem ersten Namen Hans Ernst Schneider, führte vom mittellosen Literaten über bescheidene Anstellungen in nationalsozialistischen Parteibürokratien schließlich in den persönlichen Stab des Reichsführers SS und in das Amt Ahnenerbe, das ebenfalls Heinrich Himmler unterstand.

Schneiders wissenschaftliche Laufbahn, nun unter dem Namen Schwerte, begann erst nach 1945 im zweiten Anlauf mit seinem neuerlichen Studium und einer zweiten Promotion an der Universität Erlangen in den späten 1940er- und 1950er- Jahren, ganz im Unterschied zu Konrad Meyer, der seine wissenschaftliche Laufbahn bereits mit seiner Berufung zunächst auf einen Lehrstuhl in Jena 1934 und noch im selben Jahr an die Berliner Universität gekrönt hatte. Allerdings hatte auch Meyer sich zeitgleich seit seinem Eintritt in die NSDAP am 1. Februar 1932 und vor allem nach der Machtergreifung im Nationalsozialismus engagiert. Als Wissenschaftlicher Assistent in Göttingen hatte er zu den treibenden Akteuren der politischen »Säuberung« gehört und war gleichsam als Anerkennung seines Aktivismus im Juni 1933 zum Hauptschulungsleiter für Rasse und Siedlung in der Göttinger SS-Standarte 51 avanciert. In der Phase der NS-Machtergreifung gab es viele Posten zu erobern, und Meyer zog gleich weiter als Referent im preußischen Kultusministerium in Berlin.

Der im Dezember 1909 als Sohn eines Versicherungsangestellten in Königsberg geborene Hans Schneider hatte in seiner Heimatstadt (und für je ein Semester in Berlin und Wien) Literatur- und Kunstgeschichte studiert und wurde dort 1935 von Josef Nadler promoviert. Schneider war schon 1932 dem NS-Studentenbund und 1933 der SA beigetreten. Dass Hans Schneider Nationalsozialist wurde, hat der Politikwissenschaftler Claus Leggewie, der mit ihm nach seiner Enttarnung Ende der 1990er-Jahre ausführliche Gespräche führte, als eine »Verbindung von Neigung und Zufall, Ehrgeiz und Laxheit« zu erklären versucht. Schneider sei weder ein überzeugter wissenschaftsorientierter Germanist noch ein Parteiideologe gewesen, sondern eher ein Volkskundler und Tanzlehrer, der den Volkstanz pflegen wollte und damit auch den Weg in den Nationalsozialismus und die SS fand.[14] Die SS bot dem »Gelegenheitsschreiber« Schneider die Möglichkeit eines sozialen Aufstiegs vom kleinbürgerlichen Königsberger Milieu, in dem er groß geworden war, in eine selbsternannte kulturelle Elite, die sich als Träger der Ideen der »Konservativen Revolution« und zentrales Amt verstehen wollte. Als er 1938 endgültig in einer eher randständigen Position des nationalsozialistischen Kulturbetriebes, in der Lehr- und Forschungsgemeinschaft Ahnenerbe, eintrat, war er auf der mittleren SS-Führungsebene angekommen. Während des Krieges kam er als »Kulturbeauftragter« im »Germanischen Wissenschaftseinsatz« durch seine wichtigsten Einsatzorte in Belgien und den Niederlanden mit der nationalsozialistischen Besatzungsherrschaft, aber, wie er später beteuerte, nicht notwendigerweise mit deren Verbrechen und auch nicht mit den menschenverachtenden und teilweise tödlichen »Kälteversuchen« unter Leitung der medizinisch naturwissenschaftlichen Abteilungen des »Ahnenerbes«, in direkte Berührung bzw. unmittelbare Mittäterschaft. Durch seinen »Westeinsatz« hatte er wahrscheinlich auch nichts mit dem nationalsozialistischen Vernichtungsfeldzug im Osten zu tun, auch wenn er einer NS-Organisation angehörte, die vom Nürnberger Militärtribunal als »verbrecherische Organisation« eingestuft wurde.

Angefangen hatte Schneider, frisch promoviert, 1935 als Abteilungsleiter im Nationalsozialistischen Reichsbund für Leibesübungen; bald aber gelang ihm der Parteiaufstieg über die SS, in die er 1937 von der SA wechselte. Wenige Tage später trat er, als die Aufnahmesperre für Neumitglieder vorübergehend aufgehoben wurde, in die NSDAP ein. In der SS stieg er bis zum Hauptsturmführer auf und wurde Abteilungsleiter im persönlichen Stab des Reichsführers SS Heinrich Himmler. Dieser wies ihn seinem Amt Ahnenerbe zu, das in der Rhetorik Himmlers einmal die Organisation der künftigen intellektuellen und weltanschaulichen Elite sein sollte. Vorerst widmete sich Schneider dem »Kriegseinsatz der Geisteswissenschaften« und radikalisierte sich mit dem Kriegsverlauf in seinen programmatischen Erklärungen im Kampf gegen »Bolschewismus und Amerikanismus«. Er polemisierte in einer immer scharfmacherischeren, aber letztlich folgenlosen Rhetorik gegen zwei Gegner oder Rivalen, gegen die »Hasenfüße des akademischen Betriebs und die Ignoranten«[15], um spätestens am Ende des Krieges einsehen zu müssen, dass das »Ahnenerbe« doch nicht das eigentliche Wissenschaftsamt des Reichsführers SS geworden war und auch nicht als solches anerkannt wurde (Brief Schneiders an den Geschäftsführer des »Ahnenerbes« Wolfram Sievers im März 1945).[16] Was Schneider, der kurz vor Kriegsende im engen Austausch mit anderen gleichgesinnten Mitgliedern des »Ahnenerbes« von den Menschenexperimenten seines »Amtes« gewusst hat, lässt sich nicht mit Sicherheit klären. Das gilt auch für den späteren Vorwurf, er habe die Raubzüge von medizinischen Geräten der Universität Leiden durch die SS in das KZ Dachau organisiert. Jedenfalls bestritt er das, obwohl er zu dieser Zeit in die Führungsebene des »Amtes« aufgestiegen war und zumindest die Listen der requirierten medizinischen Instrumente gesehen hatte. Stattdessen habe er, so im Gespräch mit Leggewie, sich ab 1944 mit seiner Berliner Gruppe über die bedrohliche Kriegslage und die Zukunft ausgetauscht und noch im März 1945 Pläne und Programme für eine »europäische Arbeitsteilung« ausgearbeitet. Die plötzliche Hinwendung zu Europa, die auch Heinrich Himmler teilte, war in der Götterdämmerung des Dritten Reiches ein beliebtes Argument, das als »Medium der Rehabilitation«[17] dienen sollte, und von dem man sich einen Ausweg aus einer hoffnungslosen Situation versprach.

Im Frühjahr 1945 musste sich Schneider eingestehen, dass er den Weg der Nationalsozialisten in die Zerstörung Europas und »in die Selbstzerstörung gläubig und bis zum bitteren Ende mitgegangen war«, ohne von grundsätzlichen Zweifeln an dem, was er getan hatte und mitverantworten musste.[18]

Am 25. April 1945 ist Hans Schneider laut einem Totenschein der Deutschen Dienststelle für die Benachrichtigung der nächsten Angehörigen von Gefallenen der ehemaligen deutschen Wehrmacht in Berlin gefallen. Damit begann das zweite Leben des Hans Schneider: Nachdem seine Ehefrau Annemarie ihn 1946 wiedergefunden hatte, hatte sie seine Gefallenenmeldung veranlasst und noch versucht, dieses Täuschungsmanöver vor einem süddeutschen Standesamt mit einem beglaubigten Feldpostbrief eines angeblichen Kriegskameraden zu belegen, der bestätigen sollte, dass ihr Mann in Berlin gefallen sei. Ein Jahr später, nach seiner »Wiederauferstehung« als Hans Schwerte, heiratete sie ihn unter dem neuen Namen, der angeblich von einem entfernten Verwandten stammte, erneut. Nur der Vorname Hans blieb als vertrautes Identitätsmuster zwischen den Partnern erhalten. Später, nach seiner Selbstanzeige, mit der er 1995 der drohenden Enttarnung zuvorkommen wollte, hat Hans Schneider, der als Hans Schwerte ein neues, erfolgreiches akademisches Leben begonnen hatte, diese Verwandlung mit der schlichten Aussage kommentiert: »Ich habe ein Leben und dann ein neues Leben geführt.«[19]

Er war nicht der Einzige, der die Wirren der Übergangszeit vom Krieg zum Frieden 1945 nutzte, um in die Illegalität abzutauchen und eine neue Identität anzunehmen. Bereits in den 1950er-Jahren gab es Gerüchte, denen zufolge bis zu 2000 NS-Männer diesen Weg beschritten hätten, auch um sich der Verantwortung zu entziehen und mit dieser spezifischen Form des Beschweigens die eigene Vergangenheit zu verbergen. Die Möglichkeiten einer Amnestie, die sich mit dem Straffreiheitsgesetz der Regierung Adenauer 1950 geboten hätte, hat Hans Schwerte, warum auch immer, im Unterschied zu einer geheimnisvollen Gruppe von rund 200 »Schicksalsgefährten« nicht genutzt. Vermutlich hatte zu diesem Zeitpunkt seine zweite Karriere nach der erfolgreichen neuerlichen Promotion bereits einen erfolgversprechenden Verlauf genommen, sodass eine Rückverwandlung nicht mehr nötig erschien.

Wenn Hans Schwerte später lakonisch anmerkte, er habe sich mit dieser Verwandlung »selbstentnazifiziert«, dann steckt darin ein Körnchen Wahrheit, denn er verband mit seinem zweiten Leben auch eine schrittweise Abkehr von seiner nationalsozialistischen Vergangenheit bis hin zu einer erklärten linksliberalen politischen Positionierung. Dieser Weg der zögerlichen sukzessiven »Aufarbeitung der Vergangenheit«, die sich in der zweiten Karriere Schwertes erkennen lässt, war zu keinem Zeitpunkt mit einem öffentlichen Schuldeingeständnis verbunden, sondern vollzog sich, wie Claus Leggewie beobachtete, mit und in dem allgemeinen Wandel und Anpassungsvorgang der institutionellen Verfassung und politischen Kultur der Bundesrepublik, der »sich genauso unsauber anließ und vollzog wie dieser Neubeginn eines einzelnen SS-Mannes. Die Parallele zwischen dem individuellen und kollektiven Namenswechsel ist unübersehbar.[20] Der individuelle Aufarbeitungsvorgang Schwertes erstreckte sich bis zu dem verschlüsselten Bekenntnis zu seinen Verstrickungen von 1995, wenn er zugab, die befleckte »Uniform von Auschwitz« hatte tragen müssen.[21]

Nach seiner Verwandlung hatte er zum zweiten Mal mit einem Studium der Germanistik in Hamburg und Erlangen begonnen, wo er 1948 mit einer Arbeit über den Zeitbegriff bei Rilke erneut promoviert wurde. Im Germanistischen Seminar der Universität Erlangen erhielt er eine Stelle als Wissenschaftlicher Assistent und wurde, wie er später bekannte, nun ein wirklicher und ernsthafter Literaturwissenschaftler, der auch fleißig publizierte. Wenn er 1954 und in den folgenden Jahren zusammen mit einigen ihm noch gut bekannten einstigen Kollegen aus dem Sicherheitsdienst der SS eine vierbändige Buchreihe *Gestalter unserer Zeit* im rechten Oldenburger Verlag Gerhard Stalling herausgab, dann war das noch Folge einstiger Verbindungen und Netzwerke, denn der Lektor des Verlags war der ehemalige SS-Obersturmbannführer Hans Rößner, und auch der Titel eines Teilbandes, *Denker und Deuter im heutigen Europa*, atmete nicht nur den Zeitgeist der 1950er-Jahre, sondern erinnerte auch an das plötzliche Europainteresse in SS-Kreisen kurz vor Kriegsende. Zudem entsprach es ganz den Gepflogenheiten dieser Jahre und dem Bemühen, die Belastungen der Vergangenheit stillschweigend abzustreifen, wenn er einen jüdischen Emigranten von 1933, den Chirurgen Rudolf Nissen, zur Mitarbeit an dem vierten Band mit einem Artikel über Ferdinand Sauerbruch gewinnen konnte. Auch der Politologe Arnold Bergstraesser, der ebenfalls Opfer der NS-Herrschaft war und 1936 aus dem Universitätsdienst entlassen worden war, hatte sich zu einer Einleitung in einem Teilband bereit gefunden.

Den Zugang zur wissenschaftlichen Karriere sicherte sich Schwerte 1958 mit seiner Erlanger Habilitation im Fach Neuere Deutsche Literatur. Die Habilitationsschrift mit dem Titel *Faust und das Faustische – ein Kapitel deutscher Ideologie*, die 1962 im renommierten Klett Verlag erschien, knüpfte an Überlegungen seiner ersten Dissertation an, nur dass er ein paar semantische Veränderungen vornahm: Hatte der Autor früher von »Volk« gesprochen, so war jetzt von »Gesellschaft« die Rede, und

Schwerte wurde damit bald zu einem anerkannten Vertreter einer soziologisch orientierten Literaturgeschichte. 1964 erhielt Schwerte in Erlangen eine außerordentliche Professur und die Leitung der Theaterwissenschaftlichen Abteilung des Deutschen Seminars, bereits 1965 wurde er auf eine ordentliche Professur für Neuere Deutsche Literatur an der RWTH Aachen berufen. Sein Image eines progressiven linksliberalen Wissenschaftlers, das erst gar nicht den Verdacht aufkommen ließ, er habe etwas zu verbergen, förderte Schwerte auch mit seiner Mitwirkung an den seinerzeit bedeutenden und weit in die kulturelle Landschaft ausstrahlenden Nürnberger Gesprächen des sozialdemokratischen Nürnberger Kulturdezernenten Hermann Glaser. Dieser erinnerte noch später daran, dass eigentlich Schwerte der Erfinder und Motor dieses öffentlichen Forums für moderne Literatur und den Diskurs über die NS-Vergangenheit war.[22]

Als Krönung seiner wissenschaftlichen Karriere, wie man das damals noch verstehen konnte, wurde Schwerte schließlich 1970 zum Rektor der RWTH Aachen gewählt und bleib dies bis 1973. Er war der »Lieblingsrektor« der nordrhein-westfälischen Landesregierung, auch mit persönlichen freundschaftlichen Beziehungen zu den damaligen Wissenschafts- und Kultusministern Johannes Rau und Hans Schwiers. Diese ernannten ihn auch von 1976 bis 1981 zum Beauftragten für die Pflege und Förderung der Beziehungen zwischen den Hochschulen des Landes Nordrhein-Westfalen und des Königreichs der Niederlande und des Königreichs Belgien. Damit kam Schwerte wieder in enge Beziehungen mit den niederländischen Universitäten, für die er zwischen 1940 und 1942 als SS-Hauptsturmführer Hans Schneider und Besatzungsvertreter zuständig gewesen war. Angeblich haben bereits Ende der 1970er-Jahre niederländische Beobachter Schwertes wahre Identität entdeckt, und seither gab des immer wieder Gerüchte, auch in Aachen, über die Doppelgängerrolle Schwertes. Der einstige Rektor wurde 1978 altersbedingt mit großen Ehrungen emeritiert und erhielt 1983 für seine Verdienste um die akademischen Beziehungen zu den benachbarten Benelux-Ländern das Bundesverdienstkreuz 1. Klasse. Schneider/Schwertes zweite Karriere hatte ihren Höhepunkt erreicht, er gehörte zur wissenschaftlichen Elite des Landes. Auch nach seiner Emeritierung blieb Schwerte dem akademischen Leben treu. Er wurde noch im Jahr 1978 zum Honorarprofessor der Universität Salzburg ernannt und hielt dort noch über Jahre hinweg Lehrveranstaltungen ab.

Der jähe Absturz kam 1995 mit den Recherchen zweier niederländischer Journalisten, die Schwertes Doppelleben auf die Spur gekommen waren. Das Standesamt Hildesheim, wo er angeblich am 3. Oktober 1910 geboren worden war, bestätigte, dass dort zwischen 1909 und 1911 kein Hans Schwerte zur Welt gekommen sei. Kurz vor Abschluss dieser journalistischen Recherchen zog Schwerte die Notbremse und zeigte sich im April 1995 selbst an. Universität und Landesregierung stellten daraufhin ihrerseits weitere Überprüfungen an und entzogen dem prominenten Hochschullehrer und ehemaligen Rektor den Professorentitel und die Beamtenpension; außerdem forderte der Dienstherr die gezahlten Dienstbezüge als unrechtmäßig erworben zurück. Auch das Bundesverdienstkreuz musste Schwerte zurückgeben. Die Universität Erlangen sah keine formale rechtliche Grundlage, ihrem ehemaligen Doktoranden den dort erlangten zweiten Doktortitel abzuerkennen, da in ihrer Promotionsordnung ein solcher Tatbestand nicht vorgesehen war. Nun konnte Schneider/Schwerte erstmals beide Doktortitel führen, was ihn aber auch nicht vor dem öffentlichen Skandal schützte. Der Fall Schneider/Schwerte war zum Thema der Medien geworden und warf nicht nur zum wiederholten Mal die Frage nach den Nachwirkungen der NS-Geschichte auf. Vielmehr entstand eine öffentliche Diskussion über den Umgang mit NS-Tätern, die sehr viel ernsthafter verlief als Jahrzehnte zuvor. Auch wenn Schneider/Schwerte nie ein öffentliches Schuldeingeständnis vorgelegt hat, so hat er durch sein öffentliches Wirken eine Aufarbeitungskultur mitbeeinflusst, die sich nun auch gegen ihn richtete. Ein Strafverfahren, das die Staatsanwaltschaft noch 1995 wegen »Beihilfe zum Mord« und wegen der Beteiligung an illegalen medizinischen Experimenten im KZ Dachau eröffnete, endete allerdings ergebnislos. Der Angeklagte konnte sich, wie das in vielen Fällen schon früher passiert war, auf den Befehlsnotstand und einen entsprechenden Auftrag berufen.

Auch die deutschen Historiker holte in den 1990er-Jahren noch einmal die Vergangenheit ein. Nachdem bereits in der unmittelbaren Nachkriegszeit, wie in anderen Fächern auch, einige schwerbelastete Geschichtsprofessoren nicht wieder auf ihre Lehrstühle zurückkehren oder überhaupt universitäre Positionen erreichen konnten wie der Agrarhistoriker und SS-Mann Günther Franz, der erst 1957 an der Landwirtschaftlichen Hochschule Stuttgart-Hohenheim eine bescheidene Stellung fand, war gerade die deutsche Geschichtswissenschaft stolz auf ihren jüngsten zeitgeschichtlichen Zweig. Nach dem allgemeinen Entsetzen über die Schändung der gerade erst eingeweihten Kölner Synagoge am Heiligen Abend 1959 durch zwei Anhänger der rechtsextremen Deutschen Reichspartei waren an vielen Universitäten Lehrstühle für Zeitgeschichte als geschichtspolitische Gegenbewegung eingerichtet worden. Zuvor hatte ein erstes außeruniversitäres Forschungsinstitut, das bereits 1949 in München gegründete Institut für Zeitgeschichte, auch durch fundierte wissenschaftliche Gutachten, etwa für den Frankfurter Auschwitz-Prozess, die Notwendigkeit und den geschichtswissenschaftlichen Ertrag einer solchen Einrichtung unter Beweis gestellt. Für einige Jahrzehnte hatte überall im Land die aufblühende Zeitgeschichtsforschung, oft auch im Verbund mit den Medien, gerade zur Erforschung und Aufarbeitung der NS-Zeit inhaltlich und methodisch wichtige Beiträge auch mit großer öffentlicher Wirksamkeit geleistet. Nun aber, Mitte der 1990er-Jahre, als viele Nachkriegs-Gründungsväter der deutschen Geschichtsforschung emeritiert oder bereits gestorben waren, tauchten immer mehr Publikationen auf, die die Tätigkeit der wissenschaftlichen Vätergeneration im Nationalsozialismus kritisch unter die Lupe nahmen, bis sich der Historikerverband entschloss, auf dem Frankfurter Historikertag 1998 eine eigene Sektion zum Thema »Deutsche Historiker im Nationalsozialismus« einzurichten. Diese fand große Resonanz und schlug noch danach hohe publizistische Wellen. Vor allem zwei Historiker, die sich um die Wiederbegründung und den Anschluss der deutschen Geschichtswissenschaft an die internationale Forschungssituation große Verdienste erworben und sehr viele Schüler und Doktoranden angezogen hatten, Theodor Schieder in Köln und Werner Conze in Heidelberg, wurden nun der Mitwirkung an der Vorbereitung und Planung völkischer Umsiedlungspläne im Osten bezichtigt.

Der 1908 geborene Theodor Schieder hatte von 1926 bis 1933 Geschichte, Germanistik und Geografie in München und Berlin studiert und wurde 1933 in München von dem nationalsozialistischen Historiker Karl Alexander von Müller promoviert. Der jugendbewegt geprägte Schieder, der der bürgerlich-konservativen, teilweise auch antisemitischen »Gildenschaft« angehörte, neigte sich in dieser Zeit jungkonservativen Reichsideen zu, die um die Vorstellung autoritärer und militärischer Politikformen zur Rettung des Deutschen Reiches kreisten. Dem Nationalsozialismus stand er zu dieser Zeit noch distanziert gegenüber. Dank seiner Verbindungen zu einigen jüngeren Historikern, die auch den verschiedenen Bünden der Jugendbewegung angehört hatten, darunter Erich Maschke, Theodor Oberländer und Günther Franz, erhielt er 1934 ein Forschungsstipendium zur ostpreußischen Geschichte der Nachkriegszeit an der Universität Königsberg. Dort gehörte er einem Kreis um den Historiker Hans Rothfels an, der nach seiner Rückkehr aus der Emigration in den 1950er-Jahren die Zeitgeschichtsforschung in der Bundesrepublik stark beeinflusste. Seine ursprünglich bevölkerungsgeschichtlich angelegten Studien zu einer Siedlungsgeschichte

Ostpreußens brach Schieder auf Empfehlung des Mediävisten Albert Brackmann, der »grauen Eminenz der Ostforschung«[23] ab und widmete sich einem ideengeschichtlichen Konzept zum Gedanken des »Reiches«, das er dem westlichen Nationalstaatsprinzip als Instrument für eine Neuordnung Ostmitteleuropas entgegenstellte. 1939 habilitierte er sich in diesem Themenfeld mit einer Arbeit über den *Deutschen Geist und ständische Freiheit im Weichsellande. Politische Ideen und politisches Schrifttum in Westpreußen von der Lubliner Union bis zu den politischen Teilungen (1569–1772/73)* bei Kurt von Raumer. Außerdem war Schieder in dieser Zeit Mitarbeiter an dem *Handwörterbuch des Grenz- und Auslandsdeutschtums*, das vom Reichsministerium des Inneren gefördert und zum maßgeblichen Organ nationalpolitischen Gedankengutes wurde. Schieders Beiträge befassten sich mit der »Memelfrage« und dem italienischen Faschismus.

Ab 1933 bewegte sich Schieder auf den Nationalsozialismus zu und wurde ab 1938 zu einem »Nationalsozialist[en] reinsten Wassers und rassistischem Ideologen«[24]. Er war zunächst ehrenamtlicher Mitarbeiter des NS-Hauptschulungsamtes in Königsberg und trat im Mai 1937 in die NSDAP ein. Im Sommer 1939 schlug ihn der ostpreußische Gauleiter Erich Koch für eine Expertengruppe für »Volkstumsfragen« im Reichsinnenministerium vor, die an der Vorbereitung des Polenfeldzuges mitwirken sollte. Am 7. Oktober 1939 legte Schieder die Denkschrift einer Arbeitsgruppe der Nord- und Ostdeutschen Forschungsgemeinschaft über die *Siedlungs- und Volkstumsfragen in den wiedergewonnenen Gebieten* vor. Die Arbeitsgruppe hatte sich auf Vorschlag des Mediävisten Hermann Aubin vom 4. bis 7. Oktober in Breslau getroffen, um über die Neuordnung Polens zu beraten. Als Rechtfertigung der Deportationspläne, die mit dem »Volkstumskampf« begründet wurden, diente der Versailler Vertrag, der seit der frühen Weimarer Republik nicht nur im nationalkonservativen Deutschland als Wurzel allen Übels galt und von den Nationalsozialisten als Legitimation ihrer Kriegs- und

Eroberungspolitik instrumentalisiert wurde. Dementsprechend plädierte Schieder in seiner geschichtswissenschaftlich unterfütterten Denkschrift nicht nur für eine »Wiedergutmachung«, sondern auch für »Bevölkerungsverschiebungen allergrößten Ausmaßes«, um eine »gesunde Volksordnung« zu schaffen. Er warnte ganz im Sinne rassistischer Ideologien vor den »Gefahren rassischer Vermischung« und forderte die »Herauslösung des Judentums aus den polnischen Städten« sowie die »Entjudung Restpolens«, ferner die »Beseitigung der polnischen Intelligenz«.[25] Schieders Entwurf enthielt zwar keine praktischen Handlungsanleitungen, wie sie Konrad Meyer ein Jahr später für Heinrich Himmler formulierte. Er förderte damit aber einen Gedanken von Vertreibung und Vernichtung, der im Rausch der ersten Kriegseroberungen einem ideologischen Machbarkeitswahn und brutalen Vernichtungsplänen den Boden bereitete. Für die weiteren beruflichen Aufstiegsziele war diese Überanpassung eigentlich nicht mehr erforderlich: Ab 1940 war Schieder verbeamteter Dozent, ab Mai 1942 Professor für Neuere Geschichte an der Universität Königsberg, 1943 zusätzlich noch Dekan der dortigen Philosophischen Fakultät sowie aktives Mitglied im NS-Dozentenbund. 1944 wurde er zudem Mitglied der Arbeitsgemeinschaft zur Erforschung der bolschewistischen Weltgefahr im Amt Rosenberg, das sich gerne als nationalsozialistischer »Thinktank« verstand.

Nach der Flucht mit seiner Familie nach Westdeutschland 1944/45 versuchte Schieder dort wieder eine Professur zu bekommen, was nach einigen Ablehnungen dank der Unterstützung durch den politisch unbelasteten Mediävisten Peter Rassow im Sommer 1947 mit der Berufung und im Herbst 1948 mit der endgültigen Ernennung zum Ordinarius an der Universität Köln auch gelang. Im November 1947 hatte er dank der Hilfe einiger Kollegen, die Schieders politische Haltung rechtfertigten, das erforderliche Entnazifizierungsverfahren bei dem Amtsgericht Kempten unbeschadet überstehen können. Schieders

Der Historiker
Theodor Schieder
im Jahr 1983

zweite, aber kaum unterbrochene, westdeutsche Karriere schloss, wenigstens in formaler Hinsicht, relativ bruchlos an die erste an. Als Gründer und Vorsitzender von zahlreichen wissenschaftlichen Kommissionen und Herausgeber führender Fachzeitschriften sowie von Handbüchern und Dokumentationen und als Rektor der Universität Köln profilierte Schieder sich bald als »begnadeter Wissenschaftsorganisator«[26] und prägte für viele Jahre auch als akademischer Lehrer mit einem großen Doktorandenkreis das Profil der bundesrepublikanischen Geschichtswissenschaft. 1971 wurde Schieder in den Orden Pour le Mérite für Wissenschaften und Künste aufgenommen, 1972 erhielt er das Große Bundesverdienstkreuz mit Stern der Bundesrepublik Deutschland.

Die lange Vor- und Entstehungsgeschichte der *Dokumentation der Vertreibung der Deutschen aus Ostmittel- und Osteuropa in den Jahren 1945 bis 1948*, deren federführende Herausgeberschaft das Bundesministerium für Vertriebene, Flüchtlinge und Kriegsgeschädigte, das von Theodor Oberländer, einem alten Freund Schieders aus Königsberger Zeiten, geleitet wurde, Schieder 1952 übertragen hat, wurde ungewollt zu einem Spiegel des politischen Bewusstseinswandels der frühen Bundesrepublik. Hatte Schieder noch in einem geplanten Weißbuch am »Heimatrecht der Deutschen« festgehalten und die Ursache der Vertreibung in der bolschewistischen Herrschaftspolitik gesehen, so änderte sich diese Ursachenbestimmung im geplanten Abschlussband, der aus politischen Gründen nicht mehr publiziert werden sollte. Denn inzwischen hatten Schieder und seine Mitautoren eine der Hauptursachen der späteren Vertreibung der Deutschen in der Vorgeschichte der nationalsozialistischen Umsiedlungs- und Vernichtungspolitik gesehen.[27] Ganz offenkundig war diese These, die mittlerweile Allgemeingut historischer Darstellungen geworden ist, einem Wandel im politisch-historischen Denken Schieders und auch seines Mitherausgebers Hans Rothfels zu verdanken.[28] Für seinen prominenten Schüler Hans-Ulrich Wehler, der einer modernen Geschichtsschreibung im Sinne einer Historischen Sozialwissenschaft den Weg bereitete, war das gewandelte Geschichtsverständnis seines akademischen Lehrers Schieder Ausdruck eigener »lebensgeschichtlicher Erfahrungen und Verarbeitungsprozesse«.[29]

Dass dieser Verarbeitungsprozess nicht in ein öffentliches Schuldbekenntnis Schieders in Bezug auf seine geschichtspolitischen Aktivitäten im Nationalsozialismus mündete, wie das vielleicht eine jüngere Generation als Beitrag zu einer Aufarbeitungskultur erwartet hätte, war für den Zeitgeist der späten 1950er- und 1960er-Jahre nicht ungewöhnlich und ist uns schon im Fall Schneider/Schwerte begegnet. Die verspätete Empörung darüber kam erst zum Ausdruck, als nach Schieders Tod im Oktober 1984 sein Verhalten während des Nationalsozialismus Gegenstand öffentlicher Kontroversen wurde. Wieder war es ein Archivfund, der schon länger existierenden Gerüchten eine Bestätigung lieferte. Nach einem Hinweis des englischen Historikers Michael Burleigh auf Schieders Planungen für Bevölkerungsverschiebungen in Polen publizierten Angelika Ebbinghaus und Karl Heinz Roth 1992 Schieders *Polendenkschrift* vom Oktober 1939. Götz Aly pflichtete den Entdeckungen bei und bezeichnete Schieders Arbeiten als Vorstufe zum Generalplan Ost.[30] In der erregten öffentlichen Debatte, die ihren Höhepunkt auf dem Frankfurter Historikertag 1998 fand, ging es nicht mehr nur um Schieder, sondern auch um das wissenschaftliche Werk seines Freundes und Kollegen Werner Conze sowie um die Rolle einer ganzen Historikergeneration im Nationalsozialismus.[31] Einig waren sich alle Diskutanten darin, dass mit den Plänen Schieders ein entscheidender Schritt eingeleitet wurde, der über die bisherige deutsche Volkstumspolitik im Osten hinaus ging. Schwieriger zu beantworten war und ist die Frage, welchen Stellenwert solche Pläne für den politischen Entscheidungsprozess hatten. Waren Schieder und Kollegen unmittelbar an der Vernichtungspolitik beteiligt, wie das etwa für Konrad Meyer gilt? Haben sie für eine »gewaltsame Germanisierungspolitik« plädiert und einen Text für die politische Anwendung geschrieben? Oder hätten sie das ganze Ausmaß der späteren Vernichtungspolitik der SS nicht antizipieren können? Hatte Schieder einen »direkten, kausalen Einfluss auf nationalsozialistische Vertreibungsvorgänge«?, fragte Christoph Nonn und bezweifelte dies, auch weil es nicht beweisbar sei. Das waren keine neuen Fragen, sie begleiten den gesamten Aufarbeitungsprozess der Nachkriegszeit, allerdings mittlerweile auf einer sehr viel besseren empirischen Grundlage als in den frühen Jahren der Bundesrepublik. Zudem hatte mittlerweile der Zusammenbruch der zweiten deutschen Diktatur in der DDR und des gesamten sowjetischen Imperiums einen breiteren Vergleichs- und Erfahrungshintergrund geschaffen. Nicht geändert hatte sich jedoch die ewige Frage nach einer »zweiten Chance«, die Hans-Ulrich Wehler mit Blick auf den Wandel der Denkmuster Schieders in der Modernisierungsphase der Nachkriegszeit gestellt hat. Hat Schieder sich damit, trotz aller Einschränkungen, doch von vielen anderen Historikern der Nachkriegszeit unterschieden? Die Fragen des Frankfurter Historikertags waren und bleiben die großen und belastenden Fragen der deutschen Nachkriegszeit und darüber hinaus fast jeder postdiktatorischen Gesellschaft des 20. und 21. Jahrhunderts.

Braune Flecken in der Medienlandschaft

Journalisten und Bildende Künstler in den Verwandlungszonen

Sie schrieben meistens über andere, selten über sich selbst: *[d]ie Herren Journalisten.*[1] Was zu Zeiten Gustav Freytags um die Mitte des 19. Jahrhunderts galt, hatte auch noch in der deutschen Nachkriegsgesellschaft der 1950er- und frühen 1960er-Jahre Bestand: Die Welt der Journalisten war noch immer eine Männerdomäne, einigen Redaktionen attestierte man gar einen »männerbündischen Charakter«[2]. Auch sie haben lange Zeit über die Geschichte ihrer Zeitungsgründungen in der Nachkriegszeit und deren Personal geschwiegen. Allenfalls werbewirksame Festschriften erzählten von schwierigen Anfängen und Grundsatzprogrammen. Allerdings gab es auch Ausnahmen, und dies in doppelter Hinsicht: Es gab in der Männerwelt auch vereinzelt Redakteurinnen, und es gab auch kritische Selbstreflexionen von Journalisten über den Umgang mit der nationalsozialistischen Vergangenheit des eigenen Berufsstandes. Denn auch bei den Zeitungsgründungen der frühen Lizenzpresse sowie bei den späteren, den sogenannten Altverlegern, gab es, wie in anderen gesellschaftlichen Bereichen auch, sehr oft ein Nebeneinander von politisch belasteten und unbelasteten Redakteuren, die meist unter einem unbelasteten Herausgeber oder Chefredakteur in der großen Mehrheit nach ihrer Entnazifizierung ab 1946/47 weiter arbeiten konnten. Das führte in einzelnen Fällen auch zu Richtungsstreitigkeiten und Abgrenzungen von vergangenheitspolitisch belasteten Kollegen, die sich so schnell der veränderten Welt nicht anpassen wollten und in deren mentalem Haushalt noch viel Gedankengut aus der nationalsozialistischen Zeit zu finden war.

Eine solche Ausnahme in der journalistischen Männerwelt der Nachkriegszeit war Marion Gräfin Dönhoff von der Politikredaktion der Hamburger Wochenzeitung *DIE ZEIT*, die im Sommer 1954 in einem Brief an den Chefredakteur der Zeitung deutliche Worte der Abgrenzung gegenüber der NS-Vergangenheit fand. Die Zeitung stand in ihren Anfängen nach Ansicht von Ralf Dahrendorf politisch noch ziemlich weit rechts der Mitte. Das war der Hintergrund für einen redaktionsinternen Konflikt. Der Chefredakteur Richard Tüngel hatte unter einem Pseudonym einen Artikel in großer Aufmachung abdrucken lassen, hinter dem sich der als »Kronjurist des Dritten Reiches« geltende und seit 1945 aus dem kulturellen Leben teilweise ausgegrenzte Staats- und Völkerrechtler Carl Schmitt verbarg. Was die meinungsstarke Gräfin daraufhin zu sagen hatte, betraf grundsätzlich den Umgang mit einstigen Parteigängern und Unterstützern des Nationalsozialismus. Der Brief und die anschließende Kündigung von Gräfin Dönhoff ließen die Schärfe der Auseinandersetzungen um die Vergangenheitspolitik auch in einer Zeit erkennen, die für gewöhnlich als Zeit der Stille und des »kommunikativen Beschweigens«[3] der NS-Vergangenheit gilt. Der Mitgründer und Chefredakteur der *ZEIT*, die in den 1950er-Jahren zudem in finanziellen Schwierigkeiten steckte, Richard Tüngel, wollte sich von seinen deutschnationalen Positionen, die er schon vor 1933 vertreten hatte, nicht verabschieden und strebte ganz offensichtlich an, die Zeitung auf seine Linie zu bringen. Dagegen wandte sich die Politikredakteurin: »Soll man ehemalige führende Nazis [...] in der ZEIT schreiben lassen oder nicht? Ich verneine diese Frage. Sie dagegen sagen: ja, man soll es [...] Wer den Geist des Nationalsozialismus gepredigt hat oder die Sprachregelung der Presse gelenkt hat, der soll für alle Zeiten von der Mitarbeit an einer politischen Zeitung ausgeschlossen werden.«[4] Die strikte Abgrenzung betraf nicht nur den Artikelschreiber Carl Schmitt, sondern offenbar auch andere Journalisten, die auch schon für Goebbels gearbeitet hatten und noch immer an ihrer Ablehnung liberaler Politik- und Gesellschaftskonzepte festhielten. Tüngel hatte einige von ihnen auch in der Redaktion der *ZEIT* untergebracht, so etwa den ehemaligen SS-Obersturmbannführer Dr. Paul Karl Schmidt und den einstigen Chef der Presseabteilung des Auswärtigen Amtes Walter Petwaidic, den Gräfin Dönhoff aufgrund seiner früheren regen publizistischen Tätigkeit für nationalsozialistische Blätter bald als NS-Mann entlarvte. Tüngel hatte auf den Brief Dönhoffs nur mit einem Achselzucken reagiert und damit deutlich gemacht, dass es wirklich um einen Richtungsstreit ging. Erst nach dem Bruch mit Tüngel im Sommer 1955 und der Rückkehr der Gräfin war über die Ausrichtung des Blattes vorerst entschieden, das ab den 1960er-Jahren zu einem liberalen Flaggschiff der Presselandschaft wurde.

Eine weitere Ausnahme ist zu erwähnen, die allerdings nicht mit der Behauptung gleichberechtigter und vergangenheitskritischer Positionen endete. In der »Gruppe 47«, die ebenfalls zu den Gründungsinstitutionen einer liberalen und pluralistischen politischen Kultur zählt, hatten Schriftstellerinnen, mit Ausnahme von Ingeborg Bachmann und Ilse Aichinger, nach Recherchen von Nicole Seifert einen schweren Stand. Sie wurden nicht nur, wie sich auch aus autobiografischen Zeugnissen etwa von Hans Werner Richter ablesen lässt, vor allem nach ihrem Aussehen bewertet, ansonsten aber eher zum Kaffeekochen angestellt. Wenn in ihren Texten, die sie vortrugen, das Verdrängte, nämlich der Nationalsozialismus und seine Verbrechen thematisiert wurde, reagierten die männlichen Kollegen, die das Sagen hatten, zudem vor allem mit Ablehnung und Schweigen.[5]

Dass die ZEIT von Ralf Dahrendorf als anfänglich »rechts der Mitte, weiter rechts als die CDU«[6] eingeordnet wurde, hatte sich in der Gründungsphase allmählich angebahnt. Das war auch Reflex der nachkriegsdeutschen Empörung, die in Verbitterung und Hass umschlagen konnte, wenn über die alliierten Nachkriegsprozesse in Nürnberg berichtet wurde, die in dem Wochenblatt eine große Rolle spielten.

Die ZEIT war eine der vielen frühen Zeitungsgründungen, die unter alliierter, in diesem Falle britischer, Aufsicht entstanden waren und die nach dem Willen der lizenzvergebenden Besatzungsmächte ein wichtiges Element der geplanten personellen und strukturellen Entnazifizierung sein sollten. Vor allem die amerikanischen Besatzungsverwaltungen drängten auf eine privatwirtschaftliche und von allen staatlichen Einflussnahmen unabhängige Presse. Lizenzen wurden nur an solche Personen vergeben, die eine Gewähr dafür zu geben versprachen, dass sie in ihren Verlagen und Redaktionen im Sinne einer zu etablierenden freiheitlich-demokratischen Ordnung arbeiten würden. Eigentümer von nicht parteieigenen Druckereien und Verlagen, die sogenannten Altverleger, durften erst am Ende der Besatzungszeit wieder ins Zeitungsgeschäft einsteigen, was für sie mitunter beträchtliche Nachteile beim Neustart mit sich brachte. Die Presselizenzen, die vor dem Hintergrund des sich vor allem in Berlin abzeichnenden Ost-West-Konfliktes früher als geplant im Spätsommer 1945 vergeben wurden, sollten nach der Erfahrung der nationalsozialistischen Gleichschaltung der Presse das Verbot jedweder nationalistischen, militaristischen, faschistischen und antidemokratischen Propaganda in die alltägliche Nachrichtenpolitik umsetzen, was sich bald als unrealistisch erweisen sollte.

Auch die vier Lizenznehmer der ZEIT hatten recht unterschiedliche Biografien aufzuweisen, aber sie alle waren unbelastet genug, um die Auflagen der britischen Presseoffiziere zu erfüllen. Ewald Schmidt, im Krieg Flottillenkommandant, hatte zuvor als Vertriebsleiter im Frankfurter Societätsverlag gearbeitet und die Idee zu einer deutschen Zeitung nach dem Vorbild der Londoner *The Times* und dem Pariser Blatt *Le Temps*, wie er später berichtete, auf der Kommandobrücke entwickelt. Der Architekt Richard Tüngel, eine Künstlernatur, der vor 1933 der DNVP nahestand, war nach dem Krieg vor der Roten Armee von Berlin nach Hamburg geflohen, wo er den dritten Mitgründer, den Journalisten und Kunsthistoriker Lovis H. Lorenz traf, den einstigen Hauptschriftleiter der *Berliner Woche*. Dieser war der einzige der vier Zeitungsgründer mit journalistischer Erfahrung, aber dafür der einzige politisch Belastete. Der vierte Lizenznehmer, den die anderen eher zufällig trafen, war der Hamburger Rechtsanwalt Gerd Bucerius, der sich während der NS-Zeit relativ unpolitisch durchgeschlagen und jüdische Bürger vor Gericht vertreten hatte. Nach seiner Weigerung, sich von seiner nach England geflohenen jüdischen Frau scheiden zu lassen, war er für »wehrunfähig« erklärt worden.[7] Beim Personal der Redaktion waren die Kontinuitäten ausgeprägter. Der erste Hauptschriftleiter, wie man das anfangs noch nannte, war Ernst Samhaber, der vor 1945 für das bürgerliche Vorzeigeprojekt, die von Goebbels 1940 gegründete Wochenzeitung *Das Reich*, tätig gewesen war. Besonders im Feuilleton des Paradeblattes, das das »verbrecherische Gesicht des Nationalsozialismus verschönern« sollte,[8] waren prominente Gesichter vertreten, die auch in der Bundesrepublik noch von sich reden machen sollten: der spätere Bundespräsident Theodor Heuss, der Literaturwissenschaftler Benno von Wiese, der Mathematiker und Philosoph Max Bense, Werner Höfer, später Programmdirektor beim WDR, Karl Korn, der spätere *FAZ*-Mitbegründer, die freie Journalistin Margret Boveri sowie Erich Peter Neumann und Elisabeth Noelle-Neumann, die beiden Gründer des Allensbacher Instituts für Demoskopie. Auch die *ZEIT* bekannte sich zu diesen Wurzeln und rechtfertigte *Das Reich* später nach knapp 50 Jahren als eine »halbwegs lesbare Ausnahme« von den übrigen Hetz- und Propagandablättern des NS-Regimes. Neben Samhaber kamen in der ZEIT-Redaktion noch der Oberleutnant der Luftwaffe und Starreporter Joseph Marein und der Feuilletonjournalist und Literaturkritiker Paul Fechter unter.

Ein halbes Jahr nach ihrer Gründung verlor die ZEIT ihren ersten Chefredakteur, da Samhaber mit einem Berufsverbot belegt wurde. Denn die britische Pressezensur hatte ziemlich bald einiges an Samhabers Artikeln auszusetzen, in denen er den Massenerfolg des Nationalsozialismus heruntergespielt und heftige Kritik an den kollektiven Schuldzuweisungen der alliierten Entnazifizierungsverfahren geübt hatte. Auch sein Nachfolger Richard Tüngel setzte den Trend nach rechts fort, den Samhaber mit seiner Personalpolitik begonnen hatte, bis Herausgeber Gerd Bucerius, der das Blatt finanziell retten konnte, nach dem Konflikt mit Gräfin Dönhoff 1954/55 mit einem veränderten Kurs die Zeitung langsam neu ausrichtete. Dönhoff hatte schon 1946 den zunächst in der Redaktion tätigen Ernst Friedlaender empfohlen, der bald als stellvertretender Chefredakteur und neuer fünfter Teilhaber eine liberal-konservative Linie verfocht.

Unterschiedliche Positionen und Meinungsverschiedenheiten, die auch mit unterschiedlichen politischen Erfahrungen zu tun hatten, gab es in der Redaktion vor allem, seit die ZEIT sich mit großem Engagement der Berichterstattung über die Nürnberger Prozesse gewidmet hatte. Tüngel verlangte im Mai 1946 eine gerechte Behandlung auch der Nazis, die aus dem öffentlichen Leben ausgeschlossen worden seien, aber nach wie vor »zu uns« gehörten. Nach den Verhandlungen gegen einige Wehrmachtsführer lobte er die Tapferkeit der Infanterie, die zu Fuß und nicht »im Jeep« bis nach Stalingrad marschiert sei. Auch der Korrespondent der ZEIT, der über die Nachfolgeprozesse berichtete, Hans Georg von Studnitz, hielt seine stramm konservative und nationalistische Position nicht im Verborgenen. Der einstige Auslandskorrespondent der Hugenberg-Presse und ab 1939 Mitarbeiter der Informationsabteilung des Auswärtigen

Amtes unter Joachim von Ribbentrop warf den Alliierten vor, vor aller Welt die deutschen Führungsschichten kompromittieren und letztlich ausschalten zu wollen: »Nürnberg sollte die Elite des deutschen Volkes treffen und die Deutschen zu einer führerlosen Horde machen.«[9] Er beklagte die falsche Prozessstrategie des Gerichtes und versuchte die Verbrechen der Nationalsozialisten mit dem Unrecht, das die Alliierten begangen hatten, aufzurechnen – ein damals beliebtes Rechtfertigungsargument vieler Deutscher.

Dagegen betrachtete die neu in die Redaktion eingetretene Gräfin Dönhoff die Vergangenheit des Kriegs moderater und differenzierter, indem sie in einem Artikel über das von den Briten verbotene Gedenken an die gefallenen Soldaten, das von den Nationalsozialisten zum »Heldengedenktag« umgerüstet worden war, verteidigte. Sie sah in dem Totengedenken eine wichtige »Gemeinsamkeit der Überlebenden. Man solle der Toten gedenken, in vollem Bewußtsein der Verantwortung, die dieser Krieg [...] uns Überlebenden auferlegt.«[10] Wenn sie in diesem Zusammenhang auch der Männer des 20. Juli 1944 gedachte, zu denen sie in Verbindung gestanden hatte, stand sie damit der Meinung der Mehrheit der Deutschen und wohl auch ihrer Redaktion entgegen.[11] Zum zehnjährigen Jubiläum konnte sie, nachdem die Wochenzeitung ihre liberal-konservative Position gefunden hatte, mit einiger Berechtigung und einem gewissen Stolz die ambivalente Haltung ihrer Redaktion gegenüber den Besatzungsmächten beschreiben: »Wir haben uns in jenen ersten Jahren [...] nicht gescheut, die Besatzungsmächte anzugreifen, als sie für die Deutschen ein Sonderrecht erfanden. Und wir haben gleichzeitig mit den Besatzungsmächten gegen unverbesserliche Nazis gekämpft.«[12]

Auch ein anderes Hamburger Presseorgan, das seine Gründung einer britischen Lizenz verdankte, hatte in seiner frühen Redaktion einige altgediente NS-Aktivisten, die unter dem Schutz eines unbelasteten Herausgebers neue Betätigungsfelder gefunden hatten. Der 1923, im ersten großen Katastrophenjahr der Weimarer Republik, geborene Rudolf Augstein, Sohn eines Fotohändlers, hatte als Hitlerjunge und später als Soldat an der Ostfront nach seinem Kriegsabitur 1941 als Volontär beim *Hannoverschen Anzeiger* begonnen und seine journalistische Tätigkeit nach 1945 beim britisch kontrollierten *Hannoverschen Nachrichtenblatt* fortgesetzt. Er war zu jung, um ernsthaft als politisch Belasteter zu gelten. In der Redaktion kam er in Kontakt mit drei britischen Presseoffizieren, die ein neuartiges Nachrichtenmagazin nach britischem Vorbild gründen wollten und dem schreibgewandten jungen Redakteur Augstein die alleinige Herausgeberschaft des Blattes anvertrauten, das zunächst *Diese Woche,* dann aber *DER SPIEGEL* heißen sollte. Die erste Nummer erschien am 4. Januar 1947. Die drei Briten hatten gehofft, nach dem Ende der Lizenzpressezeit mit Augstein zusammen Teilhaber am Spiegel-Verlag zu werden, doch der selbstbewusste Jungherausgeber entschied sich anders: 1950 verkaufte er 50 Prozent an den Hamburger Verleger John Jahr, ohne die Briten vorher zu informieren. Jahr verlangte, die Redaktion des Magazins vom provinziellen Hannover nach Hamburg zu verlegen, was Augstein dazu nutzte, sich gemeinsam mit dem Redaktionsmanager Hans Detlev Becker einiger Redakteure zu entledigen, die ihm zu sehr an einem Feuilletonstil orientiert waren. Er wollte ein politisches Magazin, das die Schwächen einer parlamentarischen Demokratie »mit schonungsloser Klinge« aufdecken sollte.

Das sollten vor allem zwei Redakteure erledigen, die für die Leitung der Ressorts Ausland und Internationales verantwortlich sein und die Politisierung des Blattes vorantreiben sollten: die beiden ehemaligen SS-Offiziere und Spezialisten in Reinhard Heydrichs Sicherheitsdienst, Dr. Horst Mahnke, der als Angehöriger eines Vorauskommandos an dem mörderischen Handwerk der Einsatzgruppe B vor Moskau beteiligt gewesen war, und Georg Wolff, der als SD-Mann ebenfalls einer Einsatzgruppe angehört hatte. Sie hatten auch nach 1945 noch gute Kontakte zu ihrem ehemaligen Chef, dem SS-Brigadeführer Franz Alfred Six, der auch nach seiner Verurteilung und vorzeitigen Entlassung aus dem Kriegsverbrechergefängnis Landsberg seinen Glauben an die historische Berechtigung des Nationalsozialismus nicht aufgegeben hatte.

Seine alten Bekannten aus SS-Zeiten, Ernst Achenbach, der als Leiter der Politischen Abteilung der Deutschen Botschaft in Paris an der Verfolgung und Deportation französischer Juden beteiligt gewesen war, und der ehemalige SS-Obergruppenführer und »Theoretiker« der Gestapo Werner Best, der sich in der Nachkriegszeit als Anwalt für angeklagte ehemalige Nazis einen Namen gemacht hatte, brachten ihn als Geschäftsführer beim westdeutschen Verlag Leske unter. Sie alle gehörten einem Netzwerk ehemaliger NS-Funktionäre an, das sich in den frühen 1950er-Jahren in Nordrhein-Westfalen um den ehemaligen Staatssekretär im Propagandaministerium und SS-Standartenführer Werner Naumann mit dem Ziel gebildet hatte, zunächst die nordrheinwestfälische FDP zu unterwandern, was auch anfänglich, nicht zuletzt durch Achenbachs Initiativen, recht erfolgreich verlief, bis im Januar 1953 die britische Besatzungsmacht, wie schon erwähnt, einen erfolgreichen Schlag gegen Naumann und andere nationalsozialistische »Geheimbündler«[13] durchführte. Eine parteiinterne Kommission unter FDP-Vizekanzler Franz Blücher hatte anschließend festgestellt, dass sowohl der Landesparteichef Friedrich Middelhauve mit seinem Integrationskurs als auch Hauptgeschäftsführer Wolfgang Döring »eine Gefahr für den Bestand und das Ansehen unserer Partei« darstellten.[14] Döring, der sich 1957 bei seiner Erstlingsrede im Bundestag vonseiten der CDU noch den Vorwurf eines »Nazi-Döring« gefallen lassen musste, war schon seit den frühen 1950er-Jahren einer der wichtigsten Ansprechpartner für Rudolf Augstein, der 1955 auch offiziell der FDP beitrat. Augstein und Döring verbanden nicht nur gemeinsame Presseprojekte, die schließlich scheiterten, sondern sie hatten auch Pläne zum Sturz der CDU/CSU-Regierungen und deren Ablösung durch eine SPD/FDP-geführte Bundesregierung geschmiedet. Das hatte in Nordrhein-Westfalen immerhin schon 1956 zum Erfolg geführt, was auch Augstein in seiner tiefen Abneigung gegen Konrad Adenauer und Franz-Josef Strauß Anlass zur Hoffnung gab. Rudolf Augstein prägte von früh an über Jahrzehnte die Politik der *SPIEGEL*-Redaktion mit seinen politischen Vorstellungen allein.

Zu seinen redaktionspolitischen, auflageversprechenden Intentionen gehörten auch mehrteilige Enthüllungsgeschichten über die Machenschaften und Netzwerke einstiger NS-Funktionäre und vor allem von NS-Geheimdienstmännern. Diese Informationen, die sich nach außen als Verteidigung der jungen bundesdeutschen Demokratie darstellen ließen und ihnen selbst einen Schutz vor Fragen über ihre eigene nationalsozialistische Vergangenheit bot, verdankte der *SPIEGEL* vor allem den Insiderkenntnissen seiner beiden einstigen SD-Redakteure Mahnke und Wolff, die noch weitere Insider anheuerten. Sie berichteten wiederholt über das Nachleben ehemaliger SD-Gruppen in der Bundesrepublik und offenbarten dabei Erkenntnisse, die die Angst der *SPIEGEL*-Redaktion (und der Leser) vor der Rückkehr alter Nazis immer wieder erwachen ließ. Ein anderer Mitarbeiter, Dr. Bernhard Wehner, ehemaliger Kriminalpolizist und SS-Hauptsturmführer, füllte mit seinen Kenntnissen und Kontakten 1949/50 sogar eine mehrteilige *SPIEGEL*-Serie über den ehemaligen Reichskriminaldirektor Arthur Nebe und die Kriminalpolizei der NS-Zeit mit dem Titel *Das Spiel ist aus* und entlarvte dabei die Taten von damals gesuchten Mördern.[15] Ab 1954 arbeitete Wehner wieder als Chef der Düsseldorfer Kriminalpolizei, nicht ohne vorher weitere alte SS-Kameraden an den *SPIEGEL* zur Mitarbeit verpflichtet zu haben. Die Nähe zu Geheimdienstleuten hatte auch zu engen Verbindungen von *SPIEGEL* und Gehlens Bundesnachrichtendienst BND geführt.[16]

Dadurch fand die Redaktion Zugang zu vertraulichen Informationen, die nach ihrer Publikation in dem berühmten »Fallex«-Artikel im Herbst 1962 zur Verhaftung von Augstein und Becker führten und damit die sogenannte *SPIEGEL*-Affäre auslösten, bei der führende Mitarbeiter des *SPIEGEL*, allen voran Rudolf Augstein und Conrad Ahlers, aufgrund eines Artikels über die mangelnde Verteidigungsfähigkeit der Bundeswehr verhaftet wurden und sich einem Ermittlungsverfahren wegen Landesverrats ausgesetzt sahen. In Teilen der deutschen politischen Öffentlichkeit wurde daraufhin der Verdacht laut, die Bundesregierung wolle damit eine missliebige Publikation mundtot machen. Es erscheint geradezu paradox, aber wohl auch erhellend für die komplexe Nachkriegssituation, dass ausgerechnet das wirkungsmächtige Nachrichtenmagazin aus Hamburg, das sich als »antifaschistisch« verstand und sich seit der *SPIEGEL*-Affäre gerne als »Sturmgeschütz der Demokratie« feierte oder feiern ließ, durch die Kooperation mit einstigen SS- bzw. SD-Angehörigen an erstaunliche, meist personenbezogene Informationen kam, die der Aufarbeitungskultur der Nachkriegskultur viel Stoff lieferten, gleichzeitig aber auf teilweise äußerst anstößigen personellen Verflechtungen und Kontinuitäten zur NS-Zeit basierten, die dasselbe Magazin gerne aufdeckte oder skandalisierte. Der *SPIEGEL* und auch Rudolf Augstein haben sich zu dieser Diskrepanz auch später kaum oder gar nicht geäußert. Augstein hat in einem seiner letzten Interviews mit der *Welt am Sonntag* im Mai 2001 aus Anlass der Verleihung des Ludwig-Börne-Preises nur so viel gesagt: »Ja, es hat beim ‚SPIEGEL' in den Anfangsjahren auch ehemalige Nazis gegeben.« Und er reagierte schroff und abweisend auf den Vorwurf, der *SPIEGEL* neige aufgrund dieser Kontinuitäten zu einer »Weißwäscherei« des Nationalsozialismus: »Diese Vorwürfe treffen den ›SPIEGEL‹ so wenig wie mich.«[17]

Einige Zeit nach der Verabschiedung des Grundgesetzes wurde die *Frankfurter Allgemeine Zeitung* (*FAZ*) gegründet.

Rudolf Augstein (l.) nach seiner Haftentlassung am 7. Februar 1963 in Begleitung seines stellvertretenden Chefredakteurs Conrad Ahlers

Zunächst hatte sie ihren Sitz in Mainz, wo die französischen Besatzungsmächte ihre nationalen Interessen und weniger demokratische Neugründungsvorstellungen in den Vordergrund ihrer Politik rückten. Vor allem aber hatte Erich Welter, einstiger Chefredakteur der 1934 von den Nationalsozialisten verbotenen *Vossischen Zeitung* und danach von 1935 bis 1943 wieder Redakteur der *Frankfurter Zeitung,* für die er bereits von 1921 bis 1932 gearbeitet hatte, die Idee einer Neugründung in bewährter Tradition vorangetrieben. Der Ordoliberale, der bei Kriegsende im Planungsamt des Speer'schen Rüstungsministeriums beschäftigt war, hatte 1946 wieder als Zeitungsmann und Gesellschafter der *Deutschen Zeitung und Wirtschaftszeitung* neu begonnen, musste sich aber bald wieder zurückziehen, da ihn die Amerikaner als belastet eingestuft hatten. Ab 1948 hatte er einen Lehrstuhl für Volkswirtschaftslehre an der Universität Mainz inne, wo er eine günstige Voraussetzung für eine Neugründung fand. Die Zeitung sollte nicht unmittelbar und auch nicht im Titel an die *Frankfurter Zeitung* anknüpfen, wohl aber an deren Ausrichtung und Organisation in einer Kollegialverfassung. Die Gestaltung und Förderung einer neuen, marktwirtschaftlichen Ordnung war ein Hauptziel. Auch die finanziellen Mittel erschloss ihr Gründer: Es waren Industrielle, die dem neuen Blatt auf die Beine halfen. Als im Herbst 1949 der bisher bestehende Lizenzzwang aufgehoben wurde, konnte Welter an die Verwirklichung seiner Pläne gehen. Am 1. November 1949 startete die Zeitung.

Kurze Zeit später zog die Redaktion über den Main nach Frankfurt zur Societäts-Druckerei um, wo die alte *Frankfurter Zeitung* bis zu ihrem Verbot 1943 erschienen war und wohin sich die führenden Redakteure und Herausgeber auch wieder gezogen fühlten. Eine sofortige Wiedergründung in der Tradition der *Frankfurter Zeitung*, die dem NS-Regime gegenüber teilweise widerständig gewesen war, wurde von der Pressepolitik der Alliierten nicht erlaubt. Die amerikanische Besatzungsmacht erhob Einwände gegen eine Wiederbelebung der *Frankfurter Zeitung*, da diese wegen ihrer einstigen Funktion als Feigenblatt des Propagandaministeriums für die ausländische Wahrnehmung nach 1945 nicht akzeptabel war, denn die Amerikaner verstanden sie als nationalsozialistisch kontaminiert. Darum hatten sie die Societäts-Druckerei unter einen Treuhänder gestellt.

Die Tradition der *Frankfurter Zeitung* setzte sich jedoch in der Verfassung und im Führungspersonal der *FAZ* nach ihrer Gründung 1949 fort. Die neue *Zeitung für Deutschland* hatte im Unterschied zu anderen Blättern keinen Chefredakteur, sondern fünf Herausgeber, die für die verschiedenen Ressorts zuständig waren und die Zeitung gemeinsam als Ganzes vertraten. Neben Erich Welter, der weiterhin seine Professur in Mainz innehatte, waren Hans Baumgarten, Erich Dombrowski, Karl Korn und Paul Sethe die verantwortlichen Herausgeber. Sie alle stammten von der alten *FZ*, waren bestimmend für die Ausrichtung der *Zeitung für Deutschland* und hatten als ehemalige Redakteure der *Frankfurter Zeitung* ihre Erfahrungen in der NS-Zeit nicht vergessen. Sie hatten mit einigem Geschick ihre Überlebenskämpfe gegen die nationalsozialistische Gleichschaltung und

Überwachung der Presse durchgestanden, bis sie 1943 schließlich das Verbot der *FZ* erleben und teilweise ihre Zwangsverpflichtung zur Mitarbeit an NS-Zeitungen ertragen mussten.

Neben dem ungebrochenen Bekenntnis zur Sozialen Marktwirtschaft Ludwig Erhards, die in den Anfangsjahren in der bundesrepublikanischen Gesellschaft nicht auf allzu große Gegenliebe stieß, zeigten sich die Herausgeber und ihre führenden Redakteure, wie die anderen Zeitungen auch, als entschiedene Verfechter nationaler Interessen und Gefühle, was auch ein heftiges Engagement für die Freilassung der in Landsberg noch inhaftierten »Kriegsverbrecher« einschloss. Das stieß bei Kanzler Adenauer, der die Eigenständigkeit der Presse nicht sonderlich schätzte, auf deutlichen Unwillen, da er sich dadurch in seinen sensiblen Verhandlungen mit den Westmächten gestört fühlte.

Auch bei der *Frankfurter Allgemeinen Zeitung* gab es Redakteure mit einer belasteten Vergangenheit, die gegenüber der größeren Kerngruppe der Gründer in der Minderheit blieben. Der Historiker Peter Hoeres hat in der *FAZ*-Redaktion idealtypisch zwischen drei Gruppen unterschieden:[18] Neben der Kerngruppe der ehemaligen Redakteure der *Frankfurter Zeitung*, dem *Berliner Tageblatt* oder anderen Zeitungen gab es eine zweite Gruppe derjenigen, die emigriert oder verfolgt worden waren. Zu der dritten Gruppe, die etwas kleiner war als die der Verfolgten und Ausgegrenzten, gehörten diejenigen Redakteure, die in unterschiedlichen Führungspositionen in der deutschen Besatzungsherrschaft im Osten tätig gewesen waren und auch an den Verbrechen der nationalsozialistischen Eroberungs- und Besatzungspolitik mitgewirkt bzw. diese publizistisch mitgetragen hatten.

Am stärksten belastet war Peter Grubbe, der eigentlich Claus Peter Volkmann hieß. Er war ab 1933 Mitglied der NSDAP und der SS. Im Zweiten Weltkrieg war er in verschiedenen Positionen in der Besatzungsverwaltung im Osten tätig und ab 1941 als

Kreishauptmann einer zivilen Kreisverwaltung im besetzten Ostgalizien für die Deportation und Ermordung von etwa 30.000 Juden verantwortlich gewesen. Mit seinem Pseudonym Peter Grubbe versuchte Volkmann nach 1945 die Untaten seiner ersten Karriere zu vertuschen, was in den 1960er-Jahren zu staatsanwaltschaftlichen Ermittlungen gegen ihn und zu seiner Enttarnung führte. Ähnlich wie der Identitätswechsler Hans Schneider/Schwerte hatte sich Grubbe inzwischen dem linksliberalen Milieu zugewandt, wo er sich mit publizistischen Angriffen auf die Springer-Presse und erfolgreichen Sachbüchern einen Namen machte. Seine Verwandlung war jedoch nicht ganz vollständig, denn er war nach wie vor unter dem Namen Volkmann gemeldet. Auch bestritt Grubbe, der neben der *FAZ* auch für die *Welt*, den *Stern* und die *ZEIT* tätig war, bei den Ermittlungen gegen ihn jegliche Schuld. Da es der Staatsanwaltschaft zufolge angeblich keinen »individuellen Tatbeweis« gegen ihn gab, wurde das Verfahren eingestellt. Auch spätere journalistische Enthüllungen über die wahre Identität des inzwischen weitbekannten Publizisten in den 1980er-Jahren und danach fanden keine besondere öffentliche Aufmerksamkeit. In einem *SPIEGEL*-Interview behauptete er 1995, er sei mit sich »im Reinen«, er habe nur mitgemacht, »um in bescheidenen Grenzen« Leben zu retten.[19] Dass er dafür Bestechungsgelder angenommen habe, wie von Zeugen verschiedentlich behauptet wurde, wies er entschieden zurück. Im Übrigen hielt er sein Leben für »eine ganz normale deutsche Geschichte«.[20]

Der Nachfolger von Volkmann/Grubbe, der 1953 zur *Welt* ging, auf dem Korrespondentenposten in London war Heinz Höpfl, der als Englandexperte schon für den *Völkischen Beobachter* tätig gewesen war. Dort hatte ihn Paul Sethe kennengelernt und empfahl ihn nun für die *FAZ*, wo er für die Berichterstattung über England und die Welt zuständig war. Höpfls Vergangenheit blieb nicht unerkannt, aber er konnte sich auf seinem Posten halten (und auch weiterhin Sachbücher zur englischen

Geschichte publizieren), auch wenn Otto Koehler 1967 im *SPIEGEL* die ungebrochene Kontinuität der Korrespondententätigkeit und des von Höpfl verbreiteten englischen Deutschlandbildes aufspießte, das Höpfl ab 1939 im *Völkischen Beobachter* und ab 1953 für die *FAZ* beklagte.[21] Dass neben den Belasteten Grubbe und Höpfl, die allerdings von London aus berichteten, auch ehemalige Emigranten in der Frankfurter Redaktion arbeiteten, war für das bundesrepublikanische Pressewesen nicht ungewöhnlich und führte offenbar nicht zu (erkennbaren) internen Konflikten. Auch das war ein Stück deutscher Wiedereingliederung: Man fragte eben nicht danach, was ein Bewerber im Dritten Reich eigentlich gemacht hatte, oder man sprach nicht darüber.

Auch ein erfahrener Frankreichexperte fand mithilfe eines *FAZ*-Herausgebers den Weg in die Redaktion: Werner Bökenkamp, der im Dritten Reich zunächst in der Abteilung für Schrifttumspflege des Amtes Rosenberg und während des Krieges im dem Auswärtigen Amt unterstellten Deutschen Institut in Paris tätig gewesen war. Von 1954 an berichtete er aus Paris für die *FAZ* und wurde 1961 fester Kulturkorrespondent. Wie andere Kollegen auch verfasste er daneben für renommierte deutsche Verlage Bücher zur französischen Literaturgeschichte der Moderne. Seine »vergangenheitspolitische Selbstsicherheit«[22] war mittlerweile so stark ausgeprägt, dass er kein Problem damit hatte, Arno Brekers Memoiren, die in französischer Sprache erschienen waren, hart zu kritisieren und dem einstigen Hofkünstler Hitlers, der aber auch zu französischen Expressionisten ein gutes Verhältnis gehabt hatte, seine »peinliche Selbstgefälligkeit« vorzuwerfen. Er empfahl ihm zudem, seine Leichtgläubigkeit im Lichte neuerer zeithistorischer Forschungen zu korrigieren.[23]

Nicht nur der Fall Breker machte deutlich, dass die langen Schatten der Vergangenheit auch über der Bildenden Kunst lagen und dass sie länger waren als von den Verfechtern der

Moderne angenommen. Die Kasseler »documenta«, die 1955 zum ersten Mal präsentiert wurde, hatte sich zum Ziel gesetzt, die in den dunklen zwölf Jahren zwischen 1933 und 1945 verfemten und verfolgten Künstler, wieder in Erinnerung zu rufen.[24] Seither ist die regelmäßig alle vier bzw. fünf Jahre für hundert Tage geöffnete »documenta« zum Symbol für diese Rehabilitierung geworden. Das Bekenntnis zu der Kunst der klassischen Moderne, die in der NS-Zeit als »entartet« aus Deutschland verbannt worden war, bedeutete für manche begeisterte Zeitgenossen nicht nur eine Abkehr von der vom NS-Regime gefeierten Kunst, sondern galt als Synonym und Beleg für den radikalen Bruch mit der NS-Vergangenheit, den man meinte vollzogen zu haben. Doch verdeckte dieser Akt der Wiedergutmachung und des gleichzeitigen Aufbruchs zur abstrakten Moderne die Tatsache, dass nicht wenige Bildende Künstler, die von Hitler und Goebbels zuletzt im September 1944 auf die Liste der »Gottbegnadeten Künstler« gesetzt und damit besonders geschützt und gefördert wurden, auch weiterhin in der Kunstszene aktiv und auch an staatlichen Kunstakademien tätig waren.

Insgesamt 378 Künstler, Schriftsteller, Maler und Bildhauer standen auf dieser Liste der Etablierten, knapp die Hälfte davon hatten schon 1939 Aufnahme in eine »Führerliste« gefunden und besondere Privilegien genossen. Mit 148 Nennungen waren die Bildenden Künstler auf der Liste stark vertreten. Vor allem in den ersten Nachkriegsjahren entstand der falsche Eindruck, dass die Bildhauer und Maler, die im nationalsozialistischen Kunstbetrieb erfolgreich waren, nach 1945 gleichsam abgedankt oder sich in eine halböffentlich-private Sphäre zurückgezogen hätten. Die zahlreichen Museen und Ausstellungen, die sich ab den 1950er-Jahren mit großer Intensität und Publikumswirksamkeit der Kunst der Moderne widmeten, erweckten zudem den Eindruck, die Kunst der NS-Zeit sei nach 1945 nicht nur über Nacht verschwunden, sondern sei gar nicht als wirkliche

Adolf Hitlers »Hofbildhauer«
Arno Breker im Herbst 1972

Kunst zu bewerten und darum zu negieren. Als die Werke Arno Brekers, Werner Peiners und Hermann Kaspars dennoch 1974 zum ersten Mal in einer Ausstellung im Frankfurter Kunstverein gezeigt wurden (ohne deren Nachgeschichte nach 1945 wirklich nachzugehen), gab es zwar eine große öffentliche Resonanz.

Doch das abwertende und abgrenzungsgeeignete Urteil über die »Kunst im Dritten Reich« als eines »Dokuments der Unterwerfung«[25] blieb erhalten und wurde von Werner Haftmann, dem Mitbegründer der »documenta« und früheren SA-Mann, ein als »linientreu« beurteiltes ehemaliges NSDAP-Mitglied, einige Jahre später noch einmal bekräftigt, als er die sogenannte NS-Kunst aus dem Kanon der Kunst aussortierte: »Sie verschwand über Nacht; und zwar spurlos, weil sie – gesehen vom Zeitausdruck und der Qualität von Kunst – eigentlich nie vorhanden war und nur dem Leerraum der trostlos unkünstlerischerer Phantasie ihres Führers zur Dekoration gedient hatte.«[26] Im Rückblick scheint es, als habe man in der Nachkriegsgesellschaft, in der die Bildende Kunst wieder einen hohen kulturellen Stellenwert erworben oder zugeschrieben bekommen hatte, die »Doppelexistenz« nationalsozialistischer Künstler nach 1945[27] völlig ausgeblendet oder übertüncht. Doch tatsächlich wurde damit übersehen, dass zahlreiche der Maler und Bildhauer, die auf der »Liste der Gottbegnadeten« gestanden hatten, in der einen oder anderen Weise noch immer im Kunstbetrieb tätig waren. Beispiele dafür fanden und finden sich noch immer zur Genüge im öffentlichen Raum:[28] Zwei Monate vor Beginn der ersten »documenta« 1955 eröffnete Bundespräsident Theodor Heuss den nach Kriegsschäden neu instandgesetzten Kongresssaal des Deutschen Museums in München, dessen Stirnwand ein monumentales Wandmosaik von Hermann Kaspar schmückte, das dieser 1935 begonnen und nach kriegs- und zusammenbruchsbedingten Unterbrechungen zur Eröffnung in München vollendet hatte. Noch 1970 konnte er, freilich in formal-ästhetischer Anpassung an die Gegenwartskunst, einen Gobelin mit dem harmlosen Titel *Frau Musica* vor viel politischer Prominenz in der neuen Meistersingerhalle in Nürnberg vorstellen. 1937 hatte derselbe Kaspar an der Organisation des Festzuges zum »Tag der deutschen Kunst« in München verantwortlich mitgewirkt und danach Hitlers Neue Reichskanzlei in Berlin ausgestattet. Joseph Enseling, der das NSDAP-Gauehrenmal *Blutzeugen der Bewegung* gestaltet hatte, das Heinrich Himmler 1938 enthüllte, konnte Jahre später nach dem Ende des »Tausendjährigen Reichs« als Lehrer an der Kunstakademie Düsseldorf zahlreiche Studierende ausbilden, darunter auch Joseph Beuys. Willy Meller, der im Auftrag von DAF-Führer Robert Ley das gesamte ideologietriefende Bildprogramm der NS-Ordensburg Vogelsang in der Eifel geschaffen hatte, konnte bereits 1952 den Hoheitsadler für das Palais Schaumburg, den Amtssitz des Bundeskanzlers in Bonn, gestalten und 1962 seine Großplastik *Die Trauernde* vor dem ersten NS-Dokumentationszentrum in Oberhausen errichten. Werner Peiner, Hermann Görings Hofkünstler und Leiter der Hermann-Göring-Meisterschule, ließ sich 1954 im Rathaussaal Hattingen bei der Enthüllung seines Gemäldes *Allegorie des Friedens* feiern. Arno Breker schließlich, der von allen NS-Künstlern auch in der Nachkriegszeit wegen seiner übergroßen Nähe zu den Monumentalplanungen Albert Speers einerseits und seiner zeitgleich entstandenen, wegen ihrer ästhetischen Qualität auch in Frankreich anerkannten Plastiken andererseits am heftigsten umstrittene Bildhauer, stand ganz oben auf der Liste der »Gottbegnadeten«. Er konnte die Monumentalplastik *Rossebändiger*, die er schon für Albert Speer entworfen hatte, schließlich 1952 für die Demag in Duisburg realisieren. Als Krönung seiner bundesrepublikanischen Staatsaufträge gestaltete er eine Büste des »Vaters des Wirtschaftswunders« Ludwig Erhard und erhielt dafür die besondere Anerkennung des ehemaligen Bundeskanzlers der 1960er-Jahre: »Wenn das künstlerische Werk Arno Brekers alle politische Gunst und Missgunst überdauert hat, so auch deshalb, weil sein Fundament unerschütterlich ist«, so erklärte Erhard 1978.[29] Jeder vierte Bildende Künstler, der auf der Liste der »Gottbegnadeten« aufgeführt worden war, erhielt in der Nachkriegszeit öffentliche Aufträge von staatlichen oder kommunalen Institutionen, oft kamen noch zusätzlich Anfragen für das Programm »Kunst am Bau«. Diejenigen, die allerdings vor 1939 noch nicht in die Reihen der prominenten Künstler aufgestiegen waren und auf keinem »Listenplatz« standen, hatten es nach 1945 ungleich schwerer bei dem Erhalt von Aufträgen und Fördermitteln. Was der allgemein zu beobachtenden Elitenkontinuität entspricht, gilt also im Falle der »gottbegnadeten Künstler« in besonderer Weise. Auch fast alle Professoren der Kunstakademien in München und Düsseldorf, die bereits im Nationalsozialismus, oft auch anstelle ihrer aus ideologisch-politischen Gründen entlassenen Kollegen, dort als akademische Lehrer tätig gewesen waren, konnten diese Stellen nach 1945 weiterführen, als sei nichts gewesen.

Neben der Frage nach der Bedeutung dieser ungebrochenen personellen Kontinuitäten bleibt auch die Frage offen, was diese Kontinuitäten für die Kunstvermittlung nach 1945 bedeuteten. Welche Spuren die NS-Kunst im »formalen und ikonografischen Sinne«[30] hinterlassen hat, lässt sich nur im Einzelfalle beantworten, auch weil die »gottbegnadeten Künstler« nach dem Ende des Nationalsozialismus unterschiedliche Strategien des Überlebens und Weiterwirkens entwickelten: Entweder haben sie ihre ästhetische Praxis im Stil wie im Genre der traditionellen Vergangenheit ungebrochen und allenfalls durch das Weglassen von NS-Symbolen leicht modifiziert und fortgesetzt, oder sie haben sich an die modernistischen Strömungen der Zweiten Moderne angepasst.[31]

Blickt man über die einzelnen Biografien hinaus, so ergeben sich erstaunliche Parallelen zu den Karrieren anderer Repräsentanten der gesellschaftlichen, kulturellen und wissenschaftlichen Funktionseliten. Viele Karrieren auch von Künstlern und Kunstvermittlern gingen nach 1945, mit einigen Unterbrechungen in der Entnazifizierungsphase, dank derselben Netzwerke, Verdrängungsmechanismen sowie Schweigekonventionen und Anpassungen weiter. Und auch die Selbstrechtfertigungen aus der Zeit nach 1945 lauteten nicht viel anders als bei anderen gesellschaftlichen Funktionseliten. Hermann Kaspar erklärte seine prominente künstlerische Rolle im Dritten Reich einigermaßen wahrheitswidrig und geschmacklos mit seiner jugendlichen Unerfahrenheit und dem Nichtvorhandensein einer jüdischen Ehefrau: »Ich war jung, hatte keine jüdische Frau, war Vertreter der klassisch-arkadischen Richtung, da konnte ich mit diesen Menschen auskommen.«[32]

Der doppelzüngige Antifaschismus

Die SED und die »kleinen Nazis«

Am 11. Januar 1946 ging der KPD-Vorsitzende Wilhelm Pieck in einer Rede in Halle zum ersten Mal und offenbar in enger Abstimmung mit den sowjetischen Besatzungsbehörden auf die Frage einer Wiedereingliederung der »einfachen PGs« ein: »Aber wir sind nicht Anhänger ewiger Verdamnis, sondern wir wollen diese Kräfte, die einfache PGs waren bzw. nominelle Nazis, wir wollen ihnen die Möglichkeit geben, innerhalb unserer Kampffront zu arbeiten und sich zu bewähren und sich das Vertrauen wieder zu verdienen.«[1] Nicht nur Pieck räumte den »kleinen PGs« die Möglichkeit ein, in die künftige sozialistische Einheitsfront einzutreten. Auch Wilhelm Zaisser, von 1950 bis 1953 erster DDR-Minister für Staatssicherheit, sprach im März 1949 in einem Vortrag vor leitenden Mitarbeitern des sächsischen Innenministeriums noch einmal etwas aus, was manche seiner kommunistischen Parteigenossen nicht gerne hörten.

Wie sehr die SED lange Zeit die Integration ehemaliger NSDAP-Mitglieder, also der einstigen Todfeinde, beschäftigte, zeigen nicht nur die Rede Zaissers aus dem Jahr 1949, sondern schon zuvor die widersprüchlichen Stellungnahmen aus den Reihen der anderen Blockparteien, die der neuen Parteilinie nicht unbedingt folgen wollten und, wie etwa die Vereinigung der Verfolgten des Naziregimes (VVN), darüber erheblich irritiert waren. Auch der Rundfunk fühlte sich genötigt, auf die zahlreichen Hörerzuschriften einzugehen. Zaisser hatte noch einmal die Argumentation Piecks aufgegriffen und sie weitergeführt: Jene einstigen nominellen NS-Mitglieder, die nach dem Zusammenbruch des »Dritten Reiches« »ehrlich und loyal und erfolgreich mitgearbeitet hätten, [könnten] unter Umständen für die neu aufgebaute Verwaltung wertvoller sein« als »dieser oder jener, der immer und ewig lau zur Seite gestanden hat und eben aus diesem Grund auch nicht PG geworden ist.« Daraus ergab sich für den SED-Minister eine Forderung für die künftige Personalauswahl, die man zur selben Zeit in den Westzonen auch nur vorsichtig hätte äußern können: »Wir verlangen nicht den negativen Nachweis des nicht Belastetseins, des Neutralseins, sondern den positiven Nachweis des Mitmachens.«[2]

Was dabei nicht ausgesprochen wurde, war allerdings die damit verbundene Forderung nach strikter Unterordnung unter den Willen der SED. Das Integrationsproblem, das Zaisser angesprochen hatte, war nun einmal in der Welt, und seine Empfehlung wurde, wie die Erinnerung von Wolfgang Leonhard belegt, auf Parteiveranstaltungen unter der Losung »Die SED, die Partei der ‚kleinen Nazis'« vorgebracht. Allerdings auch in den folgenden Jahren nicht als große Schlagzeile, sondern eher unter der alles überwölbenden und rechtfertigenden Selbstbezeichnung der »antifaschistischen Umwälzung«, die als Generallinie der SED deren Praxis der Verfolgung und Repression verdecken sollte.

Auch die verschiedenen parteiinternen Säuberungen, die in den 1950er-Jahren durchgeführt wurden, haben den Anteil ehemaliger NS-Mitglieder nicht wesentlich verändert. Denn die mittlerweile stalinistisch organisierte SED hatte sich nach den vielen Parteiaustritten des Jahres 1953 mit einer verstärkten Mitgliederwerbung um die jüngeren »Ehemaligen« aus der HJ-Generation bemüht. Zwar lassen sich die Mitgliederbewegungen der 1950er-Jahre nicht exakt nachvollziehen, doch zeigt die Parteistatistik von Ende 1953 trotz der vielen Austritte im Frühsommer unter dem Strich keine nennenswerten Mitgliedereinbußen. Dabei wurden 96.844 SED-Mitglieder registriert, die zuvor einmal NSDAP-Mitglieder gewesen waren. Das waren etwa acht Prozent der früheren NSDAP-Parteimitglieder.[3] Besonders hoch war der Anteil unter Mitarbeitern von staatlichen Unternehmen wie der Deutschen Reichsbahn sowie an Schulen. Durchschnittlich besaßen 13,9 Prozent aller Leitungsmitglieder der SED-Grundorganisationen eine NS-Vergangenheit.[4] Viele davon stiegen auch im Laufe der Jahre in höhere Kader auf. Noch 1958 waren in der SED-Kreisleitung des Saalekreises vier ehemalige NSDAP-Mitglieder, ein ehemaliger Angehöriger der Waffen-SS und einer der Allgemeinen SS vertreten. Diese NS-Vergangenheit war nicht nur in Parteikadern zu finden, sondern auch auf der gesellschaftlichen Ebene von Volkseigenen Betrieben (VEB).

Auch in der Volkskammer der DDR, in die man über eine von der SED-Führung gesteuerte Einheitsliste kam, hatten von insgesamt 400 Mitgliedern im November 1958 56 Abgeordnete eine NS-Vergangenheit.[5] Von insgesamt 5.883 SED-Funktionären, die in den 1950er-Jahren in der Ministerialbürokratie tätig waren, hatten zuvor 940 der NSDAP angehört. Auch acht Minister und neun stellvertretende Minister waren alte NS-Parteigenossen. Sie zeichneten sich vermutlich durch eine lange geübte Bereitschaft zur Anpassung und Unterordnung aus, was sie nun auch in den Staatsdienst und Funktionärsapparat der SED einsteigen ließ.[6] Unter den Lehrern der DDR-Schulen war der Anteil von NSDAP-Mitgliedern noch höher und entsprechend auch ihre »Lern- und Unterordnungsbereitschaft«. Auch in den Universitäten waren 1954 von den insgesamt 605 angestellten Professoren 172 einstmals NSDAP-Mitglieder, also 28,4 Prozent. Dabei ist zu vermuten, dass ihre Anpassungsbereitschaft, die sie zwischen 1933 und 1945 praktiziert hatten, in der DDR noch sehr viel stärker mit Zwang und Unterordnung verbunden war, da man in der SED-Führung über ihre NS-Vergangenheit Bescheid wusste und sie entsprechend instrumentalisieren konnte. Angesichts des Fachkräftemangels war die Staatsführung umgekehrt auf sie angewiesen und nutzte gleichzeitig das Integrationsangebot als Instrument einer besonderen Loyalitätsforderung.

In einzelnen Fächern an den Universitäten, in denen der Bedarf an Fachkräften besonders gravierend war, war der Anteil »ehemaliger Nazis« besonders hoch und lag deutlich über dem Durchschnitt von 28,4 Prozent. Eine starke Belastung zeigten die Land- und Forstwirtschaften sowie die Veterinärmedizin mit 41,2 Prozent »Ehemaliger«. Aber auch in den Rechts- und Gesellschaftswissenschaften, Fächern mit einer stärkeren ideologischen Affinität, lag der Anteil alter PGs bei 16,6 Prozent.[7] Einen Spitzenplatz nahmen die medizinischen Fakultäten mit einem Anteil von 45,8 Prozent einstiger NS-Mitglieder ein. Das entsprach der vorsichtigen Behandlung von Ärzten in der DDR insgesamt, die man dringend benötigte und denen man besondere Vorrechte einräumte.

Wenn im Zusammenhang mit der vom lauten Antifaschismus verdeckten Integration von »kleinen Nazis« die Rede war, dann ist das nur die halbe Wahrheit. Wie bereits die genannten Beispiele für die relationalen Anteile ehemaliger NSDAP-Mitglieder in Politik und Gesellschaft der 1950er-Jahre zeigen, waren ehemalige NS-Mitglieder nicht nur im »Fußvolk« der DDR-Gesellschaft anzutreffen, wie das der Begriff »Kleine Nazis« vielleicht suggerierte. Auch Angehörigen von Funktionseliten, die auch schon im Nationalsozialismus eine Leitungsfunktion innegehabt hatten, konnten vielfach ihre einstigen Positionen wieder einnehmen. Sie wurden, auch von Zaisser, unter dem Begriff »nominelle Nazis« subsumiert, was den Tatbestand der äußerlichen Anpassung beschreiben sollte.

Besonders im militärischen Bereich griff man beim Aufbau der Nationalen Volksarmee und ihrer Vorläufertruppe, der Kasernierten Volkspolizei, zu verstärkten Anwerbungs- und Integrationsangeboten.[8]

Bezeichnend für die Doppelstrategie der Integration und Überwachung war der hohe Anteil von Informellen Mitarbeitern der Staatssicherheit in diesem Bereich. Bereits 1952 waren 238 der in der DDR lebenden ehemaligen Wehrmachtsoffiziere für das MfS tätig. Dass unter den angeworbenen Wehrmachtsoffizieren auch solche waren, denen die Mitwirkung an Kriegsverbrechen im Osten nachgewiesen werden konnte, war dem SED-Staat bekannt und wurde hingenommen.

Der 1893 geborene ehemalige Panzergeneral Arno von Lenski, der zusätzlich noch Beisitzer beim nationalsozialistischen Volksgerichtshof und dort an wenigstens einem Todesurteil beteiligt gewesen war, hat auch nach einer entsprechenden Enthüllung der Vergangenheit des NVA-Offiziers durch den Westen keinerlei Konsequenzen erfahren müssen. Er war nach dem Ersten Weltkrieg als hochdekorierter Offizier in die Reichswehr übernommen worden und hatte dann dort und später bei der Wehrmacht Karriere als Panzergeneral gemacht, bis er im Februar 1943 von der Roten Armee bei Stalingrad in Gefangenschaft genommen wurde. In der sowjetischen Kriegsgefangenschaft hatte er sich nach einigem Zögern dem Nationalkomitee Freies Deutschland (NKFD) angeschlossen und für dessen Propaganda gearbeitet. Das eröffnete ihm nach seiner Freilassung 1949 eine zweite Karriere und den Weg in die Militärelite der DDR, zunächst in der Kasernierten Volkspolizei und bald in der NVA als Generalleutnant und Chef der Panzertruppen. Gleichzeitig war er Funktionär der NDPD, die als Sammelbecken für ehemalige Wehrmachtsangehörige in der DDR gegründet worden und als Blockpartei willfähriges Instrument der SED war. So gelangte Lenski in seiner DDR-Bilderbuchkarriere schließlich auch noch als Abgeordneter in die Volkskammer der DDR, die die Beschlüsse der SED-Führung abzunicken hatte.

Als aus dem Westen Vorwürfe gegen Lenski wegen seiner Mitwirkung an Todesurteilen des Volksgerichtshofes laut wurden, sah sich auch die Staatssicherheit zu Nachforschungen veranlasst. Deren Ergebnisse blieben jedoch geheim. Für Lenski hatten diese Enthüllungen aus seiner Vergangenheit jedoch keine Folgen. Im Gegenteil, er wurde sogar mit dem Vaterländischen Verdienstorden und mit einer Medaille »Kämpfer gegen den Faschismus 1933–1945« ausgezeichnet. Nach einem Beschluss des Politbüros der SED vom Februar 1957, der von der Volkskammer bestätigt wurde, wurden Ende der 1950er-Jahre Zug um Zug ehemalige Wehrmachtsoffiziere aus der NVA entlassen, da man inzwischen wohl über genügend Nachwuchsoffiziere verfügte und sich offenbar relativ geräuschlos von »Ehemaligen« trennen konnte. Auch Lenski wurde am 31. Juli 1958 in den Ruhestand versetzt und wechselte als passionierter Reiter in den Vorstand der Sektion Pferdesport der »Gesellschaft für Sport und Technik«. In dieser paramilitärischen Organisation, die auch für die Betriebskontrolle eingesetzt werden sollte, waren ehemalige NSDAP- und SA-Mitglieder noch stärker vertreten. Dass sich in der GST-Betriebskampfgruppe des VEB Reifenwerk Berlin (und nicht nur dort) bis zu 60 Prozent »ehemaliger Nazis« befänden, wurde auch dem damaligen ZK-Sekretär für Sicherheit, Erich Honecker, von den zuständigen Stellen der Staatssicherheit mitgeteilt, ohne dass das zu Reaktionen führte.

Von den einstigen Mitgliedern der nationalsozialistischen Massenbewegung lebten viele in der DDR und blieben auch dort. Sie waren, ähnlich wie im Westen, auch für die DDR eine politische Hypothek, auf die SED und MfS unterschiedlich reagierten. Man verfolgte eine Doppelstrategie von Kontrolle und Integration, aber man reagierte auch empfindlich, wenn das Image des »ersten demokratisch-antifaschistischen Arbeiter- und Bauernstaats auf deutschem Boden« gefährdet zu sein schien. Dann eliminierte man die »Ehemaligen« möglichst unauffällig und oft unter fadenscheinigen Begründungen. Man überging in solchen Fällen das Problem, dass der Gründungsmythos des Regimes, der Antifaschismus, unglaubwürdig werden könnte, durch Leugnen oder Verschweigen der belasteten Biografien. Als sich herausstellte, dass einige Volkskammerkandi-

Kurt Schumann, Präsident des Obersten Gerichtshofes der DDR (l.) und Vizepräsidentin Hilde Benjamin (M.) im Gespräch mit Journalisten. November 1952

daten eine NS-Vergangenheit besaßen, die sehr viel belastender war als eine bloß nominelle Mitgliedschaft, und dass dies auch vor Ort bekannt war, verzichtete man auf einen entsprechenden Nominierungsvorgang und tat so, als existiere das Problem nicht.[9] Als sich 1960 durch westdeutsche Enthüllungen und anschließende interne Untersuchungen des MfS herausstellte, dass der Präsident des Obersten Gerichts der DDR, Kurt Schumann, in seiner ersten Karriere Kriegsgerichtsrat und NSDAP-Mitglied gewesen war, musste der prominente Gerichtsherr, der das Amt zehn Jahre bekleidet hatte, ausscheiden. Man wollte vermeiden, dass die eigenen Dauervorwürfe gegenüber der angeblich »renazifizierten« Justiz der Bundesrepublik unglaubwürdig werden könnten. Darum entschied man sich auch in ähnlichen weiteren Fällen für eine möglichst geheime Entlassung.[10]

Noch vorsichtiger war die SED-Führung bei der Rekrutierung des Personals für das Ministerium für Auswärtige Angelegenheiten (MfAA) der DDR, für das besonders hohe »kaderpolitische Ansprüche« galten.[11] Im Unterschied zu anderen DDR-Ministerien war einer Untersuchung aus den 1970er-Jahren zufolge im MfAA die Zahl der ehemaligen NSDAP-Mitglieder deutlich niedriger und schwankte zwischen null und fünf Prozent.[12] Im

Lichte neuerer Aktenfunde muss dieses Urteil jedoch modifiziert, und die Selbstaussagen der damaligen DDR-Diplomaten, die sich bei ihren Personalangaben als Antifaschisten darstellen wollten, müssen kritischer gesehen werden. Die Staatssicherheit war offenbar in einigen Fällen bereit, die Informationen, die eine NSDAP-Vergangenheit der Diplomaten nachwiesen, nicht zur Kenntnis zu nehmen, was auch spätere statistische Aussagen verunklart. Nach 1945 lebten nach gesicherten Quellenaussagen in der SBZ 14 Diplomaten, die dem diplomatischen Dienst des ehemaligen Auswärtigen Amtes des Deutschen Reichs angehört hatten. Berücksichtigt man das Alter und damit die generationelle Zugehörigkeit der genannten Gruppe, so stellt sich heraus, dass die meisten von ihnen sich 1949 und später bereits im Pensionsalter befanden und darum auch nicht mehr für das DDR-Ministerium rekrutiert werden konnten. Dies galt jedoch nicht für die zweite Generation, die zwischen 1925 und 1935 geborene »Aufbau-Generation«.[13] Ihr entstammte die Mehrheit der Mitglieder der politischen Führung der DDR und ihrer Diplomaten, die uns hier beschäftigen sollen.

Bereits der erste Außenminister der DDR, der als Angehöriger einer Blockpartei von 1949 bis 1953 im Amt war, Georg Dertinger, machte der »Antifa«-Legende der SED Probleme. Der Generalsekretär der Ost-CDU war 1902 geboren und gehörte damit der ersten, d. h. älteren Generation der ehemaligen NS-Mitglieder an. Georg Dertinger wurde nach seiner Verhaftung 1952 und einem Schauprozess in einem äußerst harten politischen Urteil zu 15 Jahren Haft wegen »staatsfeindlicher Tätigkeiten« und nicht etwa wegen seiner Arbeit für das NS-Propagandaministerium verurteilt. Auch in den Verhörprotokollen und Akten der Staatssicherheit tauchen Hinweise auf die Rolle Dertingers in dem nationalsozialistischen Regime nicht auf. Seine Schuld bestand aus der Sicht von SED und MfS einzig darin, dass er sich trotz dieser NS-Vergangenheit nicht der marxistisch-leninistischen Staatsdoktrin der DDR untergeordnet hatte, sondern bei seinem christlich-antifaschistischen Positionen geblieben war. Hätte er sich gemäß den Richtlinien verhalten, wie sie ab 1946 von der SED für den Umgang mit den »kleinen Nazis« vorgegeben worden waren, und wäre er in die »sozialistische Kampffront« eingetreten, dann hätte man möglicherweise seine Tätigkeit für das Propagandaministerium von Joseph Goebbels toleriert und verschwiegen, um ihn in den neuen »Arbeiter- und Bauernstaat« für immer aufzunehmen. Auch die Ost-CDU beeilte sich nach Dertingers Verhaftung, die Vorwürfe, die vom Staatsapparat gegen ihn wegen seiner angeblichen Spionagetätigkeiten für den Westen erhoben wurden, zu bestätigen und zu vertiefen, nur um nicht selbst die Zusammenarbeit mit der DDR-Führung und ihren Organen zu gefährden. Erst nach der deutschen Wiedervereinigung 1990 wurde Dertinger, der 1964 vorzeitig aus der Haft entlassen worden, aber bis zu seinem Tod 1968 in der DDR geblieben war, rehabilitiert: als Opfer des Nationalsozialismus und der SED-Herrschaft.

Eine sehr viel politischere Rolle als Dertinger hatte in der NS-Zeit der DDR-Diplomat Gerhard Kegel gespielt. Auch er gehörte der älteren Generation an und war 1907 in kleinbürgerlichen Verhältnissen geboren. Sein scheinbar widersprüchlicher Berufsweg von einer KPD-Mitgliedschaft in den frühen 1930er-Jahren über eine Mitgliedschaft bei der NSDAP ab 1934 und einer Tätigkeit als Journalist führte ihn 1935 als Quereinsteiger in das Auswärtige Amt des Dritten Reichs.[14] Kegel geriet im Januar 1945 zwar in sowjetische Kriegsgefangenschaft, wurde aber nach wenigen Monaten wieder freigelassen und trat 1946 in die SED ein, um schließlich zum Botschafter der DDR aufzusteigen. Kegels Biografie stellt in vielfacher Hinsicht eine Besonderheit dar und war nur möglich durch ein Doppelleben, das er während der NS-Zeit als NSDAP-Mitglied und gleichzeitig Mitglied einer Widerstandsgruppe führte, die von der Gestapo als »Rote Kapelle« bezeichnet wurde und durch Nachrichtenweitergabe mit Moskau kooperierte. Auch Kegel war an diesen Spionagetätigkeiten beteiligt. Hinzu kam eine autobiografische Selbstinszenierung, die mögliche Widersprüche dieser einzigartigen Karriere den ideologischen Erfordernissen des DDR-Antifaschismus anpasste.

Auch eine größere und jüngere Gruppe von DDR-Diplomaten, die in den 1920er-Jahren geboren worden waren, hatte Probleme mit einer belasteten Vergangenheit. Sie gehörten jedoch der HJ-Generation an und hatten ihren Berufsweg vor und im Zweiten Weltkrieg noch nicht begonnen. Sie traten während des Kriegs in die Hitlerjugend ein und wurden schließlich auch zur Wehrmacht eingezogen. Diese Makel wurden entweder noch in der sowjetischen Kriegsgefangenschaft durch eine Mitgliedschaft im Bund Deutscher Offiziere (BDO) getilgt, wie im Falle von Ferdinand Thun (Jahrgang 1921), der zwar aufgrund seines aristokratischen Hintergrunds von der SED gelegentlich kritisch beäugt, aber als Vorzeigediplomat nicht behelligt wurde. Andere, wie der 1923 geborene Hans-Jürgen Weitz, der 1942 in die NSDAP und in die Waffen-SS eingetreten war, konnten ihre einstige Mitgliedschaft in der NSDAP nach Kriegsende verbergen und durch ihren Eintritt in die SED und ihre politische Tätigkeit in der Kommunalverwaltung und schließlich für das MfAA wettmachen. Erst als Presseveröffentlichungen durch den West-Berliner »Untersuchungsausschuss freiheitlicher Juristen« im Juli 1968 über die Tätigkeit Weitz' in der NS-Zeit bekannt wurden, stellte auch die Staatssicherheit Untersuchungen an. Doch sie interessierte die SS-Vergangenheit des Botschafters im Irak nicht weiter und beschränkte sich darauf, offensichtliche Ungenauigkeiten in den westdeutschen Presseberichten als scheinbare Entlastung Weitz' aufzugreifen.

Das »verstärkte Werben«[15] um »Ehemalige« aus NSDAP und Wehrmacht führte nicht nur zu internen Konflikten mit den Blockparteien NDPD und CDU, sondern bereitete der innerdeutschen Propagandatätigkeit des SED-Regimes immer wieder Probleme, wenn es im deutsch-deutschen politischen Wettbewerb um die konsequentere antifaschistische Vergangenheits- und Integrationspolitik ging. Die bereits erwähnten *Braunbücher* der SED, mit denen Albert Norden ab 1955 immer wieder belastendes Material über Staatsanwälte, Richter, Minister und hohe Beamte der Bundesrepublik veröffentlichte, um mit diesen Enthüllungen das politische System der Bundesrepublik zu delegitimieren, waren ebenso propagandistischer Teil des Systemstreites über den Umgang mit der nationalsozialistischen Vergangenheit, ebenso die im Gegenzug vor allem vom »Untersuchungsausschuss freiheitlicher Juristen« ab 1958 veröffentlichten Enthüllungen über ehemalige Nationalsozialisten in Pankows Diensten. Darin erschienen ebenfalls Listen mit bis zu zweihundert belasteten Personen. Beide Seiten sahen sich genötigt, diesen Vorwürfen, die häufig zutreffend waren, nachzugehen, ohne dass die Ergebnisse dieser internen Nachprüfungen jemals veröffentlicht wurden. Während im Westen die Vorwürfe mit der Charakterisierung als »kommunistisches Propagandamaterial« öffentlich zurückgewiesen wurden, erfolgten im Osten in der Regel keine weiteren personalpolitischen Reaktionen.

Epilog

Vom Umgang mit der Vergangenheit
in postdiktatorischen Gesellschaften

»Et hätt' noch immer jot jegange.« Das »rheinische Grundgesetz«, das Konrad Adenauer nach dem sehr knappen Ausgang seiner ersten Wahl zum Bundeskanzler am 15. September 1949 zitierte, lässt sich im Rückblick auch auf die lange Zeit umstrittene Vergangenheitspolitik der Bundesregierung anwenden. Denn es war äußerst riskant, beim Aufbau des bundesrepublikanischen Staatsdienstes auch und vor allem auf die Wiedereingliederung von ehemaligen nationalsozialistischen Funktionseliten in die Bundesministerien und staatlichen Verwaltungen sowie in die Sicherheitsdienste und das Militär zu setzen, aber mögliche unbelastete, jedoch meist unerfahrene Quereinsteiger oder rückkehrwillige Emigranten nur am Rande zu berücksichtigen. Bürokratische Erfahrung und Effizienz sollten nach dem Willen der Planer um den frisch gewählten Regierungschef und seinen wichtigsten Helfer Ministerialrat Hans Globke beim raschen Wiederaufbau Vorrang haben und nicht das Bedürfnis nach einer strikten personellen Abgrenzung von belasteten NS-Eliten. »Wir stellen PGs ein, aber keine Nazis«, hatte, wie schon erwähnt, der Personalchef des Auswärtigen Amtes Wilhelm Haas 1950 in Übereinstimmung mit Adenauer als Leitlinie seiner Personalpolitik verkündet.[1] Das setzte allerdings einen Konsens darüber voraus, was ein »Nazi« war und wie sich diese Linie angesichts der millionenfachen Mitgliedschaften in nationalsozialistischen

Partei- und Herrschaftsapparaten sowie andererseits der vielfachen politischen Einflussnahmen durch mächtige soziale Netzwerke durchsetzen ließ. So kam es bald dazu, dass bei der Auswahl neuer Mitarbeiter des höheren Dienstes, nicht nur im Auswärtigen Amt, zunehmend gegen diese Regel verstoßen und immer mehr »Ehemalige« mit beträchtlichen politisch-moralischen Belastungen eingestellt wurden. Das führte in vielen Ministerien zu einem Mitarbeiterbestand (im höheren Dienst) von 40 bis zu 60 Prozent ehemaliger NSDAP-Mitglieder und Funktionsträger; in einigen Abteilungen etwa des Bundesjustizministeriums lag der Anteil bei 70 Prozent. Ähnlich sah es beim Bundesnachrichtendienst aus, wo die Quote »Ehemaliger« sogar noch höher lag als in den Bundesministerien, was vor allem zu einer unüberprüfbaren Einstellungspraxis sowie zu einem Beziehungsgeflecht führte, das sich nach außen abschirmte und gleichzeitig, weit über das Erträgliche traditioneller Geheimdienstfunktionen hinausgehend, sich ohne Kontrolle auch in innenpolitischen Entscheidungsstrukturen vor allem von Oppositionsparteien einmischte bzw. diese ausspionierte.

Die lange Zeit übliche geschichtswissenschaftliche und journalistische Praxis, im historischen Rückblick in einer Behörde oder einem Verband lediglich »Nazis zu zählen« und daraus Schlüsse über die Demokratiebehinderung oder Anpassungsfähigkeit abzuleiten, reicht jedoch nicht aus. Es muss vielmehr nach der Generationszugehörigkeit, nach opportunistischer Anpassung oder tatsächlichen Lernprozessen der Wiedereingegliederten und nach ihrem beruflichen Erfahrungshintergrund gefragt werden, ebenso nach ihrem Handeln während der NS-Zeit und besonders während des Krieges und der deutschen Besatzungsherrschaft. Dadurch lassen sich, wenigstens annäherungsweise, Aussagen über den Grad der jeweiligen NS-Belastung und deren mögliche Nachwirkungen treffen.

Die Wiedereingliederung von höheren Ministerialbeamten, Justizjuristen und Diplomaten, um nur die größten Gruppen zu nennen, gehörte zu einer Wiederaufbaugesellschaft, die von dem Willen zum Neuanfang, aber auch dem Bedürfnis nach Kontinuität geprägt war. In dieser Umbruchphase lagen gegensätzliche Erfahrungen und Wertorientierungen unvermittelt nebeneinander. Der Vorsatz des Neuanfangs und des Aufbaus einer neuen politischen Ordnung war nicht nur mit Verhaltensmustern der national- und vornationalsozialistischen politisch-administrativen Kultur verbunden, sondern auch, mehr oder weniger stark, mit der politisch-moralischen Hypothek der Mitwirkung an den Verbrechen des nationalsozialistischen Unrechtsstaates belastet und durch die vielfältige Technik des Verschweigens erschwert worden. Der Wille zum Überleben und im Falle der Funktionseliten auch zum »Obenbleiben« konnte mit der Forderung nach Aufklären und Verurteilen immer wieder in Kollision geraten.

Dass ein ausgeprägtes Bedürfnis nach Kontinuität in der Auswahl von Ministerialbeamten sowie von Richtern und Diplomaten bei dem Neuaufbau von Behörden und wissenschaftlichen Institutionen vorherrschte, hatte auch mit dem Vorsatz zu tun, den staatlich-administrativen Neuanfang möglichst schnell und zuverlässig einzuleiten. Dadurch verstärkte sich die Elitenkontinuität, die ohnehin im Bewusstsein und in der Mentalität vieler Angehöriger gesellschaftlicher Funktionseliten angelegt war. Diese Kontinuität war besonders unter Wirtschaftseliten vorherrschend, denn nicht wenige der großen Unternehmer waren Erben von unternehmerischen Dynastien und deren Besitz, zugleich auch beherrschendes Element im Management ihres Unternehmenskomplexes. Das galt eingeschränkt auch für Verwaltungs- und Wissenschafts- sowie Justizjuristen, deren sozialer Aufstieg oft aus bildungsbürgerlichen Familien heraus in Spitzenpositionen von Justiz, Bürokratie und Diplomatie erfolgte und auch durch die NS-Zeit nicht unterbrochen worden war. Dagegen war der Bruch von bürgerlichen oder adligen Familien- und Elitentraditionen in der SBZ bzw. der DDR ungleich stärker, wenn auch längst nicht so uneingeschränkt ausgeprägt, wie von der SED-Propaganda behauptet wurde. Auch nahm mit der stetigen Fluchtbewegung in den Westen seit der unmittelbaren Nachkriegszeit der Abbau traditioneller Eliten, besonders im Bereich der Wirtschaft immer weiter zu. Sicherlich gab es auch in der DDR-Gesellschaft Ausnahmen von dieser Regel, besonders dort, wo der gesellschaftliche Bedarf an entsprechenden Fachkräften, wie etwa in der Medizin, besonders groß war.

Für den diplomatischen Dienst legte Adenauer allerdings großen Wert darauf, keine Spitzendiplomaten zu beschäftigen, die noch, ganz an den Traditionen einer deutschnationalen Außenpolitik, sich an dem Vorrang einer Wiedervereinigung eines nationalistisch-neutralen Deutschen Reichs orientierten und seiner Politik der Westbindung kritisch bis ablehnend gegenüberstanden.

Mit der Wiedereingliederung ehemaliger Ministerialbeamter und Justizjuristen hoffte man außerdem, die Masse derer, die aus Gründen ihrer Mittäterschaft im untergegangenen NS-Regime wahrscheinlich keine Verwendung würden finden können, möglichst zu begrenzen. Denn man fürchtete deren mögliche Frustrationen und Radikalisierungen, die angesichts der Millionen unzufriedenen und politisch indoktrinierten ehemaligen Mitläufer, Mittäter und Profiteure der nationalsozialistischen »Volksgemeinschaft« zur Gefahr einer sozialen Desintegration führen könnten. Immerhin gab es bis 1945, also vor nur wenigen Jahren, rund acht Millionen ehemalige NSDAP-Mitglieder oder Mitglieder angeschlossener NS-Organisationen. Unter Berücksichtigung der Familienmitglieder war damit fast die Hälfte der Deutschen auf die eine oder andere Weise in das NS-Regime eingebunden gewesen, darunter auch und vor allem die vielen NS-Funktionseliten, auf die man nun beim Wiederaufbau meinte setzen zu müssen.

Der totale Krieg sowie die militärische und politische Katastrophe hatten eine Trümmergesellschaft hinterlassen, die von zunehmender Gewalt, Elend und Tod sowie »moralischer Indifferenz« geprägt war. Die erschreckenden Eindrücke und Klagen über die materiellen und mentalen Zerstörungen, die Diktatur und Krieg hinterlassen hatten, beherrschten die Gesellschaft und ihre kulturellen Repräsentationen. »Mein Gott, was soll aus Deutschland werden!«[2] Die Klage Konrad Adenauers traf sich mit den Klagen und Ängsten vieler Zeitgenossen.

Vielleicht war es die millionenfache Erfahrung dieser Katastrophen und Brüche, die das Bedürfnis nicht nur nach Wiederaufbau, sondern entgegen vielfachen Erwartungen und visionären gesellschaftspolitischen Träumen in der deutschen Trümmergesellschaft schließlich doch nach der Wiederherstellung vertrauter und unzerstörter gesellschaftlicher Ordnungsmuster stark wachsen ließ. Dieses Bedürfnis war angesichts der dramatischen Bevölkerungsbewegungen und der weltpolitischen Veränderungen schließlich größer als die Utopie einer umfassenden gesellschaftlichen Neuordnung und eines Experiments der Neugruppierung des Staatsapparates mit unbelasteten, aber auch unerfahrenen Kräften in so schwierigen Zeiten. Das war außerdem der abschreckende Weg, den die Sowjetische Militäradministration und danach die DDR-Regierung mit ihrer antifaschistischen Rhetorik und ihrer brutalen diktatorischen Praxis in ihrem Herrschaftsgebiet einschlugen und dabei große menschliche Opfer und soziale Kosten (allerdings verbunden mit einer stillen Wiedereingliederung ehemaliger »Nazis«) in Kauf nahmen. Im Westen hingegen setzte sich schließlich das Bedürfnis nach personeller Kontinuität und politisch-sozialer Wiederherstellung einer vermeintlich unbeschädigten und von radikalen nationalsozialistischen Positionen befreiten Tradition durch. Das war angesichts der schweren politisch-moralischen Hypothek, die seit den Kriegsverbrecherprozessen und der Entnazifizierungsphase der unmittelbaren Nachkriegsjahre auf der Trümmergesellschaft lastete, auch eine Chance auf Konsolidierung. Die seit der doppelten Staatsgründung der Bundesrepublik und der DDR einsetzende Integration »Ehemaliger« und die damit verbundene öffentliche Stilllegung der bedrohlichen Vergangenheit war nach dem Urteil von Hermann Lübbe von 1983 ein notwendiger Bestandteil dieser sozialen und politischen Rekonstruktion und des Übergangs in eine parlamentarisch verfasste Staatsbürgergesellschaft vor allem der Bundesrepublik, während in der DDR die zahlenmäßig geringere Wiedereingliederung »kleiner Nazis« mit einer strikten Loyalitätsbindung und Repressionsdrohung verbunden war.

Im Westen führte der damit verbundene Pragmatismus zu einem ambivalenten Umgang mit der Vergangenheit: Man distanzierte sich öffentlich entschieden von der nationalsozialistischen Zeit, aber man integrierte deren »Subjekte«.[3] Man orientierte sich gern an einer vornationalsozialistischen Tradition, die allerdings mit Überresten nationalsozialistischer Gedankengebilde und vor allem Personalbeständen durchsetzt war. Die traditionellen Ordnungsmuster kamen etwa in der Wiederherstellung des Beamtenapparates und seines sozialen Regelwerks sowie in der Ablehnung von Reformen zum Ausdruck. Dass man damit viele Angehörige der Bürokratien aus der NS-Zeit wieder einstellte, war auch ein Preis dieser riskanten Rekonstruktion. Das bedeutete, dass man die politischen und moralischen Kosten dieser Transaktion in Kauf zu nehmen und auch für viele Jahre mit dem hohen Risiko einer erneuten politischen Radikalisierung und gesellschaftlichen Polarisierung politisch umzugehen bereit war. Der öffentliche Diskurs und auch der mitunter heftige Streit über diese Vergangenheitspolitik, verbunden mit Ängsten vor einer politischen Renazifizierung, begleiteten die politische Kultur der Bundesrepublik bis in die 1970er-Jahre. Die lange Dauer dieses Integrationsvorgangs mit seinen verschiedenen Implikationen traf auch auf sich verändernde politische Großwetterlagen und Gefühlswelten und zeigt, dass der Umgang mit der nationalsozialistischen Vergangenheit nicht statisch, sondern auch von Veränderungen mitbestimmt war, die die Geschichte des millionenfachen und in sich höchst widersprüchlichen Umgangs mit der nationalsozialistischen Vergangenheit und deren politisch-rechtliche Aufarbeitung zu einer eigenen bewegten und ambivalenten Geschichte machten.

Der anfänglich äußerst pragmatische und tendenziell restaurative Weg, der immer wieder umstritten war, führte trotz aller Risiken und gesellschaftskritischer Konflikte mit dem Generationswandel schließlich zu einem erträglichen Zustand, auch weil die gesellschaftlichen und wirtschaftlichen Rahmenbedingungen ungleich günstiger waren als etwa 1919 bei der Gründung der ungeliebten ersten deutschen Republik. Dies betraf mehrere Felder der Politik und Gesellschaft: Das Ziel, der Zerstörung und dem Elend der Trümmergesellschaft möglichst schnell zu entkommen, konnte dank des beispiellosen Wirtschaftswachstums der 1950er- und 1960er-Jahre relativ schnell erreicht werden. Zu dem verbreiteten antitotalitären und antikommunistischen Grundkonsens kam eine internationale Konstellation, die vor dem Hintergrund des Ost-West-Konfliktes der beschleunigten inneren und außenpolitischen Integration, wenigstens des westdeutschen Teilstaates, mit vielen Anstößen und Kontrollen der westlichen Besatzungsmächte, förderlich war. Der Aufbau einer effizienten Staatsverwaltung kam außerdem dem Wunsch nach einer wirtschaftlichen und sozialen Rekonstruktion entgegen und übertönte bald die Kritik an der Wiedereingliederung der »Ehemaligen« in die staatliche und kommunale Bürokratie. Schließlich konnte die Erfahrung einer führungsstarken, aber auch taktisch geschickten, sozialstaatlich ausgleichenden Kanzlerdemokratie den Millionen Zeitgenossen der einstigen »Führerdiktatur« den Beweis erbringen, dass auch eine parlamentarische und rechtsstaatliche Demokratie, unterstützt und vorangetrieben von den Westmächten, zu konsequentem und durchsetzungsstarkem Handeln fähig sein konnte. Der rheinische Patriarch hatte trotz des vielfachen Drängens aus Politik und Gesellschaft an seinem Weg einer zögerlichen und behutsamen konservativen Modernisierung und Westbindung festgehalten und schließlich auf der Grundlage eines sich beschleunigenden wirtschaftlichen Wachstums auch den Weg in eine moderne politische Kultur und ein pluralistisches Parteiensystem nicht verhindert.

Ab dem Ende der 1950er-Jahre und noch heftiger in den unruhigen 1960er-Jahren verstärkte sich allerdings die Kritik an dem Integrationskurs und sollte über Jahre nicht abnehmen. Es zeichnete sich eine neue Etappe im öffentlichen Umgang mit der »Vergangenheit« und ihren belasteten Subjekten ab. Die Debatte gewann auch deswegen eine größere Schärfe, weil einerseits Bundesregierung und Parlamentsmehrheit an der Politik der Wiedereingliederung und des Abwiegelns bzw. Schweigens festhielten, wann immer personalpolitische Enthüllungen und Skandale drohten, und weil andererseits mit dem Generationenwandel eine wachsende Emotionalisierung und Tribalisierung gegenüber der älteren, als belastet geltenden Generation einsetzte und dadurch die politischen Gefühlslagen des bundesrepublikanischen »Justemilieu« aufrüttelten. Nicht nur, dass die Jüngeren gegenüber den Älteren unangenehme Fragen nach ihrem früheren Verhalten stellten und sich oft auf das hohe Ross des antifaschistischen Anklägers setzten. Seit den 1960er-Jahren wurde zudem lautstark der Vorwurf der »Verdrängung« und der »unbewältigten Vergangenheit« als beherrschender politischer Diskurs gegenüber einer Gesellschaft formuliert, die vom »Wirtschaftswunder« fasziniert war und es sich hinter Adenauers Beschwörung »Keine Experimente« gut eingerichtet hatte.

Nach der vergangenheitspolitischen Wende der späten 1950er- und 1960er-Jahre, die für lange Zeit das politische Denken und Streiten mitbestimmte, dauerte es bis zu den weltpolitischen Umbrüchen der Jahre 1989/90, bis auch im Umgang mit der nationalsozialistischen Vergangenheit eine neue Tonlage einsetzte. Die Überzeugung von einer notwendigen Historisierung des bisherigen Geschichtsdenkens und der bestimmenden Aufarbeitungspraxis gewann an Boden, auch weil mit dem Zusammenbruch der osteuropäischen Systeme des »real existierenden Sozialismus« nun die Herausforderung eines transnationalen Vergleichs mit anderen Aufarbeitungen bzw. deren Defiziten entstand.

Die Veränderungen im politischen Bewusstsein und in historischen Urteilen waren auch mit einem Generationenwandel verbunden, den schon Konrad Adenauer in der Frühphase der Bundesrepublik angesprochen hatte, als er die Schwierigkeiten der Elitenrekrutierung und das Übergewicht der älteren Generation bei der politisch-sozialen Rekonstruktion ansprach bzw. rechtfertigte. Es war die Generation der noch im Kaiserreich Geborenen, die nach ihrer ersten Karriere, die vor 1933 begonnen und sich im NS-Regime, von ideologisch-politisch bestimmten Ausgrenzungen abgesehen, fortgesetzt hatte, die nun nach 1945 erneut Führungsrollen in Politik und Verwaltung übernahm, bis mit Beginn der 1960er-Jahre allmählich die nächstjüngere Generation der »Flakhelfer« nachrückte. Das hatte immer wieder politische Proteste ausgelöst, aber auch einer jüngeren, pragmatisch-modernen Generation den Weg nach oben geöffnet. Diese hatte nach der langen Ära Adenauer endlich ihre Chance auf Gestaltung von Gegenwart und Zukunft gesehen, sich als Zwischengeneration bald aber auch – überall im Westen – mit einer Revolte einer radikaleren »Jugendbewegung« konfrontiert gesehen. Die hatte besonders in der Bundesrepublik das vielfach kritisierte Comeback der ehemaligen »Nazis« in Deutschland zu einem Fundamentalangriff auf die bestehende Politik der Liberalisierung und »Westernisierung«[4] genutzt und umfunktioniert. Aber auch für diesen generationellen Wandel gilt, dass mit den welthistorischen Veränderungen von 1989/90 die öffentliche Erregung über die riskante oder auch skandalöse Integration ehemaliger Nazis in das politisch-administrative System der Bundesrepublik und die dadurch vermeintlich hervorgerufenen politisch-moralischen Defizite ihre Schärfe verloren hatten und von anderen Themen überlagert wurden.

Mit den umfangreichen Forschungen zu der personellen Rekrutierungspraxis von Ministerien und Bundesbehörden, aber auch im Verteidigungs- und Wissenschaftsbetrieb, lassen sich die quantitativen Dimensionen der stillen Integration ehemaliger nationalsozialistischer Funktionseliten und ihr Nebeneinander mit anderen, unbelasteten Gruppen genauer erkennen und auch die politisch-praktischen Folgen dieser umstrittenen und auf jeden Fall riskanten Strategie erörtern. Zwar wurde die Regel einer begrenzten oder gar versperrten Wiedereingliederung hoher NS-Funktionäre und vor allem auch hochrangiger Angehöriger des SS-Komplexes immer wieder unterlaufen, auch weil entsprechende soziale Netzwerke einen immer größer werdenden Einfluss ausüben konnten und die Bereitschaft zum Wegsehen bzw. Abwiegeln gleichermaßen wuchs. Doch von skandalösen und formal wie moralisch nicht zu akzeptierenden Einzelfällen wie von versteckten Verordnungen zur kalten Amnestie bestrafter NS-Täter und von gezielten Rechtsbeugungen wie vor allem von Verschleppungs- und Verzögerungspraktiken abgesehen, hat diese bisweilen normverletzende Praxis mittelfristig die Arbeit der Ministerien und Justizverwaltungen, ungeachtet ihrer moralischen Beschädigung, nicht fundamental behindert und verändert, wohl aber zulasten vor allem von Opfergruppen verzögert und sozial geschädigt.

Dass der Weg zu einer offenen und pluralistischen politischen Kultur, zu der auch die »Aufarbeitungskultur« gehörte, trotz aller Hindernisse begangen werden konnte, war auch der zunehmenden »Wächterfunktion« der Presse und kritischen Öffentlichkeit zu verdanken, deren Meinungsführer oft selbst einen Lernprozess durchlaufen hatten oder die im Schutze der liberalen politischen Kultur ihre eigene »Vergangenheit« hatten verbergen oder aufarbeiten können. Zu diesem politisch-kulturellen Wandel gehörte auch die Anpassungsbereitschaft nicht weniger »Ehemaliger«, die nicht nur lernbereit waren, sondern die auch die persönlich vorteilhafte Erfahrung des Verschweigens oder der Orientierung zu politisch unverdächtigeren Milieus gemacht hatten. Dort konnten sie sich beispielsweise als linksliberal präsentieren oder auch tarnen und dem neuen Mainstream anpassen. Einen Sonderfall stellten diejenigen Identitätswechsler dar, die über ihre frühere Rolle im Nationalsozialismus nicht nur schwiegen, sondern dieses Schweigen auch durch einen Namenwechsel absicherten.

In der Vielfalt der Verwandlungsformen spielte das individuelle oder auch kollektive Schweigen, das allerdings auch durch Zufälle oder gezielte Nachforschungen auffliegen konnte, eine nicht unwesentliche Rolle. Dieses (kollektive) Schweigen bezog sich meistens auf die eigene Mitgliedschaft in nationalsozialistischen Organisationen und auf die Mitwirkung an der nationalsozialistischen Unrechtspraxis an Sondergerichten oder in Besatzungsverwaltungen während des Eroberungskrieges oder auch auf Funktionen und Handlungen, die einen eklatanten Verstoß gegen das Kriegsvölkerrecht darstellten. Entsprechende Angaben wurden in Entnazifizierungsverfahren ausgelassen oder später mit verbreiteten apologetischen Formeln bemäntelt. Eine andere, individuelle Form des Schweigens war die Verweigerung des Redens über eigene Irrtümer oder öffentliche politische Entscheidungen wie Wortergreifungen, für die man später belangt werden könnte oder derer man bezichtigt worden war. Schließlich konnte man sich in den Verwandlungszonen der Nachkriegszeit als politisch lernwillig oder lernfähig zeigen bzw. sich durch eine entsprechende Präsentation als entlastet darstellen; meistens jedoch ohne sich zum eigenen Verhalten zu bekennen. Eine noch wirkungsvollere Form des Beschweigens und der versteckten »Selbstentnazifizierung« war die Flucht in die Illegalität oder durch Namenswechsel in eine neue Identität, die meist mit einem Wechsel in ein liberal-demokratisches Lager verbunden war. Man konnte diese Formen des Schweigens als notwendige Form eines politisch-gesellschaftlichen Transformationsprozesses verstehen oder als eine von verschiedenen Möglichkeiten einer politischen Häutung. Sie öffneten jedenfalls den Weg in die politisch-strafrechtliche Entlastung und in eine zweite Karriere in einer demokratischen Staatsbürgergesellschaft.

Eine Sonderform dieser Transformation stellte das politische Instrument zur stillen Integration dar, das die SBZ/DDR unter sowjetischer Kontrolle mit der Unterwerfung der Belasteten unter die Knute der SED und ihres doppelzüngigen Antifaschismus praktizierte. Auch für die zweite deutsche Diktatur gilt, dass sie in der Anfangszeit auf die notwendige Wiedereinsetzung und loyale, kontrollierte Mitwirkung ehemaliger Funktionsträger in Partei, Armee, Diplomatie und Verwaltung nicht verzichten konnte oder nicht auf den späteren Generationenwechsel warten wollte.

Welche politisch-gesellschaftlichen Folgen hatten die unterschiedlichen Formen der Integration ehemaliger Funktionsträger des NS-Regimes in die Bundesrepublik? Dass sie zu einer großen Gefährdung des demokratischen Wiederaufbaus und Neuanfangs geworden sind, wie das lange Zeit befürchtet wurde, kann man aus dem sicheren Abstand von zwei oder noch mehr Generationen nicht feststellen. Wohl aber gehörten entsprechende Gefühle und Ängste für viele Jahre zum politisch-mentalen Haushalt der Bundesrepublik und ihren politischen Diskursen. Entsprechende Ängste und Empörungszustände haben umgekehrt das politische Bewusstsein geschärft und Denkvorgänge gefördert, die der Demokratiegründung und -konsolidierung der Bundesrepublik bei allen Gefährdungsmomenten förderlich waren und zu einer pluralistischen politischen Kultur geführt haben.

Hinsichtlich des Binnenklimas in Ministerien, Behörden, Wissenschaftsorganisationen und der Bundeswehr konnte es durch das Nebeneinander gegensätzlicher Biografien und Vergangenheiten, das in seiner Doppelgesichtigkeit von belastetem und unbelastetem Führungspersonal angesichts des starren Blickes auf die »alten Nazis« leicht übersehen wurde, zu inneren Spannungen und vor allem zu einer Schweigepraxis kommen. Das war die Kehrseite und Folge der stillen Integration und auch der kalten Amnestie, ebenso wie die Verzögerungen bzw. Verhinderungen von Gesetzesvorhaben und Reformen, die dadurch mehrfach entstanden. Sie haben sich allerdings mit unterschiedlicher Geschwindigkeit mit dem Wechsel der Generationen und damit der politischen Führungsgruppen abgebaut.

Zu der Singularität der unvorstellbaren nationalsozialistischen Massenverbrechen, aber auch der Massenzustimmung, die die nationalsozialistische »Konsensdiktatur« gefunden hatte, gehörte auch die nationale Engführung der postnationalsozialistischen Aufarbeitungskultur. Es dauerte viele Jahre, bis auch die vergleichende Faschismusforschung der 1960er- und 1970er-Jahre die Frage nach den politisch-kulturellen Folgen der beiden europäischen faschistischen Systeme in Deutschland und Italien anging bzw. um die Frage nach dem Umgang mit ihrer jeweiligen diktatorischen Vergangenheit erweitert wurde.[5] Welche Optionen und Handlungsspielräume hatten die beiden Nachfolgestaaten in Deutschland und Italien in ihren gesellschaftlichen Umbruchsituationen, und welche Bilanz der politischen Säuberungen bzw. Wiedereingliederung belasteter gesellschaftlicher Gruppen in beiden demokratischen Nachkriegsstaaten bzw. Verliererstaaten kann man ziehen? Der Sonderfall Österreich wurde von einem solchen Vergleich angesichts der unterschiedlichen Ausgangsbedingungen in der Regel ausgeschlossen, auch weil die wiederbegründete zweite österreichische Republik allen Ähnlichkeiten zum Trotz von Anfang an eine von den historischen Tatsachen nicht legitimierte Sonderrolle als »erstes Opfer« der beiden europäischen faschistischen Staaten für sich beanspruchte.

Zwar hatte es nach dem Sturz des Mussolini-Regimes 1943 auch in Italien politische Säuberungen unter dem entmachteten faschistischen Führungspersonal gegeben, sofern dieses sich nicht 1943 ähnlich wie später Hitler und »Genossen« selbst liquidiert hatte oder wie Mussolini von Partisanen erschossen und dann öffentlich aufgehängt wurde. Doch nach dieser anfänglichen Abrechnung mit dem »Duce« durch Angehörige des Widerstandes endete die Gemeinsamkeit mit den deutschen Nachkriegsmustern, denn die konservativen Kräfte Italiens, besonders das königstreue Militär, konnten sich weiterhin behaupten, und auch die Mehrheit der Belasteten konnte ihre Stellung zunächst halten. Dies stellte einen Unterschied zum Nachkriegsdeutschland dar, wo die »Stunde null« mit Entlassungen und automatischen Arresten begonnen hatte. Ein weiterer Unterschied zur zwei Jahre späteren deutschen Säuberungspolitik bestand darin, dass man in Italien mit dem »Säuberungsgesetz« vom 28. Dezember 1943 die politische Ahndung des faschistischen Diktaturpersonals in die Hände der Organe legte, die gesäubert werden sollten und nicht etwa in die eines justizähnlichen Verfahrens unter Kontrolle der alliierten Besatzungsmächte und anschließend der deutschen Parteien. Dies führte in Italien zusammen mit der Behauptung von der Selbstbefreiung schließlich zu einer Säuberungspolitik mit geringer Reichweite. »Wo man in Deutschland«, so Hans Woller mit Blick auf die ungleichgewichtige Verfolgung der großen Masse der »Mitläufer« und der Praxis der verschonenden Entlastung vieler Funktionsträger »entschieden zu viel tat, tat man in Italien entscheiden zu wenig«.[6] Auch lässt sich für Italien feststellen, dass, anders als in Deutschland, vor allem die siegreichen Alliierten die Säuberung aus politisch-strategischen Gründen ab 1944 eher gehemmt als intensiv vorantrieben. Hinzu kam, dass die ursprüngliche »antifaschistische Solidarität«[7] unter den italienischen Parteien ab 1945 deutlich abnahm und von gegensätzlichen Interessen beim Neuaufbau überlagert wurden. Das führte zu deutlichen Unterschieden in der Bewertung der Faschisten und ihrer Taten, weil die einen die einstigen Mitglieder der faschistischen Massenbewegung für sich gewinnen, die anderen sie härter bestrafen wollten. Schließlich folgte nach den verschiedenen Rückzugsmaßnahmen der vormals vereinigten Antifaschisten im Jahre 1946 ein Amnestiegesetz und ein »überstürztes Ende der Abrechnung«.[8] Die Gefängnisse leerten sich, und die Rehabilitierung der Belasteten beschleunigte sich, was sich sehr zu Lasten einer konsensualen Nachkriegspolitik auswirkte. So unterblieb in Italien, wie später auch in anderen postdiktatorischen Staaten, die vorübergehende sowie die endgültige Auswechslung der Funktionseliten. Was blieb, war ein jahrelanger Streit über Erfolg oder Misserfolg der Säuberungen. Auch wenn sich lange der Eindruck einer »epurazione mancata« (einer ausgebliebenen bzw. versäumten Säuberung) ergab, so bleibt mittel- und langfristig die Erkenntnis einer durchaus erfolgreichen »Ermittlung einer Gesellschaft gegen sich selbst«, vorgetragen von vielen Richtern und Staatsanwälten wie auch von Aufarbeitungskommissionen und politischen Beobachtern.[9]

Auch in der italienischen postfaschistischen Nachkriegsgesellschaft, die von dem Regimewechsel weniger berührt wurde, gab es auf eine komplexe Problemlage anfangs nur einfache, antagonistische Reaktionen auf Diktatur und Krieg, die der schwierigen und widersprüchlichen Übergangssituation nach der Diktatur nicht gerecht wurden und im öffentlichen politischen Diskurs zählebigen Bestand hatten, bis sie sich ähnlich wie in Deutschland mit dem generationellen und politischen Wandel allmählich auflösten bzw. in ihrer Deutung der komplexen Problemlage der veränderten Situation angemessener betrachtet wurden. Dass es trotz einiger struktureller Ähnlichkeiten nach wie vor gravierende Unterschiede im Umgang mit der jeweiligen faschistisch-totalitären Vergangenheit und als Reaktion darauf mit der jeweiligen Aufarbeitungskultur in Deutschland und Italien gab, ist unübersehbar – allein schon wegen der unterschiedlichen Durchdringungstiefe der beiden

Gesellschaften durch die faschistischen Diktaturen und der unterschiedlichen Ausgangssituationen der Nachkriegszeit.

Noch größer sind allerdings die Differenzen in den Rahmen- und Handlungsbedingungen der postdiktatorischen Gesellschaften in Ost- und Ostmitteleuropa nach dem Zusammenbruch des sowjetischen Herrschafts- und Diktatursystems. So verlief der Elitenaustausch in der DDR ungleich intensiver als in anderen ehemaligen sowjetischen Satellitenstaaten. Auch die Aufarbeitungspolitik im wiedervereinigten Deutschland nahm angesichts der sehr unterschiedlichen Übergangsbedingungen und der Dominanz der bundesrepublikanischen Gesellschaft mit ihren Erfahrungen im Umgang mit den Folgen einer totalitären Diktatur im Verhältnis zum untergegangenen DDR-System und dessen Eliten nach 1989 einen unterschiedlichen Verlauf. Auch für den Neubeginn der postdiktatorischen Gesellschaften im ehemaligen sowjetischen Imperium gilt, dass die Übergänge und Verwandlungen in eine »neue Zeit« sehr viel langwieriger und widersprüchlicher waren, als das einfache politische Postulate und Visionen zunächst versprachen.

ANHANG

Anmerkungen

»Rosen für den Staatsanwalt«
1 Trentmann 2023, S. 206.
2 Ebd.
3 Leonhard 1955, S. 553.
4 Dazu Reichel 2009.
5 Lübbe 1983.
6 Kogon 1954, S. 641.
7 Adorno 1959.
8 Zit. nach Brochhagen 1999, S. 306f.
9 Herbert 2010.
10 Arendt 1950, S. 46f.
11 Mitscherlich 1967, passim.
12 Friedrich 1984, S. 332.
13 Bösch/Wirsching 2018, S. 6–10.
14 Frei 2001, S. 303.
15 Kogon 1947; zit. bei Kielmansegg 1989, S. 16.
16 Kielmansegg 1989, S. 16f.
17 Aly 1997, passim.
18 Lübbe 1983.
19 Schwelling 2009.
20 Lübbe 1983.
21 Frei 1996, passim.
22 Edinger 1960.
23 Kielmansegg 1989, S. 20.
24 Frei 1996, S. 13.
25 Schumann 2013, S. 72.

Politische Säuberungen und Amnestie
1 Henke 1991, S. 21.
2 Herbert 2014, S. 568ff.
3 Dazu Rauh-Kühne 1995.
4 Fait 1988, S. 227.
5 Henke 1991, S. 33.
6 Schick 1988, S. 301.
7 Schick 1988, S. 305.
8 Schick 1988, S. 309.
9 Kielmansegg 1989, S. 35.
10 Rauh-Kühne 1995, S. 51.
11 Kielmansegg 1989, S. 12.
12 Zit. bei Trentmann 2023, S. 206.
13 Trentmann 2023, S. 204.
14 Frei 1996, S. 17.
15 Dazu Wehler 2008, Bd. 4, S. 13.
16 Zit. nach Frei 1996, S. 31.
17 Zit. nach Trentmann 2023, S. 213.
18 Frei 1996, S. 36.
19 Frei 1996, S. 39.

Wirtschaftseliten in der Umbruchphase
1 Neumann 1977.
2 Erker/Pierenkemper 1999, S. 248.
3 Erker/Pierenkemper 1999, S. 53–98.
4 Windolf/Marx 2022, S. 23.
5 Ebd.
6 Windolf/Marx 2022, S. 24.
7 Mollin 1988, S. 265f.
8 Erker/Pierenkemper 1999, S. 10.
9 Conze 2010, S. 455.
10 Erker/Pierenkemper 1999, S. 11.
11 Erker/Pierenkemper 1999, S. 13.
12 Erker/Pierenkemper 1999, S. 9.
13 Ebd.
14 Schanetzky 2001, S. 80.
15 Erker/Pierenkemper 1999, S. 73.
16 Erker/Pierenkemper 1999, S. 75.
17 Erker/Pierenkemper 1999), S. 78.
18 Erker/Pierenkemper 1999, S. 105.
19 Erker/Pierenkemper 1999, S. 106.
20 Weinke 2006, S. 84–91.
21 Bähr/Drecoll 2008, S. 740.
22 Windolf/Marx 2022, S. 286.
23 Windolf/Marx 2022, S. 324.
24 Joly 2000, S. 52–69.
25 Berghahn 1985, S. 152–170; S. 228–257.
26 Windolf/Marx 2022, S. 303.
27 Erker/Pierenkemper1999, S. 17.
28 Erker/Pierenkemper 1999, S. 18.

»Furchtbare Juristen«
1 Schmitt 1933, S. 2793.
2 Schmitt 1934, S. 716f.
3 Zit. nach Schumann 2013, S. 90.
4 Günther ZAkDr 1937, S. 94f.
5 Schumann 2013, S. 103.
6 Pauli 1996, S. 989.
7 Görtemaker/Safferling 2016, S. 452.
8 Görtemaker/Safferling 2016, S. 118.
9 Überschär 2000, S. 192.
10 Adenauer 1969, S. 457; zit. nach Görtemaker/Safferling 2016, S. 121.
11 Zit. bei Görtemaker/Safferling 2016, S. 120.
12 Bevers 2009, S. 44.
13 Niermann 1996, S. 63.
14 Dazu Niermann 1996, passim.
15 Niermann 1996, S. 67.
16 Niermann 1996, S. 66–79.

17 Dazu jetzt Klare 2022.
18 Krechel 2012.
19 Niermann 1995, S. 376.
20 Rottleuthner 2010, S. 231.
21 Schumann 2013, S. 111.
22 Ebd.
23 Schumann 2013, S. 114.
24 Schumann 2013, S. 115–117.
25 Görtemaker/Safferling 2016, S. 22.
26 Görtemaker/Safferling 2016, S. 23.
27 Görtemaker/Safferling 2016, S. 454.
28 Görtemaker/Safferling 2016, S. 174.
29 Görtemaker/Safferling 2016, S. 181.
30 Görtemaker/Safferling 2016, S. 184.
31 Frei 1996, S. 101.
32 Frei 1996, S. 161.
33 Frei 1996, S. 391.
34 Frei 1996, S. 393.
35 Görtemaker/Safferling 2016, S. 154.
36 Frei 1996, S. 395,
37 Friedrich 1984, S. 399.
38 Görtemaker/Safferling 2016, S. 355.
39 von Miquel 2004, S. 60.
40 Görtemaker/Safferling 2016, S. 202.
41 Dazu Niermann 1996.
42 Dazu Görtemaker/Safferling 2016, S. 203.
43 Bösch/Wirsching 2018, S. 14. Dort auch alle weiteren Angaben.
44 Bösch/Wirsching 2018, S. 738.
45 Bösch/Wirsching 2018, S. 76.
46 Bösch/Wirsching 2018, S. 87; S. 96
47 Bösch/Wirsching 2018, S. 536–552. Bearbeitet von M. Richter
48 Kreller/Kuschel 2022.
49 Conze 2010, S. 505. Alle folgenden Angaben stützen sich auf diesen Band.
50 Conze 2010, S. 496
51 Conze 2010, S. 491
52 Conze 2010, S. 408.
53 Conze 2010, S. 494
54 Conze 2010, S. 708
55 Conze 2010, S. 495
56 Conze 2010, S. 586
57 Conze 2010, S. 603ff.
58 Conze 2010, S. 608.
59 Ebd.
60 Ebd.
61 Conze 2010, S. 609
62 Schwartz 2013. Alle Angaben stützen sich auf diese Publikation.
63 Schwartz 2013, S. 521–526.

Von der Heilung des »Volkskörpers« zur individualisierten Medizin

1 Dazu Schreiber 2005, S. 64ff.
2 Schreiber 2005, S. 71ff.
3 Thamer/Droste/Happ 2012, S. 993–1027.
4 Dazu Eckart 2012, passim.
5 Eckart 2012, S. 187.
6 Ebd.
7 Eckart 2012, S. 16.
8 Eckart 2012, S. 395.
9 Weinke 2006, S. 65.
10 Ebd.
11 Ebd.
12 Freimüller 2002, S. 33.
13 Freimüller 2002, S. 46.
14 Freimüller 2002, S. 39.
15 Zit. bei Freimüller 2002, S. 40.
16 Zit. bei Freimüller 2002, S. 39.
17
18 Zit. bei Freimüller 2002, S. 32.
19 Zit. bei Freimüller 2002, S. 37.
20 Zit. bei Freimüller 2002, S. 37f.
21 Zit. bei Freimüller 2002, S. 41.
22 Kröner 2012, S. 1017.
23 Kröner 2012, S. 1019.
24 Kröner 2012, S. 1017.
25 Zit. bei Klee 2001, S. 267f.

Alte Kameraden und neue Welten

1 Dazu Messerschmidt 1995, S. 531ff.
2 Neitzel 2004.
3 Dazu Manig 2004.
4 Bald 2005, S.31.
5 Zit. nach Bald 2005, S. 27.
6 Bald 2005, S. 10.
7 Wegner 1995.
8 Rink 2015, S. 32.
9 Bald 2005, S. 43.
10 Zit. nach Bald 2005, S. 39.
11 Ebd.
12 Scholten 2001, S. 159.
13 Neitzel 2020, passim und S. 303.
14 Scholten 2001, S. 166.
15 Neitzel 2020, S. 277.
16 Dazu Sälter 2022, S. 105ff.
17 Sälter 2022, S. 25.
18 Rass 2016, S. 192–197.
19 Zit. nach Sälter 2022, S. 106.
20 Dazu Sälter 2022 S. 95–1148. Zur Biografie Schreibers Sälter 2022 S. 137–145.
21 Zit. nach Sälter 2022, S. 132. Ähnliche

Verherrlichungen erfuhr Schreiber posthum bei Schuster 2012.
22 Zit. nach Sälter 2022, S. 183f.
23 Dazu Sälter 2022, S. 179ff.

Die wiedergefundene Freiheit
1 Werner 2022, S. 37.
2 Werner 2022, S. 38.
3 Grüttner 2024, S. 516ff.
4 Grüttner 2024, S. 516.
5 Wagner 2021, S. 275.
6 Zit. bei Werner 2022, S. 38.
7 Ebd.; Wagner 2021, S. 278.
8 Wagner 2021, S. 266.
9 Wagner 2021, S. 267.
10 Wagner 2021, S. 324.
11 Nolte 1991, S. 265.
12 van Laak 2002, S. 24.
13 Zit. nach Noack 1993, S. 209.
14 Leggewie 1998, S. 62.
15 Zit. nach Leggewie 1998, S. 131.
16 Zit. nach ebd.
17 Leggewie 1998, S. 203.
18 Leggewie 1998, S. 205.
19 Leggewie 1998, S. 138.
20 Leggewie 1998, s. Schlusskapitel, S. 297–309.
21 Zit. nach Leggewie 1998.
22 Gespräch des Verfassers mit Hermann Glaser in Nürnberg 2002.
23 Beer 2007.
24 Nonn 2013, S. 118.
25 Aly 1997, S. 175f.
26 Haupts 2007, S. 276f.
27 Haar 2007, S. 267.
28 Etzemüller 2001, S. 312.
29 Wehler 2001, FAZ 2. Mai 2001, S. 68.
30 Ebbinghaus/Roth 1992, S. 62–94.
31 Schulze/Oexle 1999.

Braune Flecken in der Medienlandschaft
1 Hachmeister/Siering 2002, S. 7.
2 Hoeres 2019, S. 42.
3 Lübbe 1983, passim.
4 von Kuenheim/Sommer 2003, S. 25.
5 Zur »Gruppe 47« jetzt Seifert 2024.
6 Dahrendorf 2000, S. 93.
7 Janßen 1995.
8 Reichel 1986, S. 178.
9 Studnitz 1948, Die ZEIT 26. 2. 1948, S. 3, zit. bei Hachmeister 2002, S. 178.
10 Dönhoff 1946, Die ZEIT 18. 9. 1946, zit. bei Hachmeister 2002, S. 174.
11 Dönhoff 1946, Die ZEIT 18. 7. 1946, S. 3, zit. bei Hachmeister 2002, S. 174.
12 Janßen 1995, S. 37, zit. bei Hachmeister 2002, S. 174.
13 Hachmeister/Siering 2002, S. 113.
14 Dahrendorf 2000, S. 90.
15 Hachmeister/Siering 2002, S. 102.
16 Hachmeister/Siering 2002, S. 113.
17 Augstein 2001.
18 Hoeres 2019, S. 70ff.
19 Hoeres 2019, S. 12.
20 Weiß 2001, S. 299.
21 Koehler 1967, in: SPIEGEL 6. 3. 1967, zit. nach Hachmeister 2002, S. 97; Hoeres 2019, S. 254f.
22 Hoeres 2019, S. 78.
23 Hoeres 2019, S. 79.
24 Spies 2010, S. 230.
25 Bussmann 1975 zit. bei Brauneis/Gross 2021, passim.
26 Haftmann 1986, zit. bei Brauneis/Gross 2021, S. 15.
27 Dublon-Knebel 2021, S. 25.
28 Alle Beispiele bei Brauneis/Gross 2021, S. 17.
29 Zit. bei Brauneis/Gross 2021, S. 15.
30 Brauneis/Gross 2021, S. 19.
31 Brauneis/Gross 2021, S. 11.
32 Zit. bei Müller-Mehlis 1966, S. 25, zit. nach Dublon-Knebel 2021, S. 32.

Der doppelzüngige Antifaschismus
1 Zit. nach Danyel 1999, S. 186.
2 Zit. nach ebd.
3 Schilde 2012, S. 4.
4 Leide 2006, S. 48.
5 Vollnhals 1991, S. 84.
6 Leide 2006, S. 49.
7 Alle Zahlenangaben bei Leide 2006, S. 49.
8 Diedrich/Wenzke 2001, S. 196–201.
9 Leide 2006, S. 52.
10 Leide 2006, S. 86.
11 Kuhlemann 2005, S. 20.
12 Kaplan 2022, S. 97.
13 Kaplan 2022, S. 95.
14 Conze 2010, S. 360.
15 Danyel 1999, S. 193.

Epilog
1 Zit. bei Conze 2010, S. 494.
2 Ruhl 1985.
3 Lübbe 1983, passim.
4 Doering-Manteuffel 1999, passim.XXXX
5 Dazu Bauerkämper 2021, S. 20–37.
6 Woller 1991, S.116.
7 Woller 1991, S. 174.

Literaturverzeichnis

(Adenauer 1967) Konrad Adenauer, Erinnerungen 1955–1959, Stuttgart 1967.

(Adorno 1959) Theodor W. Adorno, Was bedeutet Aufarbeitung der nationalsozialistischen Vergangenheit?, in: Gesammelte Schriften, Bd. 10/II, S. 555–572.

(Aly 1997) Götz Aly, Macht – Gewissen – Wahn. Kontinuitäten deutschen Denkens, Berlin 1997.

(Arendt 1950) Hannah Arendt, Besuch in Deutschland, in: dies., Zur Zeit. Politische Essays. Hrsg. von Marie Luise Knott, Hamburg 1986, S. 43–70; S. 46f.

(Augstein 2001) »So lebendig wie lange nicht«. Interview mit Rudolf Augstein, in: Die Welt am Sonntag, 13. 5. 2001.

(Bähr/Drecoll 2008) Johannes Bähr/Axel Drecoll/Bernhard Gotto/Kim C. Priemel/Harald Wixforth, Der Flick-Konzern im Dritten Reich, München 2008.

(Bald 2005) Detlef Bald, Die Bundeswehr. Eine kritische Geschichte 1955–2005, München 2005.

(Bauerkämper 2021) Arnd Bauerkämper, Transnationale Dimensionen der »Vergangenheitsaufarbeitung«, in: Magnus Brechtken (Hrsg.), Aufarbeitung des Nationalsozialismus. Ein Kompendium, Göttingen 2021, S. 20–38.

(Berghahn 1985) Volker Berghahn, Unternehmer und Politik in der Bundesrepublik, Frankfurt/Main 1985.

(Bevers 2009) Jürgen Bevers, Der Mann hinter Adenauer. Hans Globkes Aufstieg vom NS-Juristen zur Grauen Eminenz der Bonner Republik, Berlin 2009.

(Bösch/Wirsching 2018) Frank Bösch/Andreas Wirsching (Hrsg.), Hüter der Ordnung. Die Innenministerien in Bonn und Ost-Berlin nach dem Nationalsozialismus, Göttingen 2018.

(Brauneis/Gross 2021) Wolfgang Brauneis/Raphael Gross (Hrsg.), Die Liste der »Gottbegnadeten«. Künstler des Nationalsozialismus in der Bundesrepublik. Ausstellungskatalog Deutsches Historisches Museum, Berlin 2021.

(Brochhagen 1999) Ulrich Brochhagen, Nach Nürnberg. Vergangenheitsbewältigung und Westintegration in der Ära Adenauer, Berlin 1999, S. 307.

(Conze 2010) Eckart Conze/Norbert Frei/Peter Hayes/Moshe Zimmermann, Das Amt und die Vergangenheit. Deutsche Diplomaten im Dritten Reich und in der Bundesrepublik, München 2010.

(Conze/Weinke 2020) Eckart Conze/Annette Weinke, Krisenhaftes Lernen? Formen der Demokratisierung in deutschen Behörden und Ministerien, in: Tim Schanetzky u. a. (Hrsg.), Demokratisierung der Deutschen. Errungenschaften und Anfechtungen eines Projekts, Göttingen 2020, S. 87–101.

(Creuzberger/Geppert 2018) Stefan Creuzberger/Dominik Geppert (Hrsg.), Die Ämter und ihre Vergangenheit. Ministerien und Behörden im geteilten Deutschland 1949–1972, Paderborn 2018.

(Dahrendorf 2000) Ralf Dahrendorf, Liberal und unabhängig. Gerd Bucerius und seine Zeit, München 2000.

(Danyel 1999) Jürgen Danyel, Die SED und die »kleinen Pg's«, in: Leo/Reif-Spirek 1999, S. 177–196; S. 186.

(Diedrich/Wenzke 2001) Torsten Diedrich/Rüdiger Wenzke, Die getarnte Armee. Die Geschichte der Kasernierten Volkspolizei der DDR 1952–1956, Berlin 2001.

(Doering-Manteuffel 1999) Anselm Doering-Manteuffel, Wie westlich sind die Deutschen? Amerikanisierung und Westernisierung im 20. Jahrhundert, Göttingen 1999.

(Dublon-Knebel 2021) Irith Dublon-Knebel, Eine Doppelexistenz. Nationalsozialistische Maler

und Bildhauer nach 1945, in: Brauneis/Gross 2021, S. 24–33.
(Eckart 2012) Wolfgang Uwe Eckart, Medizin in der NS-Diktatur. Ideologie, Praxis, Folgen, Wien/Köln/Weimar 2012.
(Ebbinghaus/Roth 1992) Angelika Ebbinghaus/Karl H. Roth, Vorläufer des »Generalplans Ost«. Eine Dokumentation über Theodor Schieders Polendenkschrift vom 7. Oktober 1939: in: 1999. Zeitschrift für Sozialgeschichte des 20. und 21. Jahrhunderts, 7. Jg., Heft 1/1992, S. 62–94.
(Edinger 1960) Lewis Edinger, Post-Totalitarian Leadership. Political Elites in the German Federal Republic, in: American Political Sciences Review 54/1960, S. 58–82.
(Erker/Pierenkemper 1999) Paul Erker/Toni Pierenkemper (Hrsg.) Deutsche Unternehmer zwischen Kriegswirtschaft und Wiederaufbau. Studien zur Erfahrungsbildung von Industrie-Eliten, München 1999.
(Etzemüller 2001) Thomas Etzemüller, Sozialgeschichte als politische Geschichte. Werner Conze und die Neuorientierung der westdeutschen Geschichtswissenschaft nach 1945, München 2001.
(Fait 1988) Barbara Fait, Die Kreisleiter der NSDAP – nach 1945, in: Martin Broszat/Klaus-Dietmar Henke/Hans Woller (Hrsg.), Von Stalingrad zur Währungsreform. Zur Sozialgeschichte des Umbruchs in Deutschland, München 1988.
(Frei 1996) Norbert Frei, Vergangenheitspolitik. Die Anfänge der Bundesrepublik und die NS-Vergangenheit, München 1996.
(Frei 2001) Norbert Frei (Hrsg.), Karrieren im Zwielicht. Hitlers Eliten nach 1945, Frankfurt/Main 2001.
(Frei/Schanetzky 2010) Norbert Frei/Tim Schanetzky (Hrsg.), Unternehmen im Nationalsozialismus. Zur Historisierung einer Forschungskonjunktur, Göttingen 2010.
(Frei/Ahrens/Osterloh/Schanetzky 2009) Norbert Frei/Ralf Ahrens/Jörg Osterloh/Tim Schanetzky, Flick. Der Konzern, die Familie, die Macht, München 2009.
(Freimüller 2002) Tobias Freimüller, Mediziner: Operation Volkskörper, in: Frei 2001, S. 13–73.
(Friedrich 1984) Jörg Friedrich, Die kalte Amnestie. NS-Täter in der Bundesrepublik Deutschland, Frankfurt/Main 1984.

(Gall 2002) Lothar Gall (Hrsg.), Krupp im 20. Jahrhundert. Die Geschichte des Unternehmens vom Ersten Weltkrieg bis zur Gründung der Stiftung, Berlin 2002.
(Görtemaker/Safferling 2016) Manfred Görtemaker/Christoph Safferling, Die Akte Rosenburg. Das Bundesministerium der Justiz und die NS-Zeit, München 2016.
(Grüttner 2024) Michael Grüttner, Talar und Hakenkreuz. Die Universitäten im Dritten Reich, München 2024.
(Günther 1934) Hermann Günther, Die Befreiung des Reichsgerichts von den Fesseln veralteter Entscheidungen, in: ZAKDr 1934.((In den Anmerkungen als Günther 1937 angegeben!!!))
(Haar 2007) Ingo Haar, Deutsche Vertreibungsverfahren, Göttingen 2007.
(Hachmeister/Siering 2002) Lutz Hachmeister/Friedemann Siering (Hrsg.), Die Herren Journalisten. Die Elite der deutschen Presse nach 1945, München 2002.
(Haupts 2007) Leo Haupts, Die Universität zu Köln im Übergang vom Nationalsozialismus zur Bundesrepublik Deutschland, Köln/Weimar/Wien 2007.
(Henke 1991) Klaus-Dietmar Henke, Die Trennung vom Nationalsozialismus. Selbstzerstörung, politische Säuberung, »Entnazifizierung«, Strafverfolgung, in: Henke/Woller 1991, S. 21–83.
(Henke/Woller 1991) Klaus-Dietmar Henke/Hans Woller (Hrsg.), Politische Säuberung in Europa. Die Abrechnung mit Faschismus und Kollaboration nach dem Zweiten Weltkrieg, München 1991.
(Herbert 2010) Ulrich Herbert, Rückkehr in die Bürgerlichkeit? NS-Eliten in der Bundesrepublik, in: L.I.S.A. Wissenschaftsportal, 20. 4. 2010 (https://lisa.gerda-henkel-stiftung.de/rueckkehr_in_die_buergerlichkeit_ns_eliten_in_der_bundesrepublik?nav_id=1152; aufgerufen am 23. 7. 2024).
(Herbert 2014) Ulrich Herbert, Geschichte Deutschlands im 20. Jahrhundert, München 2014.
(Hoeres 2019) Peter Hoeres, Zeitung für Deutschland. Die Geschichte der FAZ, München/Salzburg 2019.
(Janßen 1995) Karl-Heinz Janßen, Die Zeit in der ZEIT. 50 Jahre einer Wochenzeitung, Berlin 1995.

(Joly 2000) Hervé Joly, Kontinuität und Diskontinuität der industriellen Eliten nach 1945, in: Dieter Ziegler (Hrsg.) Großbürger und Unternehmer. Die deutsche Wirtschaftselite im 20. Jahrhundert, Göttingen 2000, S. 54–72.

(Kaplan 2022) Jonathan Kaplan, Diplomatie der Aufarbeitung. Das Ministerium für Auswärtige Angelegenheiten der DDR und die nationalsozialistische Vergangenheit, Berlin/Leipzig 2022.

(Kielmansegg 1989) Peter Graf Kielmansegg, Lange Schatten der Vergangenheit. Vom Umgang der Deutschen mit der nationalsozialistischen Vergangenheit, Berlin 1989.

(Klare 2022) Hans-Hermann Klare, Auerbach. Eine jüdisch-deutsche Tragödie oder Wie der Antisemitismus den Krieg überlebte, Berlin 2022.

(Klee 2001) Ernst Klee, Deutsche Medizin im Dritten Reich. Karrieren vor und nach 1945, Frankfurt/Main 2001.

(Kogon 1954) Eugen Kogon, Beinahe mit dem Rücken zur Wand, in: Frankfurter Hefte 9/1954, S. 641–645; S. 641; zit. nach: Rauh-Kühne 1995, S. 35.

(Krechel 2012) Ursula Krechel, Landgericht, Salzburg/Wien 2012.

(Kröner 2012) Hans-Peter Kröner, »Die Fakultät hat in politisch schwierigen Situationen Charakter bewiesen«. Der »Lehrstuhl für Erbbiologie und Rassenhygiene« und die Berufung Otmar Freiherr von Verschuers in Münster, in: Hans-Ulrich Thamer/Daniel Droste/Sabine Happ (Hrsg.), Die Universität Münster im Nationalsozialismus. Kontinuitäten und Brüche zwischen 1920 und 1960, Bd. 2, Münster 2012, S. 993–1028.

(Kreller/Kuschel 2022) Lutz Kreller/Franziska Kuschel, Vom »Volkskörper« zum Individuum. Das Bundesministerium für Gesundheitsweisen nach dem Nationalsozialismus, Göttingen 2022.

(Kroll 2001) Thomas Kroll, Eliten und Elitenkritik als Forschungsfeld der Sozialgeschichte vom 19. bis zum 20. Jahrhundert, in: Archiv für Sozialgeschichte 61/2001, S. 9–30.

(von Kuenheim/Sommer 2003) Haug von Kuenheim/Theo Sommer (Hrsg.), »Ein wenig betrübt, Ihre Marion. Marion Gräfin Dönhoff und Gerd Bucerius. Ein Briefwechsel aus fünf Jahrzehnten, Berlin 2003.

(Kuhlemann 2001) Jens Kuhlemann, Braune Kader. Ehemalige Nationalsozialisten in der Deutschen Wirtschaftskommission der DDR-Regierung 1948–1957, Diss. Bochum 2001.

(van Laak 2002) Dirk van Laak, Gespräche in der Sicherheit des Schweigens. Carl Schmitt in der politischen Geistesgeschichte der frühen Bundesrepublik, Berlin 2002.

(Leide 2006) Henry Leide, NS-Verbrecher und Staatssicherheit. Die geheime Vergangenheitspolitik der DDR, Göttingen 2006.

(Leo/Reif-Spirek 1999) Annette Leo/Peter Reif-Spirek (Hrsg.), Helden, Täter und Verräter. Studien zum DDR-Antifaschismus, Berlin 1999.

(Leonhard 1955) Wolfgang Leonhard, Die Revolution entlässt ihre Kinder, Köln 1955; Neudruck 1990.

(Leggewie 1998) Claus Leggewie, Von Schneider zu Schwerte. Das ungewöhnliche Leben eines Mannes, der aus der Geschichte lernen wollte, Frankfurt/München 1998.

(Lommatzsch 2009) Erik Lommatzsch, Hans Globke (1898–1973). Beamter im Dritten Reich und Staatssekretär Adenauers, Frankfurt/Main/New York 2009.

(Lübbe 1983) Hermann Lübbe, Der Nationalsozialismus im deutschen Nachkriegsbewußtsein, in: Historische Zeitschrift 236/1989, S. 579–599.

(Manig 2004) Bert-Oliver Manig, Die Politik der Ehre. Die Rehabilitierung der Berufssoldaten in der frühen Bundesrepublik, Göttingen 2004.

(Mentel/Weise 2016) Christian Mentel/Niels Weise, Die zentralen deutschen Behörden und der Nationalsozialismus. Stand und Perspektiven der Forschung, München/Potsdam 2016.

(Messerschmidt 1995) Manfred Messerschmidt, Vorwärtsverteidigung. Die »Denkschrift der Generäle« für den Nürnberger Gerichtshof, in: Hannes Heer/Klaus Naumann (Hrsg.), Vernichtungskrieg. Verbrechen der Wehrmacht 1941 bis 1944, Hamburg 1995, S. 531–550.

(von Miquel 2004) Marc von Miquel, Ahnden oder amnestieren? Westdeutsche Justiz und Vergangenheitspolitik in den sechziger Jahren, Göttingen 2004.

(Mollin 1988) Gerhard Mollin, Montankonzerne und »Drittes Reich«. Der Gegensatz zwischen Monopolindustrie und Befehlswirtschaft in

der deutschen Rüstung und Expansion 1936–1944, Göttingen 1988.
(Mitscherlich 1967) Alexander und Margarete Mitscherlich, Die Unfähigkeit zu trauern. Grundlagen kollektiven Verhaltens, München 1967.
(Müller-Mehlis 1976) Reinhard Müller-Mehlis, Die Kunst im Dritten Reuich, München 1976.
(Neitzel 2004) Sönke Neitzel, Deutsche Generäle in britischer Gefangenschaft 1942–1945. Eine Auswahledition der Abhörprotokolle des Combined Services Detailed Interrogation Center UK, in: Vierteljahrshefte für Zeitgeschichte 52/2004, S. 289–348.
(Neitzel 2005) Sönke Neitzel, Abgehört. Deutsche Generäle in britischer Kriegsgefangenschaft 1942–1945, Berlin 2005.
(Neitzel 2020) Sönke Neitzel, Deutsche Krieger. Vom Kaiserreich zur Berliner Republik – eine Militärgeschichte, Berlin 2020.
(Neumann 1977) Franz L. Neumann, Behemoth. Struktur und Praxis des Nationalsozialismus 1933–1944, München/Frankfurt/Main 1977 (deutsche Übersetzung der amerikanischen Ausgabe von 1944).
(Niermann 1995) Hans-Eckhard Niermann, Die Durchsetzung politischer und politisierter Strafjustiz im Dritten Reich. Eine Analyse ihrer institutionellen, personellen und strafrechtlichen Entwicklung, aufgezeigt am Beispiel des OLG-Bezirks Hamm unter schwerpunktmäßiger Zugrundelegung der Jahre 1933–1939, Diss. Münster 1995.
(Niermann 1996) Hans-Eckhard Niermann, Zwischen Amnestie und Anpassung. Die Entnazifizierung der Richter und Staatsanwälte im OLG-Bezirk Hamm 1945–1950, in: Juristische Zeitgeschichte Bd. 5: 50 Jahre Justiz in NRW. Düsseldorf 1996, S. 64–94.
(Noack 1996) Paul Noack, Carl Schmitt. Eine Biographie, Berlin 1996.
(Nolte 1991) Ernst Nolte, Geschichtsdenken im 20. Jahrhundert. Von Max Weber bis Hans Jonas, Berlin/Frankfu1996.rt/Main 1991.
(Nonn 2013) Christoph Nonn, Theodor Schieder. Ein bürgerlicher Historiker im 20. Jahrhundert, Düsseldorf 2013.
(Pauli 1996) Gerhard Pauli, Ein hohes Gericht. Der Oberste Gerichtshof für die Britische Zone und seine Rechtsprechung zu Straftaten im Dritten Reich, in: Juristische Zeitgeschichte Bd. 5: 50 Jahre Justiz in NRW 1996, S. 85–121.

(Rass 2016) Christoph Rass, Das Sozialprofil des Bundesnachrichtendienstes. Von den Anfängen bis 1968. Veröffentlichungen der Unabhängigen Historikerkommission zur Erforschung der Geschichte des Bundesnachrichtendienstes 1945–1968, Bd. 1, Berlin 2016.
(Rauh-Kühne 1995) Cornelia Rauh-Kühne, Entnazifizierung und die deutsche Gesellschaft, in: Archiv für Sozialgeschichte 35/1995, S. 35–70.
(Reichel 1986) Peter Reichel, Der schöne Schein des Dritten Reiches. Faszination und Gewalt des deutschen Faschismus, München 1986.
(Reichel 2009) Peter Reichel/Harald Schmid/Peter Steinbach (Hrsg.), Der Nationalsozialismus – Die zweite Geschichte. Überwindung – Deutung – Erinnerung, München 2009.
(Rink 2015) Martin Rink, Die Bundeswehr 1950/55–1989, Berlin/Boston 2015.
(Rottleuthner 2010) Hubert Rottleuthner, Karrieren und Kontinuitäten deutscher Justizjuristen vor und nach 1945, Berlin 2010.
(Ruhl 1985) Klaus-Jörg Ruhl (Hrsg.), »Mein Gott, was soll aus Deutschland werden?« Die Ära Adenauer 1949–1963, München 1985.
(Sachse/Wolfrum 2008) Carola Sachse/Edgar Wolfrum, Stürzende Denkmäler. Nationale Selbstbilder, postdiktatorische Gesellschaften in Europa. Einleitung, in: Regina Fritz/Carola Sachse/Edgar Wolfrum (Hrsg.), Nationen und ihre Selbstbilder. Postdiktatorische Gesellschaften in Europa, Göttingen 2008, S. 7–38.
(Sälter 2022) Gerhard Sälter, NS-Kontinuitäten im BND. Rekrutierung, Diskurse, Vernetzungen, Berlin 2022.
(Schanetzky 2001) Tim Schanetzky, Unternehmer: Profiteure des Unrechts, in: Frei 2001, S. 73–139.
(Schanetzky 2021) Tim Schanetzky/Tobias Freimüller/Kristina Meyer/Sybille Steinbacher/Dietmar Süß/Annette Weinke (Hrsg.), Demokratisierung der Deutschen. Errungenschaften und Anfechtungen eines Projekts, Göttingen 2021.
(Schick 1988) Christine Schick, Die Internierungslager, in: Martin Broszat/Klaus-Dietmar Henke/Hans Woller (Hrsg.), Von Stalingrad zur Währungsreform. Zur Sozialgeschichte des Umbruchs in Deutschland, München 1988, S. 301–325.
(Schilde 2012) Kurt Schilde, SED-Mitglieder und -Funktionäre mit NS-Vergangenheit, in:

Deutschlandarchiv 25. 7. 2012 (https://www.bpb.de/themen/deutschlandarchiv/139636/sed-mitglieder-und-funktionaere-mit-ns-vergangenheit/; abgerufen am 23. 7. 2024).

(Schmitt 1933) Carl Schmitt, Neue Leitsätze für die Rechtspraxis, in: Juristische Wochenschrift 1933, S. 2793f., zit. nach: Schumann 2013, S. 88.

(Schmitt 1934) Carl Schmitt, Nationalsozialismus und Rechtspraxis, in: Juristische Wochenschrift 1934, S. 716f., zit: nach Schumann 2013, S. 89.

(Scholten 2001) Jens Scholten, Offiziere: Im Geiste unbesiegt, in: Frei 2001, S. 131–180.

(Scholtyseck 2011) Joachim Scholtyseck, Der Aufstieg der Quandts. Eine deutsche Unternehmerdynastie, München 2011.

(Schreiber 2004) Jürgen Schreiber, Ein Maler aus Deutschland. Gerhard Richter. Das Drama einer Familie, München 2004.

(Schulze/Oexle 1999) Winfried Schulze/Otto Gerhard Oexle (Hrsg.), Deutsche Historiker im Nationalsozialismus, Frankfurt/Main 1999.

(Schuster 2012) Peter Schuster (Hrsg.), SS-Sturmbannführer Helmut Schreiber. Hitlerjugend-Führer, Ritterkreuzträger, Träger der Nahkampfspange in Gold, Bergisch Gladbach 2012.

(Spies 2010) Christian Spies, »Hört auf zu malen«. Zäsuren der Malerei in den 1950er Jahren, in: Franz-Werner Kersting/Jürgen Reulecke/Hans-Ulrich Thamer (Hrsg.), Die zweite Gründung der Bundesrepublik. Generationswechsel und intellektuelle Wortergreifungen 1955–1975, Stuttgart 2010, S. 225–242.

(Schumann 2013) Eva Schumann, Fortwirken von NS-Juristen in der Bundesrepublik, in: Die Rosenburg. 2. Symposium. Die Verantwortung von Juristen im Aufarbeitungsprozess. Vorträge gehalten am 5. Februar im Schwurgerichtssaal des Landgerichts Nürnberg-Fürth. Hrsg. vom Bundesministerium der Justiz, Berlin 2013, S. 71–123.

(Schwartz 2013) Michael Schwartz, Funktionäre mit Vergangenheit. Das Gründungspräsidium des Bundes der Vertriebenen und das »Dritte Reich«, München 2013.

(Schwelling 2009) Birgit Schwelling, Aufarbeitung der Vergangenheit und Politische Kultur. Zur Bedeutung und zum Zusammenhang zweier Konzepte, in: Politisches Denken. Jahrbuch 2009, S. 45–62.

(Seifert 2024) Nicole Seifert, »Einige Herren sagten etwas dazu«. Die Autorinnen der Gruppe 47, Berlin 2024.

(Thamer 2007) Hans-Ulrich Thamer, Laboratorium der Zeitgeschichte. Die »Wehrmachtsausstellungen«, in: Jürgen Danyel/Jan-Holger Kirsch/Martin Sabrow (Hrsg.), 50 Klassiker der Zeitgeschichte, Göttingen 2007, S. 335–240.

(Thiele 1997) Hans-Günther Thiele (Hrsg.), Die Wehrmachtsausstellung. Dokumentation einer Kontroverse, Bonn 1997.

(Trentmann 2023) Frank Trentmann, Aufbruch des Gewissens. Eine Geschichte der Deutschen von 1942 bis heute, Frankfurt/Main 2023.

(Überschär 2000) Gerd R. Überschär (Hrsg.), Der Nationalsozialismus vor Gericht. Die alliierten Prozesse gegen Kriegsverbrecher und Soldaten 1945–1952, Frankfurt/Main 2000.

(Vollnhals 1991) Clemens Vollnhals (Hrsg.), Entnazifizierung. Politische Säuberung und Rehabilitierung in den vier Besatzungszonen 1945–1949, München 1991.

(Wagner 2021) Patrick Wagner, Notgemeinschaften der Wissenschaft. Die Deutsche Forschungsgemeinschaft (DFG) in drei politischen Systemen, 1920 bis 1973, Stuttgart 2021.

(Wegner 1995) Bernd Wegner, Erschriebene Siege. Franz Halder, die »Historical Division« und die Rekonstruktion des Zweiten Weltkrieges im Geiste des deutschen Generalstabes, in: Ernst W. Hansen/Gerhard Schreiber/Bernd Wegner (Hrsg.), Politischer Wandel, organisierte Gewalt und nationale Sicherheit. Beiträge zur neueren Geschichte Deutschlands und Frankreichs, München 1995, S. 287–302.

(Wehler 2001) Rezension zu Jin-Sung Chun, Das Bild der Moderne im Nachkriegsdeutschland, in: FAZ, 2. Mai 2001, S. 11.

(Wehler 2008) Hans-Ulrich Wehler, Deutsche Gesellschaftsgeschichte. Bd. 5: Bundesrepublik und DDR 1949–1990, München 2008, S. 124ff.

Weinke 2002) Annette Weinke, Die Verfolgung von NS-Tätern im geteilten Deutschland. Vergangenheitsbewältigungen 1949–1969 oder: Eine deutsch-deutsche Beziehungsgeschichte im Kalten Krieg, Paderborn/München/Wien/Zürich 2002.

(Weinke 2006) Annette Weinke, Die Nürnberger Prozesse, München 2006.

(Weisbrod 2002) Bernd Weisbrod (Hrsg.), Aka-

demische Vergangenheitspolitik. Beiträge zur Wissenschaftskultur der Nachkriegszeit, Göttingen 2002.
(Weiß 2001) Matthias Weiß, Journalisten: Wort als Taten, in: Frei 2001, S. 241–299.
(Welsh 1991) Helga A. Welsh, »Antifaschistisch-demokratische Umwälzung« und politische Säuberung in der sowjetischen Besatzungszone Deutschlands, in: Henke/Woller 1991, S. 84–107.
(Werner 2022) Oliver Werner, Wissenschaft »in jedem Gewand«? Von der »Reichsarbeitsgemeinschaft für Raumforschung« zur »Akademie für Raumforschung und Landesplanung« 1935 bis 1955, Göttingen 2022.
(Windolf/Marx 2022) Paul Windolf/Christian Marx, Die braune Wirtschaftselite. Unternehmer und Manager in der NSDAP, Frankfurt/Main 2022.
Ernst Wolf, Carl Schmitt und der Nationalsozialismus, in: FAZ vom 6. Mai 1985, S. 7; zit. nach: Schumann 2013, S. 90.
(Woller 1991) Hans Woller, »Ausgebliebene Säuberung«? Die Abrechnung mit dem Faschismus in Italien, in: Henke/Woller 1991, S. 148–191.
(Ziegler 2000) Dieter Ziegler (Hrsg.), Großbürger und Unternehmer. Die deutsche Wirtschaftselite im 20. Jahrhundert, Göttingen 2000.

Personenregister

Abs, Hermann Josef 61, 73
Achenbach, Ernst 120f., 196, 233
Adenauer, Konrad 2, 22, 48, 50f., 53, 66, 96, 98f., 116, 119f., 131, 135, 178f., 183–186, 191, 197, 213, 234, 238, 259, 262, 267
Adorno, Theodor W. 15
Ahlers, Conrad 235f.
Aichinger, Ilse 227
Aly, Götz 222
Apel, Hans 191
Arendt, Hannah 20
Arndt, Adolf 121
Aubin, Hermann 219
Auerbach, Philipp 105–108
Augstein, Rudolf 232–236
Bachmann, Ingeborg 227
Baudissin, Wolf von 182, 187
Bauer, Fritz 129
Baumgarten, Hans 237
Baur, Erwin 162
Becker, Hans Detlev 232, 235
Behrend, Fritz 48
Bennemann, Otto 202
Bense, Max 229
Berg, Fritz 66
Bergstraesser, Arnold 214
Best, Werner 233
Beuys, Joseph 243
Blank, Theodor 181
Blaskowitz, Johannes 177
Blücher, Franz 131, 233
Bökenkamp, Werner 240
Böll, Heinrich 15
Boveri, Margret 229
Brack, Viktor 157
Brackmann, Albert 219
Brandt, Karl 133, 157
Brauchitsch, Walther von 173
Breker, Arno 240, 242f.
Brentano, Heinrich von 136, 140
Bucerius, Gerd 229f.
Burleigh, Michael 222
Butenandt, Adolf 170
Carstens, Karl 142
Catel, Werner 160f.
Clemens, Johannes 195
Conze, Werner 218, 223
Dahrendorf, Ralf 139, 226, 228
Dehler, Thomas 93, 119f.
Dertinger, Georg 254f.
Dix, Rudolf 67
Dombrowski, Erich 237
Dönhoff, Marion Gräfin 208, 226f., 230f.
Dönitz, Karl 176, 189
Donovan, William J. 173
Döring, Wolfgang 233
Dreher, Eduard 120–124
Duckwitz, Georg Ferdinand 137
Ebbinghaus, Angelika 222
Edinger, Lewis 28

Eichmann, Adolf 128, 140–142
Eichmann, Horst 140
Eichmann, Klaus 140
Eisenhower, Dwight D. 178, 184f.
Enseling, Joseph 243
Erhard, Ludwig 238, 244
Erker, Paul 62
Eufinger, Heinrich 147f.
Fechter, Paul 230
Felfe, Heinz 195
Filbinger, Hans 79f., 112
Fischer, Eugen 161–164
Fischer, Fritz 141f.
Fischer, Horst 159
Fischer, Joschka 137
Flick, Friedrich 16, 61, 67–71
Forsthoff, Ernst 208
Fraenkel, Ernst 82
Frank, Hans 89
Frank, Walter 162
Franz, Günther 217f.
Frei, Norbert 26, 30, 47, 49, 117
Freytag, Gustav 225
Frick, Wilhelm 90f.
Friedlaender, Ernst 230
Fuldner, Horst Carlos 140
Galen, Clemens August Graf von 149
Gebhardt, Karl 157
Gehlen, Reinhard 191–193, 195, 197
Glaser, Hermann 215
Globke, Hans 2, 95–100, 113, 130f., 141, 192, 197, 259
Goebbels, Joseph 118, 162, 227, 229, 241, 255
Göring, Hermann 68, 176, 206, 243
Görtemaker, Manfred 96, 114
Grass, Günter 15
Grubbe, Peter 238–240
Günther, Hermann 91
Haas, Wilhelm 61, 135–137, 259
Habermas, Jürgen 176
Haftmann, Werner 242
Halder, Franz 23, 173, 180, 192
Havemann, Robert 164, 168, 170
Heidegger, Martin 209
Heinemann, Gustav 131f.
Heinkel, Ernst 57
Hesch, Michael 171
Heusinger, Adolf 181f., 191
Heuss, Theodor 48, 229, 243
Heyde, Werner 11, 158f., 161
Heydrich, Reinhard 232

Himmler, Heinrich 67, 81, 87, 157, 201f., 209, 211f., 220, 243
Hitler, Adolf 16, 84, 173f., 177, 180, 183, 201, 205, 209, 240–243, 272
Hoeres, Peter 238
Höfer, Werner 229
Hofmann, Kurt 8
Honecker, Erich 252
Höpfl, Heinz 239f.
Hunke, Heinrich 199
Ivy, Andrew C. 157
Jahr, John 232
Jaksch, Wenzel 145
Janz, Friedrich 140
Jodl, Alfred 173, 176
Joel, Günther 101
Kaletsch, Konrad 69
Kaspar, Hermann 242f., 245
Kegel, Gerhard 255
Kehrl, Hans 56, 61
Keitel, Wilhelm 173, 176
Kempner, Robert 207f.
Keßler, Erich 131
Kielmansegg, Peter Graf von 24
Kirkpatrick, Ivone 119
Klement, Ricardo 140
Koch, Erik 219
Koehler, Otto 240
Koellreutter, Otto 207
Kogon, Eugen 14, 24, 41f.
Korn, Karl 229, 237
Krapf, Franz 138
Krauch, Carl 72f.
Krechel, Ursula 108f., 111
Kremer, Johann Paul 150f.
Krüger, Hans 144
Krupp von Bohlen und Halbach, Alfried 55, 67, 70
Krupp von Bohlen und Halbach, Gustav 64f.
Leggewie, Claus 210, 212f.
Lehr, Robert 106, 131f.
Lenski, Arno von 251f.
Lenz, Friedrich 162, 167
Leonhard, Wolfgang 11f., 248
Lex, Hans Ritter von 131
Ley, Robert 243
Lorenz, Lovis H. 229
Lübbe, Hermann 25, 264
Lüth, Erich 106
Machiavelli, Niccolò 208
Magnussen, Karin 166

Personenregister **285**

Mahnke, Horst 232, 234
Manstein, Erich von 173, 180, 183f., 187
Marein, Joseph 230
Maschke, Erich 218
Maunz, Theodor 207
Meer, Fritz ter 72
Meller, Willy 243
Mengele, Josef 164–166, 169
Merten, Max 141
Meyer, Konrad 199, 201–204, 209, 220, 223
Middelhauve, Friedrich 233
Mielke, Fred 150, 155, 159f.
Mitscherlich, Alexander 20, 150, 155, 157, 159
Mitscherlich, Margarete 20
Morgan, Herbert 203
Morgenthau, Henry 41f., 56
Müller, Josef 106
Müller, Karl Alexander von 218
Münzenberg, Willi 125
Nachtsheim, Hans 167f.
Nadler, Josef 210
Naumann, Werner 118–121, 233
Neubert, Gerhard 159
Neumann, Erich Peter 229
Neumann, Franz L. 55f.
Nissen, Rudolf 214
Noelle-Neumann, Elisabeth 229
Nonn, Christoph 223
Norden, Albert 124–126, 257
Nüßlein, Franz 138
Oberländer, Theodor 144, 218, 221
Papen, Franz von 206
Paulssen, Hans Constantin 76
Peiner, Werner 242f.
Petwaidic, Walter 227
Pieck, Wilhelm 247f.
Pierenkemper, Toni 65f.
Pleiger, Paul 56f., 61
Radbruch, Gustav 112
Raeder, Erich 176, 189
Rassow, Peter 220
Rau, Johannes 215
Raumer, Kurt von 219
Rein, Friedrich Hermann 160
Reismann, Bernhard 52
Ribbentrop, Joachim von 231
Richter, Gerhard 147f.
Richter, Hans Werner 227
Ritter, Joachim 208
Roemer, Walter 122f.
Rohland, Walter 61

Rommel, Erwin 187
Rößner, Hans 214
Roth, Karl Heinz 222
Rothfels, Hans 218, 222
Rottleuthner, Hubert 110
Rüthers, Bernd 91
Safferling, Christoph 96, 114
Sälter, Gerhard 194
Samhaber, Ernst 229
Sandberger, Martin 48
Sauckel, Fritz 56
Sauerbruch, Ferdinand 160, 214
Saur, Karl-Otto 61
Sawade, Fritz 11, 159
Schieder, Theodor 218–223
Schleicher, Kurt von 206
Schmid, Carlo 48
Schmidt, Ewald 228
Schmidt, Paul Karl 227
Schmitt, Carl 90f., 200, 204–209, 226f.
Schmitz, Heinrich 194
Schneider, Hans 52, 209–212, 215f., 222, 239
Scholl, Hans 122
Scholl, Sophie 122
Schreiber, Helmut 195f.
Schreiber, Jürgen 148
Schröder, Gerhard 142
Schultz, Bruno Kurt 171
Schumann, Eva 92
Schumann, Kurt 253
Schütz, Carl 194–196
Schwerin, Gerhard Graf von 180f.
Schwerte, Hans 52, 209, 212–216, 222, 239
Schwiers, Hans 215
Seifert, Nicole 227
Sethe, Paul 237, 239
Sievers, Wolfram 157, 211
Six, Franz Alfred 233
Sohl, Hans-Günther 57, 65f., 70
Speer, Albert 61, 63, 236, 243f.
Speidel, Hans 181f., 191
Staudte, Wolfgang 8, 11, 13, 19
Stauffenberg, Claus Schenk Graf von 174
Steel, Christopher 15f.
Steinbrinck, Otto 67, 70
Stern, Fritz 166
Strauß, Franz-Josef 234
Strauß, Walter 93
Strecker, Reinhard 127
Stuckart, Wilhelm 96, 113
Studnitz, Hans Georg von 230

Thoma, Ludwig 106
Thun, Ferdinand 256
Tillmann, Friedrich 159
Trott zu Solz, Adam von 170
Tüngel, Richard 208, 226f., 229f.
Verschuer, Otmar Freiherr von 163–171
Volkmann, Claus Peter 238f.
Wagner, Gerhard 153
Warlimont, Walter 173
Wehler, Hans-Ulrich 222f.
Wehner, Bernhard 234
Weiss, Bernhard 70
Weitz, Hans-Jürgen 256
Weitz, Wilhelm 164
Welter, Erich 236f.
Westphal, Siegfried 173
Wiese, Benno von 229
Wiesenthal, Simon 123
Wolff, Ernst 92
Wolff, Georg 232, 234
Zaisser, Wilhelm 247f., 250
Zangen, Wilhelm 61

Bildnachweis

akg-images: 49 (AP), 51, 96, 163 (TT News Agency/SVT), 187
picture alliance: 2 (dpa), 9 (United Archives/KPA), 41 (dpa), 57 (AP/Albert Riethausen), 66 (dpa), 70 (dpa), 73 (AP/STR), 80 (Karl Staedele), 91 (brandstaetter images/Votava), 105 (SZ Photo/Alfred Strobel), 118 (AP), 121 (AP/Albert Riethausen), 125 (dpa/AND Zentralbild Schneider), 138 (AP), 144 (dpa/Kurt Rohwedder), 148 (photothek/Ute Grabowsky, © Gerhard Richter 2024 [24092024]), 156 (dpa), 158 (dpa/Braunsperger), 181 (Georg Brock), 192 (AP/Dieter Endlicher), 204 (ullstein bild), 221 (dpa/Heinz Wieseler), 236 (dpa), 242 (dpa), 253 (dpa)

Der Autor

Hans-Ulrich Thamer, Jahrgang 1943, lehrte bis zu seiner Emeritierung als Professor für Neuere und Neueste Geschichte an der Westfälischen Wilhelms-Universität Münster. Zu seinen Forschungsschwerpunkten gehören der Nationalsozialismus und der europäische Faschismus; zuletzt erschienen von ihm u. a. eine Biografie Adolf Hitlers sowie eine Geschichte der NSDAP.

Bibliografische Information der Deutschen Nationalbibliothek
Die Deutsche Nationalbibliothek verzeichnet diese Publikation in der Deutschen Nationalbibliografie; detaillierte bibliografische Daten sind im Internet über http://dnb.d-nb.de abrufbar.

Alle Rechte vorbehalten.
Dieses Werk, einschließlich aller seiner Teile, ist urheberrechtlich geschützt. Jede Verwertung außerhalb der engen Grenzen des Urheberrechtsgesetzes ist ohne Zustimmung des Verlages unzulässig und strafbar. Das gilt insbesondere für Vervielfältigungen, Übersetzungen, Mikroverfilmungen, Verfilmungen und die Einspeicherung und Verarbeitung auf DVDs, CD-ROMs, CDs, Videos, in weiteren elektronischen Systemen sowie für Internet-Plattformen.

© 2024 BeBra Verlag GmbH
Asternplatz 3, 12203 Berlin
post@bebraverlag.de
Lektorat: Tanja Krajzewicz, Berlin
Umschlag: typegerecht berlin (Titelbilder: links: © picture-alliance/NTB premium/ Kihle Aage; rechts: Adobe Stock/SFIO CRACHO)
Satzbild: Friedrich, Berlin
Schriften: Linux Libertine O, Hind
Druck und Bindung: GGP Media GmbH, Pößneck
ISBN 978-3-89809-250-0

www.bebraverlag.de